"十三五"普通高等教育系列教材

设计管理

（第二版）

Design Management

李 艳 编著

中国电力出版社
CHINA ELECTRIC POWER PRESS

内 容 提 要

本书为“十三五”普通高等教育系列教材，是近年高校积极开设的新兴交叉学科课程教材，是企业进行设计创新的基础教程。本书理论框架清晰，紧跟时代发展和学科前沿，主要内容包括设计管理的基本概念和基本理论、企业层面的设计管理、项目层面的设计管理、设计评估、设计沟通、设计法规管理及综合案例等。书中汇集了大量当代经典设计案例，覆盖面广，代表性强，图文并茂，具有很强的实用性。

本书主要作为高等院校工业设计和产品设计相关专业教材，也可作为营销专业、企业管理专业、软件设计专业、机械设计专业的选修课教材或参考书。还可供设计师、设计管理者、企业管理者、工程师等与设计相关的人员阅读参考。

图书在版编目（CIP）数据

设计管理 / 李艳编著 .—2 版 .—北京：中国电力出版社，2020.6（2024.9 重印）
“十三五”普通高等教育规划教材
ISBN 978-7-5198-4303-8

Ⅰ. ①设… Ⅱ. ①李… Ⅲ. ①产品设计—企业管理—高等学校—教材
Ⅳ. ① F273.2

中国版本图书馆 CIP 数据核字（2020）第 024640 号

出版发行：中国电力出版社
地　　址：北京市东城区北京站西街 19 号（邮政编码 100005）
网　　址：http://www.cepp.sgcc.com.cn
责任编辑：熊荣华（010-63412543　124372496@qq.com）
责任校对：黄　蓓　常燕昆
装帧设计：赵姗姗
责任印制：吴　迪

印　刷：三河市万龙印装有限公司
版　次：2014 年 12 月第一版
　　　　2020 年 6 月第二版
印　次：2024 年 9 月北京第十四次印刷
开　本：880 毫米 ×1230 毫米　16 开本
印　张：13.75
字　数：306 千字
定　价：60.00 元

前　言

“好设计，好生意”，IBM 公司总经理小托马斯·华生这样描述设计的作用。企业要不断发展壮大，就要不断推陈出新，“好设计”是企业成功的关键之一，发达国家的实践表明，工业设计已成为制造业竞争的核心动力之一。美国麻省理工斯隆管理学院院长莱斯特·卢梭在其所著的《知识经济时代》中指出“21 世纪企业成功元素已经由土地、黄金和石油转为除文化和数码之外的另一个极其重要的元素——设计。”也就是说，设计概念已经由物品造型、视觉美感等层面升华，渗入到企业管理这个更广阔的领域，涵盖了市场生产、采购、物质材料等更加广泛的范畴。当前，设计的对象已不再仅局限于有形的实体，而是扩展到一个系统、一种服务、一种体验乃至社会变革以及未来的事物，设计正日渐成为一种整合资源的能力和策略。在企业中，设计活动正与品牌及其他领域更为深入地融合，并在这个过程中超越自身，成为让生活更为美好的动力。设计所具备的视觉化交流语言和跨学科沟通作用，得到了从斯坦福大学设计学院（D.School）到波士顿咨询等公司、机构的广泛认可和重视。设计思维具有的右脑特性和发散性特征，在解决复杂系统问题的过程中发挥着独特作用，越来越受到现代企业管理者的重视。

对现代企业来说，设计是一个综合的概念，不仅仅是产品设计或广告设计。随着企业设计工作的日益系统化和复杂化，设计活动本身也需要进行系统管理。设计管理是企业孕育创新设计的基础。企业通过有效的管理，保证设计资源充分发挥作用并与企业的目标相一致，能更好地发挥设计的潜力。设计管理是企业管理的组成部分之一，包括设计政策、设计组织和设计活动的管理。对现代企业而言，设计思考要从用户需求出发，以技术革新的产品研发、品牌价值最大化的商业模式设计为目的，最大限度实现设计管理带来的商业价值。

品牌竞争力是一个国家经济竞争力的关键要素之一，经济强国的崛起无不遵循从“制造大国”向“品牌大国”迈进的规律。当前我国是世界第二大经济体，也是全球制造业规模最大的国家之一，我国经济的下一步崛起依赖于制造业的崛起，而制造业的崛起不仅需要产业自身的升级，更需要企业对品牌战略正确地认识和执行。但目前我国的现状是，不缺制造力、不缺市场、不缺设计人员，有很多企业可能会有一两款产品很成功，但品牌整体性的塑造、品牌价值、品牌竞争力往往不强，在国际市场上还没能形成与美、德、英、意、日、韩等国家品牌抗衡的中国品牌“国家队”。出现以上情况的原因，在于尽管工业设计从20世纪70~80年代开始在我国逐渐获得发展，到今天达到一个政府积极推进、企业高度重视、社会大众耳熟能详的程度，但限于认知、人力、技术等条件，对设计管理的关注仍然是中国企业所欠缺的，设计管理的研究和应用水平还远远滞后于产业发展水平，不仅不能满足制造业升级的需求，也不适应当前设计行业发展的需要。

随着时间的推移，设计行业本身在发生着快速的变化，工业设计的主流定义先后经历了几次重大的变化。伴随着移动互联网的快速进步，共享经济蓬勃发展，设计思维的应用范围进一步扩展并受到重视。这一趋势也导致了服务设计受到重视，品牌体验的途径更加丰富快捷；人工智能与设计的交融，不仅变革了工具，也颠覆了设计思考的内容和创新的方向。与此同时，设计越来越多地关注人类真实的需要，注重可持续，以为人类创造更美好的生活为使命。与之相伴的是，设计管理的关注焦点也从早期仅关注项目管理和通过设计提升产品的附加值的层面发展到将设计作为企业创新的战略性工具，范围拓展到企业战略等更高层面，从全局的角度和高度考量通过思想向用户传递价值。越来越多的企业开始应用设计来提高相关活动的质量和效率，使设计更好地与企业管理流程融合。不论是美国的苹果、亚马逊、IBM和谷歌，还是日本的本田、索尼，德国的奥迪、保时捷，韩国的三星、起亚，都将设计管理置于战略高度并实现了品牌的成功。设计管理成为发达国家企业以创新为主导的经营管理方法之一。

由此可见，科学有效的设计管理是企业进行设计创新的基础、保障和助推器，企业要高度重视设计管理，高校也要积极开设相关的课程或设立相关的专业，普及和推广设计管理知识。

为了帮助读者更好地学习设计管理理论，本书在之前版本基础上再次修订，这也是本书的第三次修订，把最新的观察和思考融入其中。进一步完善了课程的理论体系，并结合学科发展的最新进展，对中外企业设计管理经典案例进行了大范围调整和更新，图文并茂，深入浅出，可读性强。为了便于师生教学，本书每章之前设置了学习指导，每章之后设置了章节小结和习题。

本教材的主要阅读对象为具备一定设计理论和实践基础的工业设计、产品设计专业的本科生，管理类、营销类本科生可通过本教材了解企业设计创新和设计管理的相关知识；本教材也可作为高校公共选修课教材。本书还适合设计师、设计管理者、品牌管理者、企业管理者、工程师阅读。本教材配备教学PPT文件，可供任课老师下载使用。课后习题在兼顾基本理论的基础上，注重学生能力的培养，部分调查研究类题目综合性较强，可根据教学情况安排学生分组调研或选做。

在本书出版过程中，得到了浪尖、海尔、同天、嘉兰图、广汽、太火鸟等企业的支持，在此表示真诚的感谢！在编写过程中，得到了中国电力出版社编辑的真诚帮助和指导，唯有以更加认真的态度工作，不负信任。刘秀、李新颖、郭清云、张肖婵、孙晓坤、全宏玲、费悦、刘惠、宗晓琳、段振颖、王晨、张通、宋丰伊、贺腾、柳天一、刘晓凤、李小东、毕壹也为本书的出版提供了大量的帮助，在此一并表示感谢！向本书参考文献的作者表示感谢！本书案例主要为了传播理论之用，无商业传播目的。选用图片大部分来自互联网，在此向图片作者表示感谢！

笔者自2002年开始专注设计管理研究，至今已有18个年头，经历了早期孤独探索到现在同道越来越多，设计管理作为一种思考方法和实务工具也越来越被业界和学界认可和重视。为了验证理论，笔者积极投身实践，通过为不同类型的企业提供咨询和服务不断践行和验证理论，探索知行合一的途径。

作为学者能够为专业发展贡献自己的绵薄之力是人生乐事。在教学实践之余，笔者坚持将思考投诸笔端，从2009年开始先后出版了《设计管理与设计创新——理论与应用案例》《用设计，做品牌》《大品牌的设计思考术》《商业传奇背后的首席设计师》《品牌崛起——成功品牌的顶层设计》等书籍，以这种方式不断整理自己的思路，并及时与各位同道分享交流，希望以微薄之力推动自己所热爱的设计行业的发展。我们身处一个变化如此之快的世界，从国际范围来看，设计管理还处在不断发展完善的征途之中。本书力求展示学科发展过程中众多学者智慧的思考和探索。不过，新的现象总是不断涌现，只有集众人之能力与智慧，才能共同铺就学科发展的快车道。

限于认知水平及能力，尽管笔者如履薄冰，勤勉为之，书中定有很多缺漏和不当之处，期待读者提出宝贵意见，交流研讨。笔者愿与学界、企业界的同仁共同努力，积极探索和发现新的方法和规律，共同促进学科发展，推动我国设计管理水平提升。

作　者

2020 年 3 月于千佛山下

目 录

第1章 设计管理概述

教学目标：

① 掌握设计、管理、设计管理的基本概念。
② 掌握设计、管理、设计管理之间的关系。
③ 了解设计管理的必要性和重要性。
④ 了解设计管理层级的划分。
⑤ 了解设计管理教学情况及其对设计类学生的重要性。

当前，全球竞争日趋激烈，竞争策略的新方向逐渐受到重视。其中最重要的一项，是设计和设计管理。德国博朗、丹麦B&O、日本索尼、美国苹果、韩国三星、中国海尔、华为和小米等成功企业的经验表明，从可靠的功能到高品质的外观以及品牌的塑造，设计在提升公司声誉以及利润方面发挥了极为重要的作用，正成为现代企业竞争的重要手段。

1.1 设计与工业设计

设计是人类文明的组成部分，它的历史和人类文明的历史一样漫长。可以说设计包含了人类对自然科学和社会科学的认知和实践的总和。尽管对象不同，种类繁多，但设计的本质都是人类的创造性活动。

1.1.1 设计与设计思维

设计是人类改变原有事物、构思和解决问题的过程，它是人类一切有目的的、创造性的活动。设计并非无源之水、无根之木，人们的需求就是设计的目的，而人的需求又是多层次、多角度的。设计的过程是通过科学技术与艺术的结合，创造出人们生活、工作所需要的“物”，物与物之间组成物与环境，而人与物、人与环境又组成了社会。因此，设计的目的就是满足需求，使人、物、环境和社会之间相互协调，使人类的生活更加美好。设计的一切最终目的都是为“人”，“人”是设计的出发点和归宿点，这是设计的本质。

设计创造的对象，体现了人们认识自然、改造自然的过程和生活方式更新变化的过程，所以设计不仅是设计人们所需要的“物”，它还要考虑人与物、人与环境、人与社会的相互协调，而核心是设计中的“人”。因此，可以说设计是“一种创造性活动——创造前所未有的、新颖而有益的东西”（李斯威克《工业设计中心简介》，1965年）。

设计是人类文化的组成部分，同时反映了人类文化的多样性，是各种文化信息背后强大的驱动力之一。当下，设计已经不仅是一种单纯的技巧，而是一种包含了广泛专业的活动，产品、服务、平面、室内和建筑都在其中。互联网改变了人们的行为方式，大大地激发了创新。现在，设计的对象不再仅仅局限于有形的实体，而是扩展到一个系统、一种服务、一种体验乃至社会变革以及未来的事物，见图 1-1~ 图 1-11。设计的分类方式很多，按照构成形态，设计可分为平面设计、立体设计和时空设计；按照设计的目的，可将设计分为视觉传达设计、产品设计和环境设计；也有的将设计分为视觉设计、产品设计、空间设计、时间设计和服装设计五个大领域。20 世纪末移动互联网的发明和通信技术的突飞猛进变革了传统的沟通方式，人们可以自由交换信息，能够获得无穷无尽的资讯，做从前难以想象的事，这也进一步扩展了设计的范畴。随着设计领域的不断拓展，学术界更倾向于用人、自然、社会三个要素作为坐标，把整个设计领域分为产品设计、视觉传达设计和环境设计三个部分。不论如何分类，把握设计的本质是一切设计活动的出发点，也是在设计活动中解决各种矛盾和问题的基本准则。

图 1-1　产品设计（广汽本田）

图 1-3　服饰设计（上海滩）

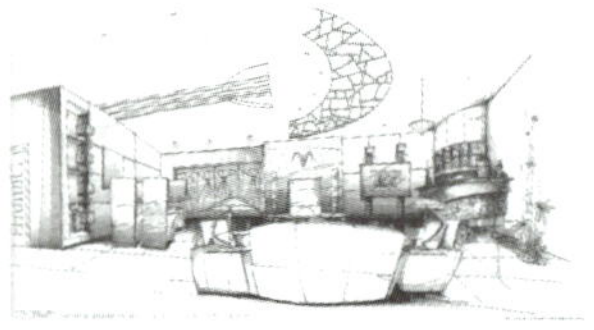

图 1-4　室内设计

图 1-5　景观设计

图 1-6　标志设计（华为）

图 1-7　服务设计（注：海底捞餐厅的拉面表演）

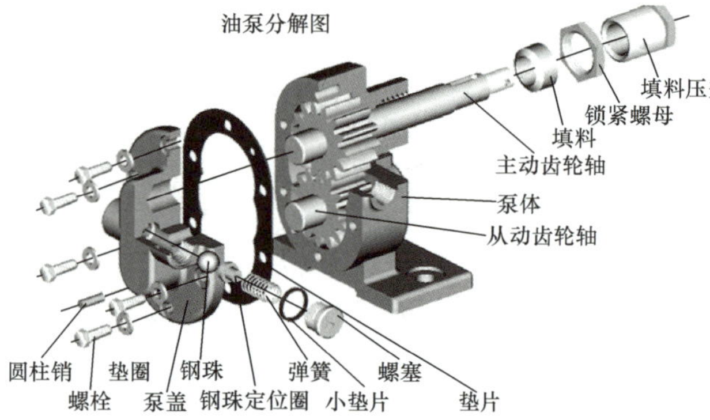

图 1-2　机械设计

设计是一个动态的过程，是由设计者（个人或是组织）为了完成特定的设计任务而开展的思考、计划和创造的过程，在这个过程中设计者不断寻找、搜索并构思备选方案。设计问题的起始点是定义问题（What to do），如何定义问题将决定设计过程如何展开（How to do），设计过程的实质就是“围绕目标和问题求解”。同时，设计问题又是实际的，无固定结论的、有多种可选择方案的问题，优秀的设计问题来自于科学完善的设计程序和设计过程。

设计思维就是用设计的方法来解决面临的问题，它能够帮助任何行业以创新的方式来解决问题，其本质仍然是以人为中心的创造过程。当前，各种业务日趋系统化和复杂化，原有的事物都面临着新的挑战，需要用创新思维和新的问题解决方法来处理这些问题，“各种各样的创造力已经成为驱动经济增长的第一引擎”——马蒂・纽迈尔（Marty Neumeier，创意公司，2009 年）。被誉为“现代营销学之父”的美国专家菲利普・科特勒（Philip Kotler）早在 20 世纪 80 年代就提出“设计是一种企业可用于获得持续竞争优势的强有力的战略工具。但大多数企业忽略了设计作为战略工具的作用。他们没有认识到优秀的设计可以提升产品、环境、传播和企业形象。”设计在今天的定义，已经超越传统所理解的外观和造型等有形因素，逐步成为企业面对消费者和市场的一种定位思维和战略解决方案。可以这样理解，设计越来越成为一种整合资源的能力和策略。在企业中，设计活动正与品牌及其他领域深度融合，并在这个过程中超越自身，成为让生活更为美好的动力。

21 世纪，设计的竞争力非常重要。将企业文化和价值哲学融入产品设计，传达给用户，是企业真正的竞争力。战略家和市场分析员基本上属于用左脑思维的人群，他们善于分析，擅长进行逻辑性思考，即线性的、具体的、数据的、文字的思考；而设计师往往习惯用右脑进行具有创造性的、感性的、立体的、视觉的以及物质的思考。“左脑”往往不知道“右脑”在做什么，从而造成企业在逻辑和想象之间以及战略和创新上产生分歧，很多策略得不到很好实施，这是很多情况下品牌建设所面临的困境。设计思维具有的右脑特性和发散性特征，设计的视觉化交流语言和跨学科沟通能力，得到了从斯坦福大学设计学院（D.School）到波士顿咨询等机构的广泛认可和重视，并在解决复杂系统问题的过程中发挥着独特作用。

从上面对设计的讨论可以看出，设计的内涵非常广泛，基于学习对象和篇幅的考虑，本书将设计的定义限定在现代工业设计。

图 1-8 建筑设计

1.1.2 工业设计

“国际工业设计协会”（the International Council of Societies of Industrial Design，简称 ICSID，总部位于芬兰赫尔辛基）成立于 1957 年，多年来致力打造国际平台，协助成员传达设计理念并提高国际知名度。目前该组织拥有 50 多个国家的设计师协会作为会员单位，共同致力推广工业设计的理论和实践，通过优秀的设计来提高商业竞争力，进行国际设计交流和合作，促进社会发展和人类生活状况的改良。

图 1-9 广告设计

1959 年，第一届国际工业设计协会大会上发布了第一个工业设计的定义，此后，随着科学技术、经济和文化的发展，截至 2015 年，协会先后对工业设计的定义进行了 5 次大的修订。这 5 次修订不仅反映出社会生产和生活中的突出矛盾和深刻困境，也反映出不同时期的工业产业和社会发展对工业设计提出的要求和期待。设计的对象从狭隘的“物”升级到工业化和信息化时代的设计、商业模式的设计、和谐生活方式的设计，成为当代文化的新形式。通过下面 ICSID 对工业设计在 1980 年、2006 年和 2015 年所下定义的对比，可以清晰地看到 ICSID 对设计认知的变迁。

图 1-10 网站设计

1.1.2.1 1980 年 ICSID 对工业设计的定义

就批量生产的工业产品而言，凭借训练、技术知识、经验及视觉感受，而赋予材料、结构、构造、形态、色彩、表面加工、装饰以新的品质和规格，称作工业设计。根据当时的具体情况，工业设计师应当在上述工业产品全部侧面或其中几个方面进行工作，而且，当需要工业设计师对包装、宣传、展示、市场开发等问题的解决付出自己的技术知识、经验以及视觉评价能力时，这也属于工业设计的范畴。

图 1-11 手机 App 应用设计

1.1.2.2 2006 年 ICSID 对工业设计的定义

2006 年 ICSID 的《设计的定义》，涵盖了设计的所有学科，从内容和任务两个方面对“设计”概念的内涵和外延重新进行了限定，为 ICSID 的协会成员发展其战略、目标提供了统一的基础。

目的：设计是一种创造性的活动，其目的是为物品、过程、服务以及它们在整个生命周期中构成的系统建立起多方面的品质。因此，设计既是创新技术人性化的重要因素，也是经济文化交流的关键因素。

任务：设计致力于发现和评估与下列项目在结构、组织、功能、表现和经济上的关系。

——增强全球可持续发展和环境保护（全球道德规范）；

——给全人类社会、个人和集体带来利益和自由；

——最终用户、制造者和市场经营者（社会道德规范）；

——在世界全球化的背景下支持文化的多样性（文化道德规范）；

——赋予产品、服务和系统以表现性的形式（语义学）并与它们的内涵相协调（美学）。

1.1.2.3 2015 年 WDO 对工业设计的定义

2015 年 10 月，国际工业设计协会在韩国召开第 29 届年度代表大会，将沿用近 60 年的名称“国际工业设计协会（ICSID）”正式变更为“国际设计组织”（WDO，World Design Organization），会上还发布了工业设计的最新定义，这也是被公认的工业设计主流定义。

“（工业）设计旨在引导创新、促发商业成功及提供更好质量的生活，是一种将策略性解决问题的过程应用于产品、系统、服务及体验的设计活动。它是一种跨学科的专业，将创新、技术、商业、研究及消费者紧密联系在一起，共同进行创造性活动，并将需解决的问题、提出的解决方案进行可视化，重新解构问题，并将其作为建立更好的产品、系统、服务、体验或商业网络的机会，提供新的价值以及竞争优势。（工业）设计是通过其输出物对社会、经济、环境及伦理方面问题的回应，旨在创造一个更好的世界。”

这个定义对工业设计的目的、性质和方式重新进行了更为清晰的描述。明确将商业作为设计需要去追求的目标之一，对设计需要融合的各个元素、设计的框架、解决问题的目的（或设计的评价标准）以及工业设计的社会价值重新进行了定义和描述。这一定义极大丰富了工业设计的内涵和外延，体现了工业社会创新求变的核心特征，也体现了工业设计自身的综合性和复杂性，同时对设计师的能力提出了更高的要求。

小结：从以上几个概念可见，工业设计是涉及领域广泛、多学科交叉的集成创新活动。它以消费者需求为核心，创造新的消费模式，促进资源节约和生态环境的和谐，能够变革商业模式，促进企业自主创新，提高企业盈利能力，以及塑造和提升品牌。从美国、德国、意大利、英国、芬兰、日本、韩国等国家的发展历程来看，工业设计在这些国家的经济发展过程中能够塑造品牌，助推产业竞争力的提升，从而对增强国家竞争力起到关键作用。

1.1.3 工业设计的范畴

广义的工业设计包括产品设计（例如生活类用品、交通工具、电子类产品等）、环境艺术设计（例如室外环境、室内装饰等）、视觉传达设计（例如企业识别系统、用户界面等）等不同领域。当前的趋势是越来越重视系统化的设计，通过多层次、多方位的设计满足使用者多层次的、复杂的需求。狭义的工业设计一般专指产品设计，产品设计是工业设计的核心，主要包括：交通工具设计、设备仪器设计、生活用品设计、家具设计、电子产品设计、家电设计、其他（例如玩具、人机接口等）设计等。

1.1.4 现代工业设计的特征

日本 GK 设计公司总裁荣久庵宪司认为“好的工业设计就是把人们的梦想通过批量生产的方式变为现实。”现代信息技术、计算机技术、网络技术、材料技术飞速发展，在不断革新设计工具和设计手段的同时，也变革着设计的对象，现代工业设计也随之呈现出新的特点。

1.1.4.1 时代性

工业产品设计师要对消费者进行深入的研究和了解，通过新材料、新技术、新理念的运用，设计出具有鲜明时代特征的新产品，不仅要满足人们对“物”的功能性需求，还要满足人们的体验和精神需求。

以今天司空见惯的汽车为例，从 1908 年美国福特公司生产出世界上第一款真正属于百姓的 T 型车到今天的 100 多年中，不论是汽车的功能，还是外观造型、色彩、内饰风格，都体现着不同年代的新兴技术、材料进步、文化演变和审美风尚。见图 1-12 和图 1-13。

图 1-12　福特和他的 T 型车（1908 年）

图 1-13　特斯拉无人驾驶电动汽车 Model X(2016 年)

现代设计越来越注重提升人们生活本身的价值。除了产品形态的改变外，商业模式和服务模式的革新以及在人机交互关系上的创新越来越受到重视，见图 1-14。

图 1-14　新加坡航空公司的机上娱乐系统“银刃世界”

新航重视为乘客提升机上娱乐体验。2012 年推出机上通信与网络服务。2013 年新一代娱乐系统为乘客带来了更先进的硬件设施、创新而直观的用户界面以及精心挑选的丰富的娱乐选择，更好地满足乘客偏好并凸显流行趋势。2017 年，又在此系统上推出 Red Eye 系列游戏，不断通过技术和设计将更多人性化的服务带给乘客。

1.1.4.2 创新性

创新是工业设计的灵魂。设计就是创新，是设计师借助自身的直觉能力去发掘与构筑世界的新价值，并且具体地予以视觉化表现的过程。设计师必须具备将各种信息在自己的脑海里进行瞬间加工整合的能力，这是直觉预言能力的开始。设计绝对不仅仅是针对现有社会的需求提供一个直接而短暂的答案，更是要去发掘潜在的、不易觉察的社会需求，并且针对这些提出具有前瞻性的解决方案。新技术、新材料、新工艺为产品创新设计开辟了新天地，创新设计也为产品带来新的生命力，这些是使产品价值产生质变飞跃的决定性因素。在激烈的市场竞争中，创新设计是确保产品在销售中取得竞争优势的重要条件之一，设计创新也由此成为企业生存、发展的重要竞争手段。荷兰的飞利浦公司、意大利的奥利维蒂公司、德国的西门子和 AEG 公司都非常关注新兴高科技产品的开发与设计，而且取得了不凡的成就。日本索尼公司十分擅长将高新技术应用到人们的日常生活中，它的 Walkman（随身听）、Paly Station 游戏机获得了巨大的商业成功，数字相框和机器狗 Aibo 也大受欢迎。韩国的乐扣乐扣通过对消费者需求的深入洞察，将一个貌似简单的盒子做成了名牌，见图 1-15。此外，任何产品都有一定的生命周期，持续的设计创新能为产品不断注入新活力，实现不间断地为品牌赋能。

图 1-15　乐扣乐扣食品保鲜盒

特百惠发明于 1946 年，但在乐扣乐扣（Lock & Lock）发明之前，世界上没有 100%密封的储存产品。韩国乐扣乐扣保鲜盒的最大特点是通过使用硅胶密封圈获得良好的密封性。材料健康，占用空间较少，能够完美地密封保存烹饪食材，使之保持新鲜。四面锁扣能够让人在单手情况下非常方便地扣紧。

今天，数字科技和云端运算技术快速发展，产品所提供的内容与运算都在云端，数码产品的硬件形态与它在云端通过通信科技传送到使用者手上的服务内容已经密不可分，基于云端的产品与服务创新成为一个崭新但也是决定成败的重要课题。对企业而言就是变者生存、快者胜出。商业模式的变革成功与否，关键还是看能否及时探知消费者生活方式的变化，准确把握他们的需求，并将这种洞悉转化为切实可行的产品和服务，才能够创造新的商业价值。以苹果公司为代表的企业通过整合硬件和软件，为用户创造了愉悦的新体验。再以一杯小小的咖啡为例，不论是 STARBUCKS（星巴克）还是 COSTA（咖世家）都在积极拥抱数字化和新零售。但是作为有血有肉有感情的人，消费者并不是按需取物、按性价比和效率生活的机器，他们需要物质和功能，关心价格，同时渴望快乐、沟通、被认可，需要深度关怀，需要品牌带给他们的体验。只有开展充分的用户研究，运用设计思维，提升和颠覆旧的商业模式、服务模式，才能把握方向和机会，创新产品和服务，见图 1-16 ~ 图 1-18。

图 1-16　苹果公司推出的 App Store

给开发者提供了更集中的应用发布平台，丰富了苹果产品用户的使用体验，同时创造了巨大的经济效益，实现了多方共赢。

图 1-17　耐克 SNKRS App

诞生于 2015 年初的 SNKRS 被定义为一款专门服务鞋迷的 App。它内置丰富的 NIKE 产品库，对于鞋迷们来说是绝对宝库，同时还能帮助鞋迷们提前订阅有关新品资讯。而对于耐克公司而言，通过这款 App，了解鞋迷们在寻找什么，关注什么，就可以创造鞋迷们真正想要的产品，从而更好地满足他们的需求。

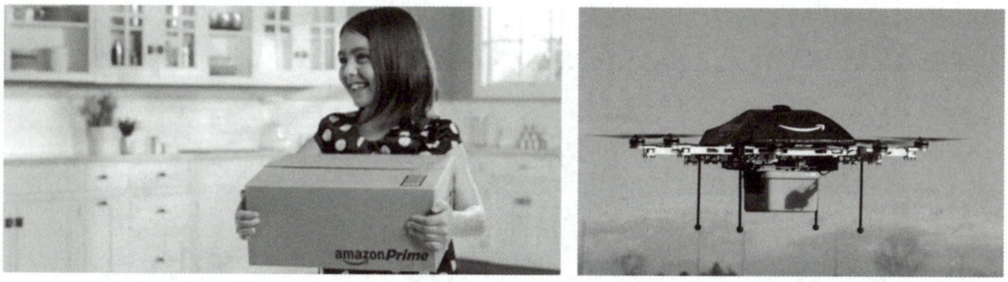

图 1-18　美国亚马逊公司的 Prime 会员服务和无人机配送

创立于 1995 年的美国亚马逊公司是世界电商的先驱者和巨头，也是世界前三大互联网公司。2005 年推出 Prime 会员服务，2016 年和 2017 年先后完成了无人机对快递货物的配送，2018 年又通过“亚马逊钥匙”服务，将货物配送到主人不在现场的家中或车上。正是因为不断以创新意识和战略性眼光对产品和服务进行升级，不断提升客户的体验，才使公司长盛不衰。

1.1.4.3 经济性

全球著名管理学大师汤姆·彼得斯（Tom Peters）曾指出，设计如何处理那些拙劣的物品是第二位的，设计的首要任务是建立一种全面的方式进行商业运作、顾客服务和价值创造（1989 年）。亨利·福特（Henry Ford，1863—1947）说："如果我问人们他们想要什么，答案会是跑得更快的马"，而他造出了汽车，美国由此成为"车轮上的国度"，他本人成为"汽车大王"。今天，一百多年过去了，但商业设计与创新的实质并没有变：越过表象，洞察人们隐匿的真实需求，创造出让生活更美好的新事物，并以此获得商业回报。

工业设计创新能优化产品与服务，不仅可以降低成本，提升用户满意度，还有利于品牌建构，提升企业战略价值，从而推动经济发展，实现经济转型。发达国家的工业设计发展史表明，当人均 GDP 达到 1000 美元时，设计在经济运行中的价值就开始被关注；当人均 GDP 达到 2000 美元以上时，设计将成为经济发展的重要主导因素之一。在发达国家，由于设计在制造产品差异和了解消费体验方面发挥的重要作用，目前已经成为继"六西格玛"之后企业最重要的营销理念和提高公司创新成功率的最佳方法。进入 20 世纪以来，现代产业的变化和全球经济的发展重新书写了设计的意义和范围，设计对企业声誉和效益的影响与日俱增，它在企业中的战略角色和对市场的影响已毋庸置疑。"在设计上花钱是有回报的，不过重要的是及早谨慎地花钱。典型的新产品开发阶段的设计要承担 15% 的预算经费，不过至少与 80% 的成本有关。"（布拉德利 Brandley：《用设计重塑企业》，1997 年）

产品的创新设计是整个产品商业化过程中非常重要的一步，创新的经济性是产品创新成功与否的关键，是企业盈利的关键。苹果公司之所以获得巨大的商业成功，是因为从 iMac 到 iPod，从 iPhone 到 iPad，其产品设计为世人喜爱甚至迷恋。韩国三星集团的成功有目共睹，其前总裁李健熙曾说"21 世纪企业经营的最后决胜关键就在于设计"，全球著名设计公司 IDEO 认为"好设计应该是商业价值、人类需求和技术应用的结合点"。因此，设计要以消费者的需求作为根本出发点，在提高功能、保证质量的前提下，尽可能采用简单的设计，减少所选用材料的种类和数量，降低成本，这样才能真正为消费者带来实惠，最终也能为企业带来效益，见图 1-19。

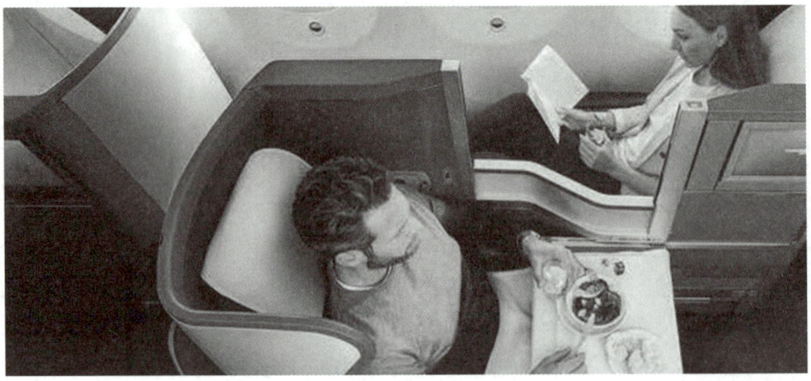

图 1-19　英国航空的商务舱座椅　设计师：Lee Don-tae

座椅呈 S 形，相邻乘客面对面而坐，可以保证乘客伸腿躺下，空间宽敞。这一设计让英国航空多增设了 20% 利润较高的商务舱坐席，长期赤字的英国航空的营业利润每年增长了 4.8 亿英镑。

根据美国工业设计协会测算，工业品外观设计平均每增加 1 美元的投入，就可以获得 1500 美元的收入；我国海尔集团对工业设计的投入产出比是 1∶200。曾任英国设计委员会的艾弗·欧文（Ivor Owen）在为《设计与经济》修订版撰写的序言中这样写道："设计是个体公司和整个经济体在国际上获得成功的关键之一，对于英国来说，知道这一点为时还不算太晚，但是只有我们迅速地拓展并进而维持英国制造的能够震撼世界的产品的数量，我们的整个经济业绩和生活质量才能经得起其他国家的比较，这些国家已经认识到设计在经济中所扮演的角色，而这些国家的数量也在不断增加。"英国布朗政府曾调查设计在英国各行业的经济潜力，结果发现以设计为重心的公司，营业额攀升了 14%，利润上升了 16%。美国设计管理学会（DMI）2013 年的报告指出，他们用 10 年的时间跟踪设计与商业的关系，发现设计驱动的企业，如苹果、耐克、百事等，它们的标准普尔指数 S&P 比一般企业高出 228%，见图 1-20。著名管理咨询公司麦肯锡连续 5 年对全球 500 家上市公司的设计战略和市场表现进行调研，结果发现，重视设计的公司在年收入增长方面要比同业竞争者高出 1 倍。这些都充分证明了设计的价值。

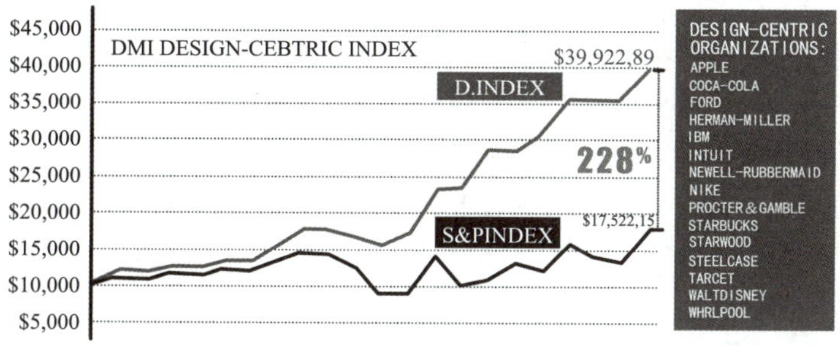

图 1-20 设计驱动企业与一般企业标准普尔指数 S&P 对比

1.1.4.4 系统性和复杂性

从宏观来看，设计影响的不仅仅是产品的外观，而是通过设计研发、市场营销、产品运营等产品全流程相互融合来体现和建立产品的精神与品牌的价值。从全球经济竞争来看，价格和质量已经不能作为核心竞争力，只有品牌才是企业的盈利之道，而设计是企业品牌的重要因素。在微观层面，设计也越来越从产品炫酷的外观延展到整体的用户体验层面。而"大设计"的理念，源于很多厂商开始转型，由此，设计师开始思考的事情也变得全方位了。侧重的切入点开始变成整个品牌的营销而非单个产品的设计。设计不仅仅是解决一个审美的问题，也不是解决一个功能性的问题，而是更多地提升到解决人们的情感、解决人与人之间的关系、解决社会化服务的问题，甚至提升到国家战略层面。1982 年，英国前首相撒切尔夫人就曾提出"英国可以没有英国政府，但不能没有工业设计"；德国前总理科尔说"在 21 世纪世界市场竞争中，德国必须靠工业设计保持并提高国家竞争力"；美国前总理克林顿入主白宫之初，便邀请二十多位工业设计师及策划专家组成智囊团，讨论如何围绕设计巩固国家经济地位。

小结：随着科技和经济的不断发展，设计领域也在快速发生变化。与过去 10 年相比，较大的变化包括：设计的定义在 2015 年重新修订；伴随着移动互联网的快速发展，共享经济蓬勃发展，设计思维的应用范围进一步扩展并受到重视；这一趋势也导致了服务设计受到重视，品牌体验的途径更加丰富快捷；人工智能与设计的交融，不仅变革了设计的工具，也颠覆了设计思考的内容和创新的方向。同时，设计越来越多地关注人类真实的需要，注重可持续发展，把为人类创造更美好的生活作为使命。

案例 1.1 “大设计”——浪尖设计有限公司的“全产业链设计创新服务”

浪尖设计集团有限公司（原深圳市浪尖设计有限公司）成立于1999年，是我国工业设计领军企业，国家级工业设计中心。

浪尖认为21世纪是“大设计”的时代，单纯的产品外观设计、产品设计越来越不能满足客户对品牌发展和企业战略发展的要求，产业链集成是工业设计未来的发展方向。凭借对产业链的深刻理解和对设计平台的熟练掌控，浪尖在业内率先打破传统的单纯设计模式，积极推进产业资源整合，缔造了国内全新的设计模式——“浪尖全产业链设计创新服务®”平台发展模式。该模式是以设计创新为核心，包含设计平台、供应链平台、高端制造平台、研发平台、制造技术及工业化服务平台、工业服务业产业集群、创新及产业化服务平台、品牌策略平台、知识产权平台、文化平台、教育及交流平台以及定制服务平台、金融服务平台在内的“全产业链设计创新服务”生态体系。

浪尖坚持以“定位・设计・实现・价值”作为指导思想和工作方法，运用该设计创新服务平台为客户提供包括产品定位和规划、软硬件开发、生产制造、物流、成本控制、品牌控制、品牌营销等在内的一体化综合设计解决方案，从而实现更好的商业价值、社会价值和可持续发展，见图1–21。

凭借这一创新的服务模式，浪尖自身也步入发展的快车道，现为国内领先的设计集团公司。

1.1.5 中国工业设计发展概况

进入21世纪，我国经济发展迅猛，目前已是世界第二大经济体，制造业也跻身全球三甲。然而制造业低端的产业形态、在国际分工中的低附加值地位，以及劳动力、土地、资源日益匮乏等现状使我国制造业的进一步发展面临困境。我国的工业设计在改革开放后的40年多年中取得了一定的进步与发展，但与国际一流水平相比还存在很大差距。近几年工业设计受到了国家及企业的大力重视与扶植，政府出台了大量的政策宣传和扶持工业设计的发展，以华为、海尔、小米等企业为代表的中国企业不断进行着以设计创新推动企业发展的实践，并取得了卓著的成绩——这些都对设计行业的发展起到了巨大的推动作用。在新旧动能转换的大形势下，无论是企业还是设计公司，都将面临产业升级、消费升级的转型与变革。当下设计在企业中的作用已经不仅仅停留在赋予产品外观上，它决定着企业的产品和服务，是塑造品牌的利器。可以说，设计已经上升到企业的管理及战略层面，在企业创新中发挥着重要作用，互联网、大数据、人工智能等技术变革给设计行业带来了新的发展空间与前景，而随着国际化的交融与合作，跨文化跨学科的多元融合将带领工业设计走向更宽广的探索范畴。但是，与美国、意大利、德国、英国、日本和韩国等相比较，我国的工业设计还处在初级探索阶段，我们企业的设计水平和创新能力与国际先进的企业相比较还有很大差距。可以说，我国现状是不缺设计师、不缺制造能力、不缺市场，但却缺少能与苹果、亚马逊、宝马、宜家等匹敌的以设计引领的企业和国际名牌，关键原因之一就在于我国的设计管理水平亟待提升。

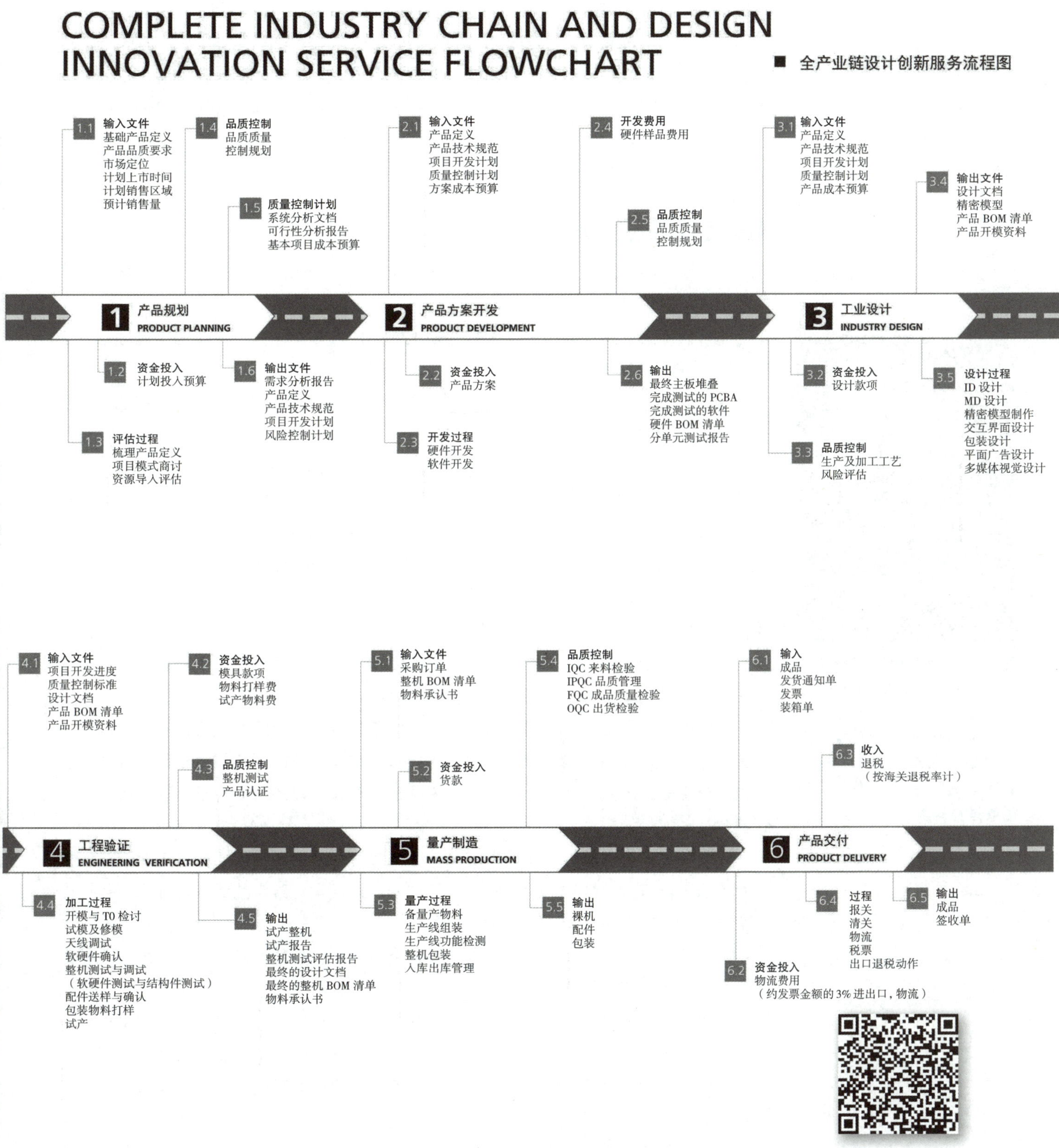
COMPLETE INDUSTRY CHAIN AND DESIGN INNOVATION SERVICE FLOWCHART
■ 全产业链设计创新服务流程图
1 产品规划 PRODUCT PLANNING
1.1 输入文件 基础产品定义 产品品质要求 市场定位 计划上市时间 计划销售区域 预计销售量
1.2 资金投入 计划投入预算
1.3 评估过程 梳理产品定义 项目模式商讨 资源导入评估
1.4 品质控制 品质质量 控制规划
1.5 质量控制计划 系统分析文档 可行性分析报告 基本项目成本预算
1.6 输出文件 需求分析报告 产品定义 产品技术规范 项目开发计划 风险控制计划
2 产品方案开发 PRODUCT DEVELOPMENT
2.1 输入文件 产品定义 产品技术规范 项目开发计划 质量控制计划 方案成本预算
2.2 资金投入 产品方案
2.3 开发过程 硬件开发 软件开发
2.4 开发费用 硬件样品费用
2.5 品质控制 品质质量 控制规划
2.6 输出 最终主板堆叠 完成测试的 PCBA 完成测试的软件 硬件 BOM 清单 分单元测试报告
3 工业设计 INDUSTRY DESIGN
3.1 输入文件 产品定义 产品技术规范 项目开发计划 质量控制计划 产品成本预算
3.2 资金投入 设计款项
3.3 品质控制 生产及加工工艺 风险评估
3.4 输出文件 设计文档 精密模型 产品 BOM 清单 产品开模资料
3.5 设计过程 ID 设计 MD 设计 精密模型制作 交互界面设计 包装设计 平面广告设计 多媒体视觉设计
4 工程验证 ENGINEERING VERIFICATION
4.1 输入文件 项目开发进度 质量控制标准 设计文档 产品 BOM 清单 产品开模资料
4.2 资金投入 模具款项 物料打样费 试产物料费
4.3 品质控制 整机测试 产品认证
4.4 加工过程 开模与 T0 检讨 试模及修模 天线调试 软硬件确认 整机测试与调试 （软硬件测试与结构件测试） 配件送样与确认 包装物料打样 试产
4.5 输出 试产整机 试产报告 整机测试评估报告 最终的设计文档 最终的整机 BOM 清单 物料承认书
5 量产制造 MASS PRODUCTION
5.1 输入文件 采购订单 整机 BOM 清单 物料承认书
5.2 资金投入 货款
5.3 量产过程 备量产物料 生产线组装 生产线功能检测 整机包装 入库出库管理
5.4 品质控制 IQC 来料检验 IPQC 品质管理 FQC 成品质量检验 OQC 出货检验
5.5 输出 裸机 配件 包装
6 产品交付 PRODUCT DELIVERY
6.1 输入 成品 发货通知单 发票 装箱单
6.2 资金投入 物流费用 （约发票金额的 3% 进出口，物流）
6.3 收入 退税 （按海关退税率计）
6.4 过程 报关 清关 物流 税票 出口退税动作
6.5 输出 成品 签收单

图 1-21　浪尖设计集团有限公司全产业链设计创新服务流程

扫二维码关注公众号，可阅览中英文横版服务流程原图

1.2 管　　理

两个人中有一个在喊口令，管理就产生了。管理活动与设计活动一样，人类出现便已有之，并随着人类文明的发展而不断发展。1919 年，被誉为“科学管理之父”的弗雷德里克·泰勒（Frederick Winshow Taylor）《科学管理原理》一书的问世，标志着人们告别经验管理时代、进入科学管理的殿堂。科学技术的飞速发展，推动着现代管理思想和理论日新月异。新的世纪，世界经济的发展继续呈现两大趋势，一是全球化，二是市场化，这给企业的发展带来了全方位的挑战，管理学科也随着时代的发展不断迈上新的台阶。

1.2.1 管理的定义

关于管理的定义，至今仍未得到公认和统一。长期以来，许多中外学者从不同的角度出发，对管理作出不同的解释。

弗雷德里克·泰勒的定义“确切地知道你要别人去干什么，并使他用最好的方法去干”（见图 1-22）。

图 1-22　弗雷德里克·温斯洛·泰勒（Frederick Winslow Taylor，1856—1915）

美国著名管理学家，经济学家，被后世称为“科学管理之父”，其代表作为《科学管理原理》。

诺贝尔经济学奖获得者赫伯特·西蒙（Herbert Simon）的定义“管理即制订决策”。

“现代经营管理之父”亨利·法约尔（Henri Fayol）的定义“管理是所有的人类组织都有的一种活动，而这种活动由五项要素构成：计划、组织、指导、协调和控制。计划，预测未来并拟定一个行动方案；组织，建立一个从事活动的机构；指导，维持组织中人员按要求进行活动；协调，把所有的机构、人员和活动等组织起来，使之统一起来并和谐工作；控制，要使所有的事情都按照既定的计划和指挥的要求来完成”。

现代著名管理学家哈罗德·孔茨（Harold Koontz）的定义“管理是设计和维持一种环境，使具体工作的人们能够完成预定目标的过程。”

可以说，管理是对组织的资源进行有效的整合以达成组织既定目标和责任的动态创造性活动。管理活动包括计划、组织、指挥、协调和控制，它们是帮助有效整合资源的部分手段或方式，但它们本身并不等同于管理，管理的核心在于对现实资源的有效整合。

综上所述，可以对管理作如下定义：所谓管理，就是在特定的环境下对组织所拥有的资源进行有效的计划、组织、领导和控制，以便实现既定的组织目标的过程。这个定义包含着以下四层含义：

（1）管理是服务于组织目标实现的一项有意义、有目的的活动。管理的目的并不是来源和决定于管理机构或人员自身，而只能是隶属和服务于具有特定使命和目标的组织。管理的载体是组织，组织可以小到几个人，也可以大到几亿人。管理是任何组织不可或缺的，但绝不是独立存在的。管理不具有自己的目标，它的目的是实现组织的既定目标，不能为管理而进行管理，而只能是管理服务于组织目标的实现。

（2）管理的本质是合理分配和协调各种资源的过程，其过程是由一系列相互关联、连续进行的工作活动构成的。这些工作活动包括计划、组织、领导、控制和创新等，是管理的基本职能。

（3）管理工作的有效性要从效率和效果两个方面来评判。有效性集中体现在是否使组织花费最少的资源投入而取得最大的、最合乎需要的成果产出。效率涉及组织是否“正确地做事”（即“怎么做，how to do”）。产出一定、投入最少，或者投入不变、产出最多，意味着组织具有较为合理的投入产出比，具有比较高的效率。效果（effectiveness）涉及组织是否“做正确的事”（即“做什么，what to do”）。现代社会中，“做什么”比“怎么做”往往更加重要。管理的任务就是获取、开发和利用各种资源来确保组织效率和效果双重目标的实现。

（4）管理的对象是一切可以调用的资源，如原材料、人员、资金、土地、设备、顾客和信息等，其中人员是最重要的。管理工作是在一定的环境条件下开展的，环境既提供了机遇和机会，也构成了挑战或威胁。正视环境的存在，一方面要求组织为创造优良的社会物质环境和文化环境而努力；另一方面，管理的理念和方法必须因环境条件的不同而随机应变。因此，管理的各项职能要不断改进和变革，为组织持续提供更新的产品和服务，创新是一个有活力的组织的各项管理职能的灵魂与核心。

1.2.2 管理的作用

随着人类的进步和组织的发展，管理所起的作用越来越大。概括起来说，管理的重要性主要表现在以下两个方面。

1.2.2.1 管理使组织发挥正常功能

管理，是一切组织正常发挥作用的前提，任何一个有组织的集体活动，不论其性质如何，都只有在管理者对它加以管理的条件下，才能按照所要求的方向进行。

组织由组织的要素组成，组织的要素互相作用产生组织的整体功能。各自独立的组织要素不会完成组织的目标，只有通过管理，使之有机地结合在一起，组织才能正常地运行与活动。组织要素的作用依赖于管理。管理在组织中协调各部分的活动，并使组织与环境相适应。在一个组织中，没有管理，成员就无法彼此协作地进行工作，组织就无法达到既定的目的，甚至连这个组织的存在都是不可能的。集体活动发挥作用的效果大多取决于组织的管理水平。

图 1-23　从一条长裤看管理的重要性

在没有管理活动协调时，组织中每个成员的行动方向并不一定相同，甚至可能互相抵触。即使目标一致，如果没有整体的配合，也达不到总体的目标。美国 IBM（国际商业机器公司）的创办人托马斯（Thomas J. Walson）曾用下面的故事深入浅出地说明了管理的作用：一个男孩弄到一条长裤，裤子有些长。他请奶奶帮忙修剪裤子，可奶奶让他去找妈妈，而妈妈又让他去找姐姐，姐姐又忙于约会……晚上，男孩在失望中入睡了。奶奶忙完家事，想起了孙子的裤子，就把裤子剪短了一些；姐姐回来后心疼弟弟，又把裤子剪短了一些；妈妈临睡前也把裤子剪短了一点。可以想象，第二天早上大家就会发现这种没有管理的活动所造成的恶果，见图 1-23。由此可见，任何组织的活动都需要被管理。

随着人类的进步和经济的发展，管理所起的作用越来越大。当今世界，各国经济水平的高低很大程度上取决于其管理水平的高低。第二次世界大战后，一些英国专家小组去美国学习工业方面的经验，通过调查研究他们发现，英国在工艺和技术方面并不比美国落后很多，但生产率水平远远落后于美国，主要原因在于两国之间组织管理水平的巨大差异。美国某政府高官曾说过，美国经济的领先地位三分靠技术，七分靠管理。美国经济上的强大竞争力与美国在管理科学上的突飞猛进显然具有内在联系。美国的邓恩和布兹特里斯信用分析公司在研究管理的作用方面也做了大量工作。多年来，他们对破产企业进行了大量调查，结果表明，在破产企业中，几乎 90% 是由于管理不善所致。

1.2.2.2 有效实现组织的目标

组织是有目标的，组织只有通过管理，才能有效地实现组织的目标。人员、物资、资金、环境等都是组织活动必不可少的要素，每一要素能否发挥其潜能，发挥到什么程度，对管理活动将产生不同的影响。成功的管理，就是要寻求各种组织要素、环节、管理措施、政策以及手段的最佳组合，通过合理的组合，产生一种新的效能，从而充分发挥这些要素的最大潜能，使人尽其才，物尽其用，从而有助于实现组织的目标。

在现实生活中，有的企业尽管拥有较为先进的设备和技术，却没有发挥其应有的作用；而有的亏损企业仅仅由于换了一个精明强干、善于管理的厂长，就能实现扭亏为盈；还有的企业尽管物质技术条件较差，却能够凭借科学的管理在激烈的社会竞争中取得优势。这就说明，在相同的物质条件和技术条件下，由于管理水平的不同会产生效益、效率或速度的差别，这是管理作用的体现。

1.2.3 管理的特征

随着时代的发展，管理的内涵和外延也在不断变化，也不断呈现出新的特征。

1.2.3.1 普遍性

当干活中有人喊口令时，管理就产生了。也就是说，管理是随着人类为生存而进行的集体活动中的分工和协作而产生的。管理的普遍性表现为管理活动是协作活动，涉及人类每一个社会角落，与人们的社会活动、家庭活动以及各种组织活动息息相关。

1.2.3.2 目的性

管理的目的是一个组织的共同目标。企业或公司最终的目的在于利润，利润来源于顾客。顾客为什么会购买企业的产品或服务，这才是管理者首先要考虑的，质量是最关键的要素之一，在管理过程中以质量为中心，以不断提高质量为目的，就不会偏离管理的方向。

1.2.3.3 科学性和艺术性

管理是一门科学，也是一门艺术。管理的科学性表现在管理具有自身的本质特征和运动规律等，具有科学的规律性、严密的程序性和先进的技术性，这些是在管理实践中所必须遵守而不能背离的。管理活动中能通过行之有效的研究方法和研究步骤来分析问题、解决问题，也能通过管理活动的结果来衡量管理质量。美国管理学家福莱特（Mary P.Follet，1968—1933）曾将管理描述为“通过其他人来完成工作的艺术”，她将管理视为艺术，强调了人的因素在管理中的重要性。管理的艺术性表现为在实践中发挥管理人员的创造性，表现为巧妙的应变性、灵活的策略性、完美的协调性，并因地制宜采取措施，为管理活动的有效进行创造条件。李嘉诚曾就“想当老板还是领袖”这一话题这样谈论管理的艺术性：“我常常问我自己，你是想当一个团队的老板还是领袖？一般而言，做老板，简单；你的权力主要来自地位之便，这可来自上天的缘分或凭仗你的努力和专业的知识。做领袖，较为复杂；你的力量源自人性的魅力和号召力。要做一个成功的管理者，态度与能力一样重要。领袖领导众人，促动别人自觉甘心卖力；老板只懂支配众人，让别人感到渺小”。可以说，管理发展到一定层次也是一种动态的设计艺术的表现。管理是一门科学，在方法论上，有自身的科学原则和理论，而在操作过程中，又具有设计艺术的特点，需要直觉、经验和技巧。

管理的科学性和艺术性相辅相成，对管理中可预测、可衡量的内容，可用科学的方法去测量；而管理中某些只能感知的问题、某些内在特性的反映，则无法用理论分析或逻辑推理来估计，但可通过管理的艺术性来评估，最富有成效的管理艺术来源于对管理原理的理解和丰富的实践经验。

1.2.3.4 创新性

创新是企业成长的关键动力，若不能创造成功的新产品、服务和商业模式就意味着企业将原地踏步，甚至衰退。管理的创新性是指管理本身不断地变革和创新。管理的创新性根植于管理的动态性，与科学性和艺术性有关。全球 83% 的高级经理人深信，自己企业今后的发展将更依赖创新。对企业而言，管理是一项工具，也是一项资源，是一种生产力，管理创新对企业创新往往能够起到“四两拨千斤”的作用。

1.2.3.5 动态性

管理是一个动态的过程，是一个在变动的环境与组织本身中进行的过程，需要随时以组织目的为导向，因地制宜不断平衡和消除资源配置过程中的各种不确定性，放之四海而皆准的管理模式是不存在的。

1.2.3.6 人本性

现代经济腾飞的关键在于“人”。因为在企业的诸多经营要素中，人是唯一具有能动性的要素，其他经营要素的管理最终要靠人去施行。所以，企业管理的核心便是“管人”。现代企业的竞争，归根结底是人才的竞争，从这个角度来说，人才是企业之本。中外企业发展史中，有很多濒危企业仅仅因为换了关键管理者就实现了起死回生。日本索尼公司董事长盛田昭夫说：“如果说日本式经营真有什么秘密的话，那么，我觉得‘人’就是一切秘诀最根本的出发点。”管理者和被管理者都是“人”，因此，管理要“以人为本”。

1.2.4 管理与设计的关系

1.2.4.1 设计活动与管理活动的关联

人们为了完成一件事或一项工程，对其过程进行的计划和控制，这是管理发生的根源；而为了成功完成一次信息传达或制作一件工具，事先对造型进行计划和组织，这是设计产生的根源。由此可见，自从设计和管理产生之时起，两者便有着十分密切的联系。设计的英文单词“design”的英文释义为：“v. draw a plan that shows how to make something；n. drawing or plan that shows how to make something；pattern；purpose；intention”，其中的“plan”有“计划”之意，而“计划”是管理的一项重要内容。

世界著名设计咨询机构 IDEO 将设计思维视为一种解决问题的方法论，指出设计思维是“像设计师一样思考，不只是改变开发产品、服务和流程的做法，而是改变构思策略的方式”。利用设计思维，人们可以创造性地解决不同类型的问题。科学技术日新月异，全球化竞争日趋激烈，设计的内涵和外延都在不断发生变化，与管理相融合也是自然而然的事情。 然而，设计的核心竞争力远不止于此。今天它已经超越了传统的工业设计的范畴而扩展到产品和服务领域。从一份 PPT、一个广告、一个产品到一个车间、一幢办公楼、一个品牌，在一个企业内部，对设计的需求随时都在产生。但设计需求的高峰通常与企业经营管理的关键节点密切相关，例如，企业初创时期、准备强化设计领导力时、推出新产品或者开放新卖场时、推出新品牌时、扩大市场占有率时、恢复市场占有率时、进军新的市场目标时、需要改变研发政策时。每个阶段对设计的要求都有所不同。保守的商业活动和积极进取的创意想法之间并不互相排斥，创意方法的一些原理对于构建商业战略并赢得胜利至关重要。管理模式和商业模式都可以被设计出来，例如戴尔公司设计了电脑直销这种新的商业模式（Dell Model），让戴尔保持了一种令竞争对手疲于应付的速度，也让他们与客户建立了直接联系。这种联系又让他们及时掌握客户想要什么样的产品，何时需要这样的产品。Intel 公司设计了每 8 个月让 CPU 速度增加一倍但价格减少一半的技术创新管理模式，从而主导电脑领域几十年。因此，甚至可从广泛意义上认为：设计即是管理，管理即是设计。法国设计管理专家莫柔塔（Brigitte Borja de Mozota）认为：设计是一种管理工具，它可以使公司的内部能力具有差异化优势。设计不再仅被看作形态的输出，而是作为一种创造和管理的过程，它可以与其他诸如创意管理、创新管理和研发管理等组织过程相整合，从而改变公司过程管理的传统结构。

对设计进行有效管理已经成为新的研究领域，并将它作为一种应对激烈竞争、最具潜力、正在飞速发展的工具，这个研究领域引起了越来越多的关注和讨论。对设计管理的研究运用将会成为企业发展的突破口，并将在今后的社会生产行为中发挥重要的作用。台湾邓成连教授对产品设计管理活动与一般管理原则的关联性进行了总结，见表 1-1。

表 1-1　产品设计管理活动与一般管理原则的关联

产品设计管理活动		管理原则			
		计划	组织	领导	控制
公司层次	建立公司的产品目标与政策	√			
	产品设计的组织架构		√		
	产品与项目的监督和评价			√	√
部门层次	资源分配	√	√		
	建立具有创造性的产品设计工作环境		√		
	项目组织和资料整理		√		√
	技术资讯管理		√		√
	产品设计小组的人力资源	√			√
项目层次	界定设计问题	√			
	选择设计师与设计小组		√	√	
	建立相互同意的项目工作方式、项目企划、项目日程与项目预算	√			√

从表 1-1 可看出，产品的设计活动不论是在公司层次、部门层次还是项目层次上

都与不同的管理原则发生联系，设计需要被管理。设计不仅是产品开发部的事，应该让各个部门认识并支持设计，同时设计也与企业文化和策略相关，因此，设计与艺术成为一种经营思考的管理。浩汉设计公司的领导人陈文龙从浩汉众多设计作品的成败之中，感悟到设计能否发挥竞争力，管理才是重要的关键推动力，不论是对于一家小的设计公司还是大的企业都是如此，管理是设计的竞争力。

公司管理层对设计的重视和努力是改善设计管理、提高设计质量的关键和最佳途径。设计管理有效的公司，其市场竞争力就强，企业利润率就高。过去西方学界有一种说法"好的设计 = 好的企业"，现在他们普遍认为"好的设计管理 = 好的设计 = 好的企业"。要想提高设计的效率和成功率，必须对设计团队、设计流程、设计成果进行有效的管理。

1.2.4.2 设计师与管理者的关系

20 世纪 90 年代开始的创新浪潮以及产业的转型升级，使得产业结构被迫从 OEM（Original Equipment Manufacture，原始设备生产商）向 ODM（Original Design Manufacture，原始设计制造商）转变，这就要求原来以制造为主的企业不仅仅要具备制造能力和研发能力，还要具备与之迥异的想象力，不仅仅要关注技术和科技，还要构建文化意义和投入情感。商场如战场，现在不仅是那些具有无法模仿的、高品位的设计人才成为企业的重要资产，企业 CEO 们也天天将"创新、设计、体验"等词挂在嘴边，因为这正是他们的客户所关心的。但是，设计师和管理者这两类不同的人群，在价值观、思维方式和工作方法方面都存在着很大的差异。设计师从事艺术与商业结合的工作，活跃于建筑设计、艺术设计、平面设计、展览设计、工业设计等领域。随着时代的发展，设计师的角色和工作内容发生了变化，有必要重新了解设计师的定义。从传统和务实的观点来看，工业设计师是运用他们的基本设计技能，包括问题的确认和分析、徒手绘图能力、对造型和色彩美学的了解和敏感度、工业技术的工作知识和对行销原理的熟悉度，通过产品的造型来设计产品。从更新锐的观点来看，设计师应通过自身的设计引导和创新人类的生活方式，通过创新设计为企业带来利润的增长，为企业的健康发展提供原动力，见图 1-24。

管理者是做出决策、分配资源、指导别人的活动从而实现工作目标的人。"管理者"一词通常与地位和功能有关。在地位上，管理者的头衔就是在组织阶级中高于第一线监督者的人员，此定义可用于一般传统制造业；在功能上，在于"决定做什么并使其他人去做"。

管理者普遍对价格、利润、市场等有较大的兴趣，从商业的角度来说，他们通常认为"好设计"意味着能够为公司带来更多利益，设计是企业一项可以增加产品及服务附加价值的资源。但也有一部分管理者特别是处于企业高层的男性管理者由于从儿时就未经历充分的设计教育，缺乏对设计的爱好，对设计的认知不足，当他们需要决策性地判断设计的好坏或适当与否时，会感到较大的困难。调查显示，雇佣工业设计师的管理者较未雇佣工业设计师的管理者更了解工业设计师的工作，他们认为对设计投资，就像对广告和生产流水线投资一样，可以增加产品的价值、产生良好的利润并且增加企业的获利率。通过以问卷形式在管理者中调查工业设计师的作用，他们普遍认为工业设计师做出了"达到顾客要求"与"控制成本"两项贡献。

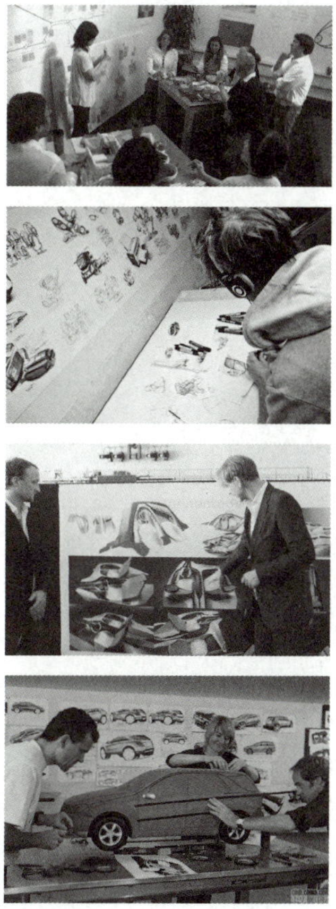

图 1-24 设计师工作的情景

若提及"设计"，艺术性或是酷炫程度常被提及，而设计师群体中学习艺术设计专业背景的人也相当多，从而导致很多设计师更加注重设计的艺术性以及改善环境、提高大众的设计审美等，喜欢凸显个性，鄙视流行，喜欢表达自己喜好的设计，而对创造利润等商业方向的意识较为淡薄。同时，设计专业也容易给人造成专业、艺术化或神圣的感觉，在企业内部设计部门被认为是难以接近和沟通的部门，容易与其他部门形成隔阂。表 1-2 是设计师与管理者特征的对比。

表 1–2　管理者与设计师特征对比

特征	管理者	设计师
目标	长期；利润 / 回馈；生存；组织持久性	短期；产品 / 服务品质；改革；建立个人特色
重点	人；系统	物；环境
教育	会计；工程；语言的；数字的	手工艺；艺术；视觉的；几何学
思考风格	连续的；直线的；分析；问题导向	整体的；侧面的；综合；解决导向
行为	悲观的；适应性的	乐观的；创新的
修养 / 文化	一致性；谨慎性	多样性；实验性

表 1-2 仅仅是对管理者和设计师特征一般的概括，并不是说所有的管理者和设计师都有如此明显的差别。懂得设计的管理者会将设计作为一项资源为企业创造效益，懂得管理的设计者也能为消费者设计出更多适销对路的优秀产品。在现代企业中，设计和管理往往密不可分，加强二者的沟通和理解，是设计管理的重点之一。曾任德国博朗公司的设计大师迪特・拉姆斯（Dieter Rams）说，“良好设计的出现是企业领袖和首席设计师紧密合作的结果，这是一种规律。”苹果公司前总裁史蒂夫・乔布斯（Steve Jobs）与其设计总监乔纳森・艾维（Jonathan Ive）密切的私人关系，是企业家与设计师合作的经典组合，这种经典组合促使了苹果一个又一个经典产品的诞生，见图 1-25。

图 1-25　苹果公司前总裁史蒂夫・乔布斯与其设计总监乔纳森・伊夫

管理者加强对设计的理解，从企业经营角度，以企业理念和经营方针为依据，对设计活动进行组织与管理，是借鉴和利用管理学的理论和方法对设计本身进行管理，使设计更好地为企业的战略目标服务。目前，管理越来越多地和设计融合，过去狭隘的思维方式对于今天解决险恶问题是毫无用处的。在一个重视设计的企业中，管理者需要做的不仅仅是雇用设计师，而是需要像设计师那样思考、感受和工作，如此才能用创造性的方法解决问题。乔布斯并不是苹果产品的设计师，艾维才是。但乔布斯的作用至关重要且必不可少，他确立了公司“Think Different”的设计理念，并将其置于公司价值体系最顶层的位置。他本人也非常关注产品的每一个细节，要求参与研发的每一位工作人员，都能够深入理解和尊重产品内在的意义和理念。为了确保设计师的创造能够成功，他广开绿灯，并积极投入必要的资源作保障。苹果公司对设计师的重视也为其带来了巨大的经济效益和社会效益，其股票市值在 2018 年 8 月突破万亿美元，设计创新可谓功不可没。同样，得益于 CEO（首席执行官）与 CDO（首席设计官）的通力合作，美国罗技公司（Logitech）能够从乏味的电脑配件生产商变身为一家成功的以设计文化为主导的产品创新公司。中国小米公司是利用设计思维和设计创新实现快速崛起的经典案例，七名联合发起人中有两名设计师，其创始人兼董事长雷军高度重视工业设计的作用。在 2018 年 3 月召开的两会上，他提交了一份关于大力发展我国设计产业的建议。这也表明了中国现代企业的领导者对设计的认知到达了一个崭新的高度。

此外，由于设计直接影响商品质量和销量因而管理者将设计视为一项商业资源，设计是在商业利益竞争中提高品牌竞争力的重要决定性要素之一，管理者期望设计师能对公司、产品或产业有较多的认识且能多了解市场营销。设计师不能仅局限于对产品外观的改进，而应为企业发展战略及政策提供建议，甚至争取参与的机会，从而直接发挥影响；在现代企业中，设计师越来越被认为是思考者，设计理论家 Tovey 在对设计程序作分析时曾主张“解决设计问题时，设计师使用了分析性的连续思考模式和综合性的思考模式”。Bernstein 认为，设计师是“综合者”，综合与组织他们自己和别人的构想；设计师如同“装饰者”“执行者”或“问题解决者”一样扮演同样的角色。现代企业要求设计师了解商业的语言，能够从整个产品链条上对产品的成本、良好的使用性以及品牌价值等环节进行把握，并能够与各个部门合作无间。设计师在沟通时也被称为“翻译者、桥梁和催化者”以及“使用者的代言人”。索尼的小林隆幸认为“设计的重要性提升，使得公司对设计师的能力提出了更高的要求：一个好的设计师需要具备对社会动态的深刻把握；对生活细致入微的感知，以及对视觉冲击效果的独特感觉这三个条件。而一个杰出的设计师，将会在不断沟通中把这些技术、成本和材质等要素进行完美地融合，因此，索尼对一个完整设计师的投入不亚于一个飞行员”。

设计与管理的融合交叉，需要设计管理人才沟通设计思维、管理思维、经营思维，最大限度发挥设计作用。复杂性是 21 世纪的终极挑战，而设计师却具有化繁为简的能力，具备系统性的思考能力，现代企业也越来越需要把这样的人才提拔到首席设计官 CDO 甚至首席执行官 CEO 的位置上。

小结：不论是设计师或是经营者，都要变成呼应时代需求的设计管理者。这个过程一点都不无聊或是崎岖，反而会很有趣。苹果公司的前任 CEO 史蒂夫·乔布斯说：“设计是一种高端艺术，不可能在低的层级完成。”管理学家汤姆·彼得斯认为：“首席设计师应该成为董事会成员或者至少成为执行委员会成员，级别有时候是能起到大作用的。”对于公司的首席执行官或董事长而言，将设计放在至关重要的位置上，需要一个意识上的巨大跨越。高度重视设计的公司甚至由设计师出任企业的 CEO，如美国的耐克、韩国的起亚等。

1.3 设 计 管 理

“当全球竞争变得越来越激烈的时候，竞争策略的新方向逐渐受到重视，其中最重要的一项，是设计和设计管理。甚至在近 5 年前，大部分管理者还都认为好的设计几乎是微不足道的。他们认为设计师只不过是决定色彩及外观的人。然而当分析像德国博朗（Braun）或日本索尼（Sony）这些成功的企业时，设计对公司声誉及利润的重要性十分明显。从可靠的功能到高品质的外观，设计的确是重要的竞争性武器”。（John H. McArthur，1989：Designing For Product Success）

由于消费者偏好的快速变化，企业不得不通过持续的设计创新为他们提供更好的产品和服务。强大的品牌离不开优秀运作系统的支撑，要有迅速配合市场、顾客、设计师、制造产业、销售业的对策，设计管理的体系、流程以及沟通功能可以为设计创新提供依靠和保证。设计创新终归要依靠设计执行来保证。当前，不少企业由于缺乏系统的设计体系导致创新能力没有充分地激发和利用起来，停留在产业链的低端，因此，要通过设计管理，使企业自身的优势与设计创新能力相结合，从而能以系统的设计思维，进行整合式的设计创新。

1.3.1 设计管理的概念

设计管理是工业设计领域在知识经济时代产生的一门新兴学科，该学科虽然在欧美国家受到越来越普遍的重视，但也只是取得了初步的成果，而国内对这一学科的研究还处于起步阶段。狭义理解，设计管理是存在于设计公司、设计咨询公司、企业设计部门等机构和团体中的一门技术；广义理解，一个国家和地区的设计政策和设计促进活动也可以归入设计管理的范畴。

1.3.1.1 设计管理概念的演变

自从设计管理（Design Management，DM）的理论从 20 世纪 60 年代出现以来，对设计管理的定义一直是众说纷纭。众多专家学者从设计战略、营销战略、设计组织、设计程序、设计沟通等不同的角度，予以叙述和说明。1998 年美国设计管理协会（DMI）曾出版夏季季刊《设计管理的 18 种观点》，罗列了设计相关人员对设计管理一词的阐释，作为一门新兴交叉学科，设计管理的定义和理论体系至今还在快速发展之中。

1965 年，英国的皇家艺术社团（Royal Society of Arts，RSA）颁发设计管理奖项“设计管理最高荣誉奖”，借以鼓励企业设计活动，并对设计管理做出如下定义：设计管理的功能是定义设计问题，运用最恰当的设计师，使设计师在一定的时间内控制预算，并解决设计问题。

1966 年，英国设计师 Farr 提出设计管理是作为解决问题的一项功能而存在的，他认为：设计管理是界定设计问题，寻找最合适的设计师，且尽可能地使该设计师能在统一的预算中准时解决设计问题。这一表述与 RSA 的定义基本相同，包括了问题、人员、预算、时间等要素。

日本学者对设计管理的定义是“设计管理是为图谋设计部门活动的效率化而将设计部门的业务进行体系化、组织化，制度化等方面的管理”。他们认为“设计管理”一词由日本所创，日本产品能具有国际竞争力，在设计的应用与行销上经常创新的重要因素是掌握了“设计管理”的趋势和本质。

1976 年伦敦商学院的 Peter Gorb 教授认为：我把设计管理定义为一种计划，从管理的角度而言，它使得产品的目的以及包括这个目的的信息能以整体合作的方式达到。因此我认为，设计管理是计划的过程，并由组织加以运作，它是这一运作过程中的中心和最主要的部分。

澳大利亚悉尼美术学院院长（Newman）先生较为推崇他的另一个定义：设计管理就是项目经理为了实现共同目标，对现有的可以利用的设计资源进行有效的调用。

1989 年，设计师 Chung K.W. 提出设计管理的具体层级如下：

（1）在操作层级的设计项目管理。

（2）在战术层级的设计组织管理。

（3）在策略层级的创新管理：包括公司形象识别、公司设计策略、公司产品识别和色彩计划等。

美国设计管理学会（Design Management Institute，简称 DMI）是从事研究、传达、交流设计管理的代表性组织，1975 年成立于美国波士顿。这个团体主要研究如何将设计作为商业战略的核心，提高企业对于设计价值的认识，在企业推动设计和设计管理，从而促进美国和欧洲在设计管理方面的发展。目前，该组织的活动非常活跃，每年都通过举办各种各样的活动推动设计管理的理论与企业设计开发和商业管理的实践相结合。其董事长包威（Earl Powell）认为设计管理应该“以使用者为着眼点，进行资源的开发、组织、规划与控制，以创制出有效的产品、沟通与环境”。因此，设计管理就是“根据使用者的需求，有计划、有组织地进行研究与开发管理活动。有效地积极调动设计师的开发创造性思维，把市场与消费者的认识转换在新产品中，以新的更合理、更科学的方式影响和改变人们的生活，并为企业获得最大限度的利润而进行的一系列设计策略与设计活动的管理”。

《设计管理》杂志（Design Management Journal，DMJ）的编辑托马斯·沃顿（Thomas Walton）对设计管理的不同定义进行了如下归纳：

（1）设计就是想象力——有策略的管理设计，把设计管理当作实现梦想的具有远见性的领导者。

（2）一般来说，组织本身就有平衡幻想与事实的功能。

（3）超越价值管理的界限，设计管理其实是态度管理。它描述了公司的特征和现象——好的设计管理能了解组织的特性并传达看法。

（4）设计管理是核心策略，创办人帮助最终使用者了解公司。

（5）设计管理从对公司有利的建议入手，它与实际相联系，如想象、任务、目标、战略和行为计划。

台湾铭传大学邓成连在《设计管理：产品设计之组织、沟通与运作》一书中界定设计管理的主要内容在于调整设计组织、规划设计内容、制订设计规范、执行设计创意、评价设计结果，并指出设计管理的主要目的是提高设计生产力与提高企业生产力，并提出创新的“变形虫式 DPL”设计管理模式。

1.3.1.2 设计管理学科的发展历史

设计管理的形成可以追溯到 20 世纪初期。当时德国的 AEG 公司，即德国通用电气公司，聘请德国著名的建筑师、设计师彼得·贝伦斯（Peter Behrens）担任 AEG 的艺术顾问，全面负责其视觉形象各个方面的设计工作。彼得·贝伦斯可以说是最早有意识地从事设计管理的现代设计先驱者之一。AEG 是一个实行集中管理的大公司，贝伦斯全面负责公司的建筑设计、视觉传达设计及产品设计，使这家庞杂的大公司树立起一个统一完整的鲜明形象，开创了现代公司识别计划的先河。AEG 的标识经他数易其稿，一直沿用至今，成为欧洲最著名的标志之一，见图 1-26。

AEG

图 1-26 AEG 标志

20 世纪 30 至 40 年代，很多企业开始将设计作为一种市场竞争的手段，注重建立自己的企业总体形象，通过统一的企业形象向消费者传达现代化、高质量、服务优等总体印象。除产品之外，图案、文字等平面设计的形象及车辆、服装、厂房、装修等都成为设计的要素，设计范围大大地扩展，需要通过有效的管理才能达到统一的目的。雷蒙德·罗维（Raymond Loewy）是 20 世纪最著名的工业设计师，是现代商业设计的先驱者。他首开工业设计的先河，促成设计与商业的联姻，见图 1-27。罗维的

图 1-27 雷蒙德·罗维（1893—1986）

人生就是一部美国工业设计的发展简史，被冠以“工业设计之父”的称号当之无愧。

第二次世界大战后，各国从战争中摆脱出来，埋头发展本国经济，设计也获得了进一步发展。到 20 世纪中期，随着科学技术的迅猛发展和新兴产业的不断涌现，市场竞争也日趋激烈，对设计的管理逐渐成为企业管理者不得不处理的问题。设计管理学科逐步萌芽，并受到设计发达国家如英国、日本等国专家学者的高度重视，设计管理理论方面的研究逐步开展起来。此时，批量生产逐渐集中于少数大公司。竞争性型号的设计由于共同的利益和相同的技术而走到一起。特定范围内的产品越来越相似，也就是说每家企业的产品与竞争对手并无多大差别。不同的竞争性公司生产的同类产品外观设计非常近似。在这种情况下突出整个企业而不是单个产品的形象就更为重要。因此，公司识别计划备受重视，得到了很大的发展。不少公司都建立了自己的识别体系，取得了显著成效。美国国际商业机器公司（IBM）就是一个典型的例子。1956 年在 IBM 公司总经理小托马斯·华生（Thomas Watson，Jr）的支持下，制订了 IBM 公司的识别计划，重新设计了标志，如图 1-28，以适应公司业务不断扩大的需要。接着推行了产品外形的标准化、系列化，公司抛弃了那种每年改型的商业性竞争的设计战略，强调设计的一致性和连续性。公司的打字机、计算机等产品的外形全部以尖锐的棱角和立方体为造型基础，外观整齐划一；色彩则采用素洁的冷色，体现出商业界的冷漠、秩序和效率，从而形成了统一、独具个性的 IBM 风格。后来，IBM 公司利用一切可以利用的项目，传达 IBM 的优点和特色，并在与公司有关的一切物体——办公用品、员工服装、公司车辆和广告上广泛使用统一化、标准化设计，通过技术创新、产品设计和生产，以及优秀的售后服务，体现“IBM 就是服务”的理念，最终使 IBM 公司成为公众信任的计算机界的“蓝色巨人”。IBM 的成功促进了公司识别计划的进一步普及，不少设计师纷纷将工作重点转向公司识别上。

IBM

图 1-28　IBM 公司标志

美国在 20 世纪 80 年代后期，设计管理快速发展，1975 年比尔·汉侬（Bill Hannon）在马萨诸塞州的波士顿成立了设计管理学会，并与哈佛大学商学院合作成立 RTIAD 项目，主要探讨设计管理理论，编写手册，详细记载每个研究个案的设计过程及管理方法，图 1-29 为 DMI 的网站。这是世界上第一个致力于提高设计在商业中地位，并有助于将设计管理定义为一项新实践的专业组织，它将设计推向企业发展战略的高度，也使得设计管理的研究重心由英国转向了美国。其后，芝加哥美国设计中心、国家艺术基金会（National Endowment for the Arts）也致力于设计管理的研究。

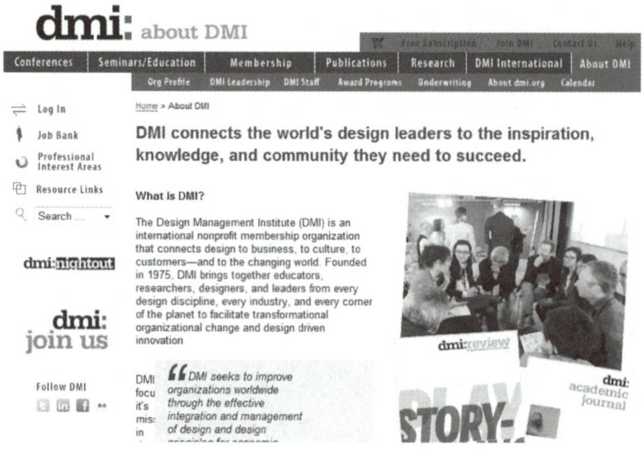

图 1-29　DMI 网站：www.dmi.org

20世纪50年代，日本能率协会协同20家企业的设计主管部门负责人，耗时两年，对日本企业有关企业中的设计或设计部门进行了详细的调查、研究与分析，在此基础上，编写了《设计管理》一书，为日本的设计管理的发展奠定了基础。20世纪80年代末期，经由政府及学术团体举办的设计会议或研讨会，开始涉及设计管理问题。日本产业界及政府对设计的重要性有深刻的认识，设计师对设计的运作以及盛行的设计理念进行了总结，也间接地强化了产品的设计创造的过程，表1-3向我们展示了日本设计管理发展的历程。

表1-3　日本设计管理的发展

阶段	管理特征	经济特征	设计特征
1957—1967年	设计管理的诞生	经济成长期，建立现代产业基础	需求急切，产品设计，家电、车辆、设备设计
1967—1977年	设计管理的充实	经济高度增长，产品多样化、多功能化	工厂工程设计、系统设计，产品多品种、多样化
1977—1987年	设计管理的展开	经济低增长期，省能源、降低成本、提高产品质量	产品的轻、薄、短小、标准化，办公设备自动化，软件设计
1987年至今	设计管理的发展	经济全球化、高度信息化	研究开发与设计，市场地位设计、CIM、CAE、AI等高附加值设计，由为大批量生产制造服务的被动性作用发展为主动针对消费者多样化需求的战略性作用；设计范围从单一的产品设计扩展到产品规划、品牌战略、销售形象到企业竞争战略的制订方面

在同样的历史背景下，设计管理在英国也受到了高度关注。英国是世界上最早意识到设计价值并从国家层面重视设计行业的国家之一，这从1851年英国伦敦水晶宫博览会即可窥见一斑。英国早在1944年就成立了设计委员会（Design Council），在学术层面和实践层面对英国设计起到促进作用，以设计促经济也成为英国的基本国策，在政策扶持方面也不断创新，走在世界前端。1955年亨利·德雷夫斯（Henry Dreyfuss）在《为人的设计》一书中就预见性地提出："设计和设计师应从高层得到支持；设计师要通过正式或非正式的方式使沟通更加容易；设计师要专注于产品未来的使用者，毫不妥协地关注细节。"从而进一步明确了设计管理的作用。1960年，Drothy Groslett根据多年来对设计实践的研究，撰写了《设计职业实践》一书，主要内容包括从设计到成立和经营设计事务所，与客户共同商讨制订设计计划书、报价和设计费计算、与客户沟通及开展设计业务等问题，该书可视为英国设计管理发展的理论基础。1964年，通过英国《设计》杂志连载的设计管理相关新闻系列，也对扩大设计管理的认知起到重要的作用。1965年，英国政府为了鼓励一些企业管理者对企业设计效率化方面所做出的贡献，首次颁发了设计管理大奖（Presidential Awards for Design Management），从此设计管理这一名称被正式提出。Michael Farr，Peter Grob，Alan Toplain，Mark Oakley等一些英国著名的设计管理专家和学者先后发展并完善了设计管理理论。在英国，一些营销或生产、制造部门的管理者参与设计被称为"沉默的设计"。英国的大学是世界上最早将设计管理理论引入教学大纲的，当今，在英国

大部分工商学院和设计学院都开设与设计管理相关的课程，这对于设计管理理论在英国乃至世界的传播与发展都起到了很大的推动作用。

20世纪70年代以前，设计管理主要侧重在实务上，未上升到系统化的理论研究层次。70年代以后，随着设计理论的不断丰富和系统，设计越来越与企业管理密不可分，设计管理的理论也逐步发展和系统化。一些大学和学术团体建立了设计管理的教学和研究机构，如伦敦商学院成立了设计管理研究所，再如前文提及的美国“设计管理协会”，致力于提高企业对将设计作为企业策略必不可少的一部分的重视，以会议、课程、出版物等方式为会员提供设计管理的方法、工具和培训。30年来，该协会对设计管理在各国的推广普及起到了一定的促进作用。与此同时，在欧美企业的设计和管理部门，设计管理随着工业的发展日益受到重视，并且得到有力的实施，这使得企业推向市场的产品和自身品牌更具有竞争力。随着设计与管理的结合，设计被提到了企业战略的高度，许多公司设置了设计经理一职，或聘请设计顾问公司负责设计事务的管理工作，设计管理方面的著作大量出版，如英国的《沃尔夫·奥斯林设计管理指南》、美国的《设计管理的艺术》等。1988年，第一届“欧洲设计奖”把“设计管理”和设计本身并列作为衡量企业成功的两个标准，强调设计作为一项管理的重要性，而不是仅仅根据一两项产品来评价企业的设计，这标志着设计已经升华到了企业管理的层次，是设计发展的一个重要趋势。

进入 21 世纪后，设计管理在商业过程中扮演着更为重要的战略角色。设计管理不仅被视为进行设计项目管理、提升产品附加值的工具，也被当作企业创新的战略工具，在实现产品和服务差异化、打造品牌价值等方面日益发挥着重要的作用。对设计管理的研究也开始聚焦于与领导力相关的概念上。设计管理对于公司和国家共同利益的作用得到了欧盟的认可，越来越多的公司将设计作为进步的阶梯。2006 年，丹麦设计中心发表的一份关于设计重要性的评估显示：71%的公司将设计作为创新的促进剂；79%的公司将设计作为增长潜力；71%的公司认为设计使产品更加友好。随着设计对公司的重要性不断增大，设计管理也变得越来越重要。2007 年，欧盟成立了“设计管理创新与增强企业奖”（ADMIRE，Award for Design Management Innovating and Reinforcing Enterprises），目的是引入设计程序来提高企业竞争力，激发创新，建立欧洲共享的知识平台。

在我国，优秀设计师和优秀设计匮乏的阶段已经过去，中国设计界今天缺少的核心要素不再是人才、技术、资本和创意，而是提高整个设计的效益效能，建立有效的设计管理。企业要形成稳定、持续的设计竞争力，就需要将设计升级到管理层面，并形成明确的设计战略。目前，我国很多企业走过了资本的原始积累阶段，因为技术和生产条件的同质化，企业之间的差异正在减小，品牌变得越来越重要，因此，企业的经营重点由产品转向品牌。企业对设计的要求也更加广泛和深入，只有通过有效的设计管理，才能构建企业独特的品牌风格和销售卖点，才能像世界著名品牌那样形成忠诚而稳定的消费群体。与美国、日本、英国等设计发达国家相比，我国的设计生态、设计环境和经济文化背景等有很大的不同。自改革开放至今，我国的现代工业设计已取得较大的进步，但与国外百年的发展和经验相比仍有很大差距。我国在 90 年代中期才引入设计管理这个概念，落后西方近 40 年。目前，设计管理开始在产学研各界逐渐受到重视，但还是处于初级阶段。从企业界的情况来看，很多企业满足于温饱状态，创新动力不足；少部分大型企业形成了自己的设计管理体系，但很多中小型企业没有专职设计师，也没有相关的设计管理部门；也有些企业虽然在设计上花费了大量资金，但产品设计、视觉传达设计、环境设计却常常以一种随意的、混乱的方式出现，企业内部缺乏协调的整体控制，它们各自传达的信息往往相互矛盾；设计项目缺乏统一、合理、系统的计划、组织、监督和控制；在企业中，设计师更多被认为是对产品进行美化装饰的人员，远离企业的管理层和决策层，没有发挥设计作为一项企业重要资源应有的作用。

1.3.1.3 职业设计管理者对设计管理的阐释

（1）蒂莫西·巴克曼（Timothy Bachman，Bachman Miller 集团总裁）：对于一个企业而言，设计管理的真正价值在于持之以恒地协调各种价值观念，推广这些价值观念，并组织好设计活动。设计管理可以有效地驾驭变化。它能抓住各种机会去发展、维护、创造深入人心的产品和公司形象。只有当整个企业都接受、理解并分享由企业的“遗传密码”决定、形成的个性、价值观念、发展前景时，设计管理才能有效地工作。

（2）米兰达·莫斯（Miranda Moss，Yamamoto Moss 总裁）：设计应该支持商业策略，并且重点满足目标消费人群的需求。基于对重大商业机会的考虑，设计管理应能在这竞争日趋激烈的商业环境中对策略的制订有所帮助。

（3）托马斯·凯利（Thomas Kelley，IDEO 设计公司总经理）：设计管理是关于实用的创新，吸引人才和利用企业内部、外部一切可能的资源去创造新的产品、新的环境和新的用户体验。在商界，人们对设计管理的兴趣不断增加，他们认识到设计是一种有价值的战略性手段。尤其是在品质有标准、价格有规范的成熟行业中，设计是产生差异的有效手段。成功的企业会通过设计管理来获得更大范围的战略主动权，如强化品牌识别特征、避开价格战（低价竞争）、利用新技术产生效益、与消费者之间重新建立联系、培养崇尚创新的文化。

（4）马丁·吉耶克（Martin Gierke，Black and Decker 设计总监）：设计管理的主要职责是建立和培养一支由企业内部和外部成员共同构建的团队，在团队中成员能互动地提高彼此的设计水平，激发创造能力。

（5）索拉布·沃索（Sohrab Vossoughi，ZIBA 设计公司总监）：设计管理需要在艺术和商业之间做出微妙的权衡。为了能成功，设计管理者必须在不限制创造力发挥的前提下，发挥其指导作用。设计管理者必须协调变化和统一，必须与设计成员进行交流而不是说教。沟通是设计管理的基本职责。产品、制服、厂房、网站——设计管理可以在任何一个能产生交流的领域发挥作用。最前沿的领域是方法设计。设计者不应该局限于诸如包装、图形、产品设计等传统的设计活动范围内。在阐释企业如何利用这些信息方面，设计师也可以扮演重要角色，像如何将生产信息书面化，又如何使其获得传播，如何培训新员工，如何提炼、把握顾客经验等。

（6）博嘉·德·墨柔塔（Borja de Mozota，法国设计管理专家）：设计管理产生于管理思潮自分级模式向扁平的、弹性的组织模式转换的时候，它鼓励个人的积极性、独立性及冒险精神。这种更为随意的新型管理模式让设计师们如鱼得水。而新模式植根的所有概念——如顾客导向管理、项目导向管理、全面质量管理等——也都与设计相关。设计管理的目标有二：一是使经理人熟悉设计，让设计师了解管理；二是拓展设计融入企业环境的手段。

（7）戈瑞·凡·德森（Gray Van Deursen，Stanley 工作室工业设计总监，合伙人）：设计管理是通过提出产品的策略、目标调整和远期规划来制订标准，并通过选择和任命合适的员工和管理者来完成工作。设计管理者要具备出色的设计技能，这一点在设计管理工作中十分重要，因为他或她要通过批评、质询和挑选最佳方案来有效地发挥其作用和影响力。

1.3.1.4 国内学者对于设计管理的定义

（1）李砚祖（《艺术设计概论》，2009 年）：设计管理可以理解为对设计活动的管理和组织，是设计借鉴和利用管理学的理论和方法对设计本身进行的管理，即设计管理是设计范畴中所实施的管理。设计是管理的对象，又是管理对象的限定。

（2）程能林（《工业设计手册》，2008 年）：有效运用创造力整合知识的程序，其目的在于建立并维持一个良性环境与文化，使每个参与者（生产与消费者）能协力合作地发掘、创造各自的需求并解决彼此的问题。

（3）陈圻（《设计管理理论与实务》，2010 年）：设计管理是企业和政府为提高产品和企业的形象并获取企业和国家的竞争优势，对企业和产品的设计活动所进行的一切专门管理活动的总称。

（4）蔡军（《设计管理，创新竞争优势》，清华管理评论，2012 年）：设计管理是这样一个平台，在面对纷繁复杂的市场和用户变化的环境时，通过各个阶段的定义和过程控制，不仅能保障设计研发过程的决策符合用户价值和企业利益，也让企业的研发方向更准确和真实地切入到目标消费者的需求中。

由以上关于设计管理的不同描述可以看出，设计管理作为一门新学科的出现，既是设计的需要，也是管理的需要。设计管理的基本出发点是提高产品开发设计的效率。在现代的企业行为中，不管是以设计为背景，还是以管理为背景去理解，设计管理的基本内涵已逐步走向一致。它所研究的是如何在各个层次整合、协调设计所需的资源和活动，并对一系列设计策略与设计活动进行管理，寻求最合适的解决方法，以达成企业的目标和创造出有效的产品（或沟通）。

归纳起来，可以对设计管理作这样的定义：设计管理是根据使用者的需求，有计划有组织地进行研究与开发管理活动。是有效地积极调动设计师的开发创造性思维，把市场与消费者的认识转换在新产品中，以新的更合理、更科学的方式影响和改变人们的生活，并为企业获得最大限度的利润而进行的一系列设计策略与设计活动的管理。

1.3.2 设计管理的内容

设计在产业界的快速发展，推动了设计管理在企业中的受重视程度和地位的提升，学界和业界不断的探索和实践也拓展着设计管理的内涵和外延。作为一门新型交叉学科，在不同企业和语境中，人们对它的理解不同，但是本质上主要包括两个方面：一是对企业设计战略的管理，一是对企业设计活动自身的管理。设计管理可以拆为“设计”与“管理”两个具有多重意义的方向来探讨。意大利设计及理论大师 Manzini 在 2001 年韩国首尔举办的 ICSID 年会上曾指出：“以往，构想追随组织发展，以后，组织追随构想发展”。一个好的构想可以发展成一个产品或服务，创立一家企业，推动一个组织，造就一番事业，满足一群消费者，建立一种行为或制度，形成一种流行或文化。构想管理，或对创意、创新、创造力的管理，毫无疑问地，应当属于设计管理的根本和核心。

古贺维夫在其所著的《工业设计全集》第三卷的设计方法中给出了设计管理的内容及相互关系，如图 1-30 所示：设计管理的主要内容包括协调设计部门与其他部门之间的关系、对设计部门自身进行管理两大类。在设计过程中，设计部门或设计组织要与人事、规划、技术、制造、采购、市场营销、销售、宣传等诸多部门建立多重联系，加强与这些部门的沟通，使设计在企业内部顺利推进，这是设计管理的重要职责之一。在设计组织内部，要制订科学可行的设计计划和日程计划，对设计项目的时间、质量和成本进行控制，对设计项目进行评估和评价，同时要管理好设计人员，使来自不同专业和教育背景的人员组建成高效能的设计团队，充分发挥群体优势和创新能力。

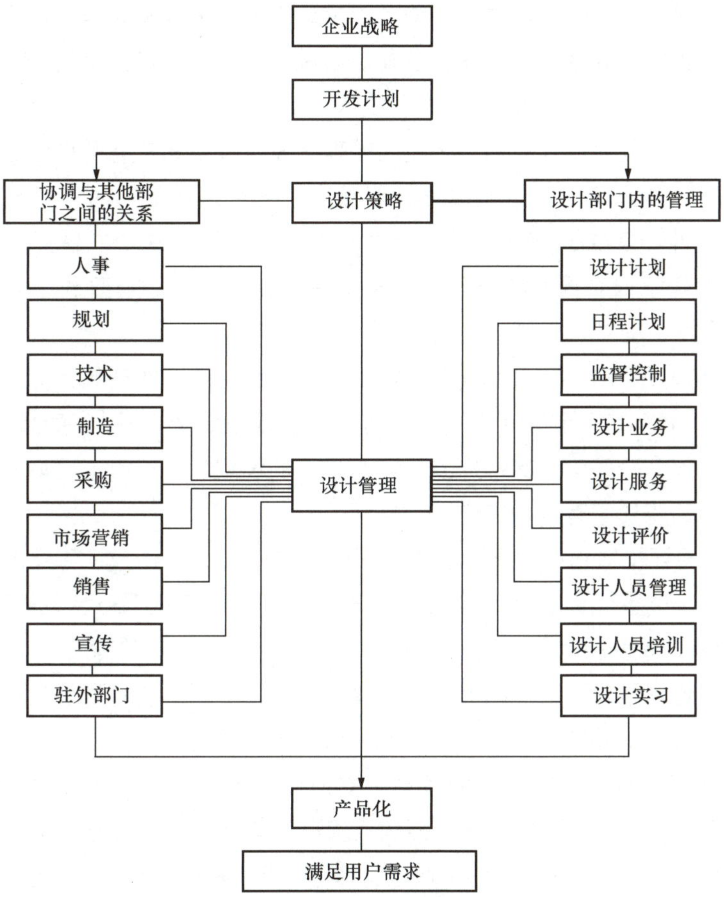

图 1-30 设计管理的内容及相互关系
（来源于古贺维夫著的工业设计全集第三卷：设计方法）

今天，随着设计的不断发展，社会对设计的需求日益增多，设计对企业的作用也日益增大，已成为增加企业生产力、使商品具有独创性的战略手段，设计管理正是使设计有效地发挥这种作用的方法。一方面，设计管理已不仅停留在企业自身的管理，如组织、人事、经费、设计方法、程序、评价等的管理，且更重要的是从企业的总体观念出发，使设计在构筑企业战略和企业文化、新产品开发和新的生活价值的创造等方面做出贡献，其出发点是提高产品设计开发效率。设计管理是一个过程，在这个过程中，企业的各种设计活动，包括产品设计、环境设计、视觉传达设计等，被合理化和组织化。另一方面，现代设计的对象“产品”已经不仅是简单、具体的视觉形式，而是以产品工程或者项目的形式出现。因此，现代设计需要越来越多不同领域的人才加入到设计中来，并在设计的过程中通过融合、交流、合作，完成有创新意义的设计作品。设计对象和设计群体的变化使现代设计必须通过有效的管理才能顺利完成，设计管理还要负责处理设计与其他管理功能的关系，并负责有效地使用设计师。因此，设计管理是企业管理中不可缺少的组成部分。

设计管理与一般管理的基本区别在于，设计管理主要是质量与创作上的，而一般管理则主要是数量与经营上的。在一般管理中，一项工作的成功通常由经济效益来衡量，而设计管理则是衡量工作期间所完成的设计的质量。单纯的产品设计容易被竞争对手复制和模仿，而设计管理是企业持续的创新设计的机制，具有独特性和系统性，不易被照搬。

如今，在现代的企业行为中，不管是以设计为背景去理解管理，还是以管理为背景去理解设计管理，其基本的内涵已渐渐走向统一。那么，设计管理的主要内容有哪些，又该如何进行设计管理呢？

（1）设计管理是对设计战略和策略的管理。设计战略和策略，是企业根据自身情况（企业情况、市场情况、产品情况等）做出的针对设计工作的长期规划和方法策略，是对设计部门发展的规划，是设计的准则和方向性要求。它是提高产品开发能力、增强市场竞争力、提升企业形象的总体性规划。企业必须要制订自己的设计战略，并加以良好、有效的管理。

（2）设计管理是对设计目标的管理。设计必须也应该有明确的目标。设计目标包括企业的总体战略性目标和设计部门根据企业的近期经营目标制订的近期的设计目标。设计师是一个较为感性的特殊族群，在目标的设定、执行等方面最好能有强有力的管理，使他们能切实有效地完成既定目标。

（3）设计管理是对设计程序的管理。设计，是一个讲究创意、思想的工作，但并不表示设计就不需要流程。设计的流程管理，是为了对设计实施过程进行有效的监督与控制，确保设计的进度，从而能在既定的时间内完成目标和任务。

（4）设计管理是对设计作品品质的管理。设计作品的品质管理使设计师的设计方案达到预期的目标，并在生产阶段达到设计所要求的质量。

（5）设计管理是对品牌设计的管理，要通过设计将稳定的品牌理念传达给消费者，各个环节的设计应该环环相扣、紧密配合，协调地控制，传达出品牌一致化的主张，而不是各自传达出的相互矛盾的信息。要控制企业内部各层次、各部门间设计的协调一致，用一个声音传达品牌理念。互联网时代，消费者更加注重由产品的硬件、软件和服务构成的完整的体验。设计管理可以协调各个环节（触点），塑造品牌完整统一的体验。

（6）设计管理是对设计团队的管理。设计团队作为区别于个人设计师的设计主体在国际设计领域的发展异常迅速。如今，单靠一个设计师单打独斗完成设计任务已经不太可能。越来越多的成功设计作品都是基于其背后优秀的设计团队以及与之相关领域不同专业人员的共同协作诞生的，互联网技术的发展使虚拟设计团队成为可能。从设计实践中总结出的设计团队管理经验通过不断的积累和广泛的交流促使该学科一步一步走向成熟，真正的团队创新设计已经成为设计主流。

（7）设计管理是对设计知识产权的管理。随着知识经济时代的到来，知识产权的价值对企业经营有着特殊的意义。对设计工作者来说，首先要保证设计的创新性，避免出现模仿、类似甚至侵犯他人专利的现象。应有专人负责信息资料的收集工作，并在设计的某一阶段进行审查。设计完成后应及时申请专利，对设计专利权进行保护。同时要善于利用专利资源进行设计创新。

（8）设计管理是对设计创新风险的管理。创新是设计的灵魂和本质，但创新并不一定意味着成功，风险与创新总是相伴而生，在设计创新的同时如何防范风险，是值得企业迫切思考的问题。

（9）设计管理是对设计知识的管理。设计是一种高智能和经验性的创造性劳动，通过建立现代设计的知识管理系统，将隐藏在设计师头脑中经验性的、无条理的、混沌的内显性知识整理、归纳成可被别的设计师理解、接收和继承的外显性知识，让设计能够在一定程度上依赖设计的程序而不是过分依赖某一位设计师，这就要求现代设计必须建立一套科学的知识管理系统。

1.3.3 设计管理的层次

将设计管理的范围划分为不同层级，能够方便不同层次的管理人员在自己的职责范围内对设计进行管理，然而，作为一门新兴的交叉学科，设计管理的理论体系还处在不断发展完善过程之中。国内外的专家学者对其层次也有不同的划分方法，Topalian、Oakley、Chung、邓成连等学者都对其进行过探讨，其中，Topalian 和 Oakley 的观点基本一致，将设计管理分为企业（政策）层次及项目管理层次两大层次，Chung 倾向于分为设计策略层次的设计创新管理、战术层次的设计组织管理和操作层次的设计项目管理三个层次。

1.3.3.1 邓成连对设计管理层级的划分

台湾邓成连教授将设计管理分为四个层次，见表 1-4。

表 1–4 邓成连关于设计管理层次的划分

组织层次	设计管理层次	责任经理级别	主要职责
高层设计管理	设计政策管理	高层管理者	● 公司计划 ● 产品计划形成设计政策 ● 负责设计监督 ● 主要设计投资政策的评估
中层设计管理	设计策略管理	设计副总经理	● 规划设计策略 ● 组织设计资源 ● 协调设计部门与其他功能部门 ● 公司与外部设计顾问的沟通渠道
低层设计管理	设计行政管理	设计经理	● 设计组织的日常设计行政 ● 组织设计资源包括人员与设备 ● 提出设计项目企划 ● 提出明确的设计规范 ● 日常的沟通协调 ● 项目控制与审查
设计执行管理	设计项目管理	设计项目负责人	● 负责控制设计进度 ● 主持各种项目小组会议

1.3.3.2 英国国家标准 BSI 对设计管理层级的划分

1989 年，英国国家标准 BSI 将设计管理工作划分为企业层面、项目层面和设计活动层面三个不同的层次，每个层次的责任人及活动与工作项目如下。

（1）企业层面的产品设计管理，由高级管理层（Design Director）负责，其活动与工作有：

- 公司目标：预测、鉴定及确认公司目标。
- 使所有参与设计活动者、了解公司目标。
- 产品计划：确认所选定的产品计划能配合公司目标。
- 资源规划：提供充分的资源依附及产品计划。
- 组织架构：确认组织具有合适的政策与程序。
- 管理项目经理：确认所有设计负责人清楚其项目目标与个人的浓厚兴趣，并能激励其部属。
- 时间成本：在约定时间内监督设计成果，控制费用。
- 重视产品设计：对产品设计推行一套严格和高标准的正式授权程序。
- 评估与评价：评估成果并将评价结果传达给所有相关人员。

（2）设计活动层面的管理，由设计经理（Design Manager）负责，其工作与活动有：

- 参与设计规范的制订，并确保在设计过程中得到执行。
- 提出与资源相匹配的设计程序。
- 审查及更新设计技术。
- 经过适当的训练，使设计组长具有一般管理的能力。
- 提供有效的组织程序和及时的信息服务。
- 分配设计师的工作，并确保设计师规范化工作。
- 激励设计人员。
- 在设计审查过程中，审核是否符合设计规范，并在有关会议上对设计规范提出必要的修改。
- 跟踪检查设计工时、成果及成本。
- 确认支援设计的行动被执行。
- 对产品评估作专业判断。
- 评估设计程序、设计品质，以及必要的改善措施。

（3）项目层面的产品设计管理，由项目经理（Project Manager）负责，其活动与工作有：

- 计划：确认产品概念的鉴定符合公司计划。
- 设计规范：组织与安排设计规范的准备工作，及时作出必要的调整。
- 控制成本：分配预算，控制费用和安排现金流量。
- 控制进度与品质：安排程序以整合各部门的功能，监督进度并在必要时作出调整。
- 项目资源：确认各部门的资源是合理的并能切实配合开发程序。
- 项目组织：确定项目组织是合理的，并了解与其他正常功能组织的差异。
- 沟通：控制外部，经常保持与高层管理者的沟通，使其明了项目进展、时间和费用。
- 评价：组织产品评价和项目管理评价。

（注：资料来源：British Standards 7000[1989]，Guide to Managing Product Design。）

1.3.3.3 墨柔塔对设计管理层级的划分

法国设计管理先驱博嘉·德·墨柔塔将设计管理分为战略型、战术型和操作型三个大的层次，每个层次还可以分为战略、计划、结构、经济、人力资源、信息、传播和研发等若干个层次。

（1）战略型设计管理（Strategic Design Management）。战略型设计管理的目标是支持和加强企业战略，从而创造在设计、战略和企业的个性（文化）之间的联系。它在公司中控制了设计的一致性，允许设计与企业管理的需要进行交互并且聚焦于设计的长期能力。表 1-5 为战略型设计管理所要处理的问题。

表 1–5 战略型设计管理（Strategic Design Management）

层次	应用
战略	定义包括设计目标的商业战略； 定义与企业战略相关的设计战略
计划	管理设计项目； 创建设计标准
结构	创造有利于领导、设计和创造性的氛围； 用设计工具支持企业战略
财务	确保足够高的预算从而能够执行设计战略
人力资源	影响设计师的雇佣和管理
信息	在公司中传达设计使命 / 愿景
传播	在高级管理层进行设计思考； 形成能够反映企业价值的外部及内在的传播； 利用所有的沟通渠道对传播的方式进行计划、导入和改善，从而形成消费者的全面品牌体验
研发	在技术开发和设计之间建立联系

（2）战术型设计管理（Tactical Design Management）。战术型设计管理的目标是在公司中创建一个设计的架构，包括设计部门的管理以及在操作型设计管理和战略型设计任务之间进行沟通。战术型设计管理所处理的问题如表 1-6 所示。

表 1–6 战术型设计管理（Tactical Design Management）

层次	应用
战略	与市场营销、传播和创新部门进行设计战略协调
计划	定义质量政策； 设计（管理）工具和语言的结构； 导入和改进通用的设计流程； 将设计流程调整为创新流程
结构	企业内部设计服务的落实； 稳定设计在创新过程中的作用
人力资源	在企业合作伙伴中建立对设计的理解
信息	创立市场营销、设计和生产的计划
沟通	横跨所有设计学科的设计语言的组织； 在企业所有层次都建立对设计决策的理解和关注
研发	把设计理论转化为实际的研究工具

（3）操作型设计管理（Operational Design Management）。操作型设计管理的目标是取得战略设计管理部分所设定的目标。它处理个人领导能力、情绪智力、相互合作，并可与内部沟通的管理相合作。操作型设计管理所处理的问题如表 1-7 所示。

表 1–7　操作型设计管理（Operational Design Management）

层次	应用
战略	把愿景转化为战略； 在品牌中定义设计的作用
计划	把战略转化为设计摘要； 关于产品质量和消费者体验的决策； 定义设计、产品、传播和品牌的政策
结构	选择外部的设计机构 / 个人； 联盟的创立； 指定设计团队以及与设计师联络的人员； 创造便于领导和创造的氛围
人力资源	管理设计项目预算； 评估设计成本； 减少设计成本，相应地将投资从冷点转移到热点
信息	资格的进步
沟通	产品主管和 CEO 的建议
研发	与大学及其他公司建立共生关系； 在设计师中建立对企业目标的理解

本书将设计管理分为战略性设计管理和功能性设计管理。战略性的设计管理可以理解为企业层面对设计的管理，包括：构建有效的设计战略，建立高效能设计管理组织，对设计师进行管理教育，对经理人进行设计教育，建立完整的企业识别体系。实施战略性设计管理有利于企业文化的整体塑造，它可以用来控制企业的设计活动，全面、正确地体现企业的设计精神、经营思想和发展战略。而功能性设计管理则围绕设计项目管理这个中心，其他还包括：设计事务管理、设计人员和设计团队的管理等。它确保了企业具有一个运转良好的设计部门，它作为企业设计方面的智囊，实施具体的设计任务。

小结：如今，设计成为企业的一种战略资产，如何善用它，则是设计管理的任务。

企业的创新不仅仅来源于技术创新，还要以设计创新塑造品牌形象。设计管理使设计具备管理的性质，广泛存在于包括企业经营和销售在内的全过程框架中，成为品牌战略中策略性的竞争武器。设计管理是一种价值管理，也是一种革新工具，它可以使企业面对竞争保持独特风格，并将产品所具有的价值或信息清晰地传递给消费者，提升其对产品的满意度，帮助企业通过有效的产品开发和设计系统建立起良好的形象，最终实现提升企业的品牌价值的作用。以美国 IBM 公司为例，已经将设计管理作为公司经营的重要的战略工具，把设计的着眼点从关注产品本身移开，转向对企业长远的战略思考，明确指出产品设计的功能是创造品牌形象。

在企业内部，设计绝对不是仅仅依靠设计师思考和解决的问题。这样说并不是抹杀设计师的作用，而是进一步强调设计的重要性，可以促进企业充分认识和发挥设计在企业内的作用。因为设计不只是商品外在的模样，而是决定商品整体特性和层次的重要因素，应当由所有人共同思考和协力解决，设计是所有人的责任，需要每个人的参与，从组织架构的顶层到底层，从流程的一端到另一端。

1.3.4 设计管理者

在当今企业界，“创造力”被视为应对商业竞争的最重要的成功驱动力，甚至代表了领导者自身的可贵素质。未来企业最需要的，将是那些既懂专业又懂设计的人才。IBM 公司在 2010 年时曾对 1500 位企业 CEO 做了一项调查，结果显示“创造力”是企业家面对今日全球复杂局面时的关键领导力；Adobe 软件公司在 2013 年进行过一个具有 5000 个样本数的调查，显示有 80% 的人认为创造力能够促进经济发展，但只有 25% 的人认为自己的创造力已得到充分的发挥。美国著名趋势学家丹尼尔·平克（Daniel H. Pink）曾在《哈佛商业评论》和其著作《未来在等待的人才》（A Whole New Mind）中指出，未来吃香的人才，不是 MBA（工商管理硕士：Master of Business Administration），而是 MFA（艺术硕士：Master of Fine Arts），是修读艺术与设计的人才，是懂得设计的人才。这是因为专修美术的他们有着超乎常人的概念定义和造型能力，这些对他们解决问题有着很大的帮助。他甚至说，未来，MFA 变成了新 MBA。以世界著名咨询公司麦肯锡为例，1993 年，员工当中，MBA 的占比为 67%；而到了 2003 年，这个比例就已经下降到 41% 了；到目前为止，比例还在持续下降，取而代之的则是一群 MFA，是修读设计与艺术的人才。因为麦肯锡意识到，光用逻辑虽然能说服别人，需要用更艺术的方法去表达他们的观点，才有助于别人做出决断。

日本学者曾对设计师必备的三种能力做了如下总结排序：首先是提案和表达能力，其次是协调和沟通能力，第三才是造型能力。由此可见，经营管理能力不仅是设计师重要的基础能力之一，而且是其发挥设计师作用的前提。设计管理的先驱英国的彼得·盖博（Peter Gorb）指出，“设计人员需要学习的最重要的事情，就是商业世界中的语言；只有学会这些语言，你才能有效地为设计辩护。”这句话的意思并不是说，所有的设计人员都要成为经理人，但若能将设计与管理思考拉得更近，或是能纳入管理思考逻辑中，也许就能让设计领域的思维更接近高层管理者的思考和规划。

不仅管理人员需要理解设计，设计人员也需要理解管理，因此，需要大批设计师的同时更需要优秀的设计管理人才，企业对设计管理人才的需求也推动了设计管理教育的发展，各国纷纷将设计管理课程列入高校教学计划。

设计管理者主导设计，他如同交响乐队的指挥，充分协调各个部门，使之演奏出和谐的乐曲，以这样的方式来建立一个品牌的整体架构和历史，并经由产品展示在世人面前。一个好的设计管理者除了熟悉设计以外，还必须具备经营管理能力、社交能力、沟通能力和财务能力；不仅需要具备敏锐的观察力和感受力，还要具备展望世界的宏观视野、洞悉产品的眼光以及预测未来的能力，但同时具备这些能力的设计师可谓凤毛麟角。

现在，设计师创业成为一种常见的现象。大多数设计师满怀对专业的热忱，将设计作为一种因为热爱而付出的劳动，并不擅长评估自己所付出的智力工作的价值，他们中的许多人似乎也并不关心自己是否获得了合理的报酬，对如何在商业中维持生计甚至创造出更多的利润也知之甚少。当创立自己的设计事务所或是设计公司时，他们面对纷繁复杂的各种商业和财务管理、公共关系管理、人力资源管理等若干事务时，往往焦头烂额，从而无法将主要精力投入他们擅长的创意工作中去。可见，设计师在学校里所接收到单纯的创意方面的训练难以满足现实世界生存的需要。成功的设计从业者要在创造性的基础上兼备商业知识，要懂得如何经营设计这门生意，从而获取更加优厚的商业回报。

设计管理和经营者必须以全球化（Globalized）的视野来掌握趋势（趋势：在大范围的要素与时间段连续性因素之下，而不稳定变化的各种事物中，根据能够影响人类生活的共通话题所进行的预测活动）。以时间为切割，趋势大致包括以下三种：流行（Fad），出现之后即将消失的事物；趋势（Trend），持续 5 ～ 10 年左右的事物；大趋势（Mega Trend），持续 30 年以上的事物。要通过对不同趋势的把握和解读，对不同文化的了解，不断培养自己的设计意识、经营能力，人际关系能力，沟通能力以及经济财务能力，全面提升自己的设计管理和经营能力，见图 1-31。

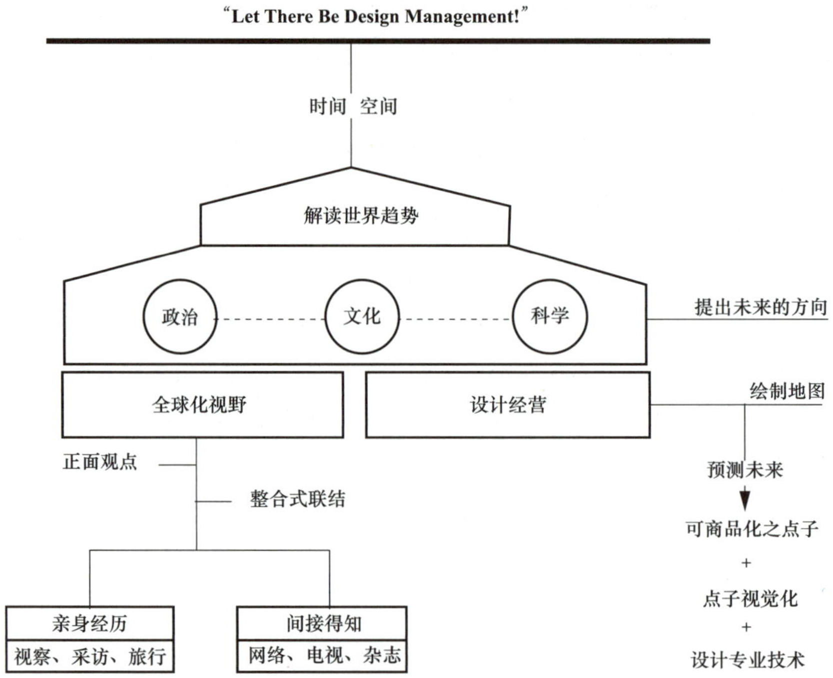

图 1-31　设计管理能力的培养方法

设计管理者常常是从优秀的设计师中脱颖而出的，因为设计师经过多年的训练与职业生涯，常常具备了非常敏锐的职业感觉和对这种感觉几乎成为本能的实现能力。但是，因为作为设计管理者所具备的能力结构与作为设计师的能力结构并不相同，优秀的设计师不一定必然成为优秀的设计管理者。设计以人为本，管理也是以人为中心的。作为设计师，要理解客户要求，迅速提出高品质的创意；而作为设计管理者，则要协调方方面面的资源，保证设计创意的顺利完成，这两者并不相同，后者在设计学校中并不教授，往往是个人自学实践中得到的。

1.3.5 设计管理教育概述

在企业内部当设计师们掌握更多的管理知识和技能后，不仅可以更好地完成设计工作，还可以对公司的整体战略和运营发挥更大的作用。随着经济、技术的发展，人们对设计的需求越来越高，需要大批设计师的同时更需要优秀的设计管理人才，企业对设计管理人才的需求也推动了设计管理教育的发展，各国纷纷将设计管理课程列入高校教学计划。

20 世纪 70 年代，英国经营管理学者首先从企业经营管理的视角提出了设计管理的概念，1975 年，英国伦敦大学、伦敦商学院相继开设了设计管理课程，成为世界上进行设计管理教育最早的国家。伦敦商学院的 Peter Gorb 教授为设计管理的发展起到了关键的助推作用。1980 年，英国国家学位授予委员会（CNNA）成立了设计管理研究工作组，启动了相应的研究项目，先是在 MBA 课程中开设设计管理课程，主要是使管理类学生了解设计、理解设计，后又在设计类专业开设管理类课程，使设计类学生了解管理。现在设计管理教育在英国已经比较成熟，这对推动设计管理在英国乃至全世界的发展起到了重要作用。2013 年 7 月，美国俄亥俄州克利夫兰的凯斯西储大学（Casewetern）魏泽海管理学院（Weatherhead）成为全球第一个在管理学院设立设计创新系的学校，这对设计界应该是一件重大事件。设计管理与信息系统的教授理查德·布坎南（Richard Buchanan）原是卡耐基梅隆大学（Carnegei Mellon）设计学院的院长，在这所大学教授的 DIM 课程激励着 MBA 的创新思维和企业家精神，开拓“设计思维”对于组织创新的作用、“设计思维”与“可持续”现在成为欧美创新领域持续升温的两个话题。美国设计管理协会主管 Freeze 强调：培训管理者亦逐渐了解将设计视为企业资源的重要性而在 MBA 课程中加入设计管理课程；Pratt 设计学院鉴于设计实务中设计管理的重要性，则为具有设计实务经验的设计师开设设计管理硕士课程。随着日本企业内部设计管理的核心化，日本高等设计院校开始增设设计经营科目。为了推行设计管理教育的正规化，日本经济产业省分别在 2003 年、2004 年对欧美高校的设计管理教育状况进行调研，并借鉴欧美的经验从设计、工学、经营三个领域重新定位设计教育，以设计在经营管理中的应用方法为核心补充经营管理基础事实和提高设计方法的方式进行了多学科科目教学体系的设置，日本九州大学在这方面进行了大量的尝试并取得了良好的效果。

传统上，商学院的教学注重利用管理学、经济学的理论搭建商业管理模型，比如，注重调查和分析市场、竞争、客户，并以此为基础制订调查路线，进行市场定位和明确消费者需求。但是设计学院的教学有非常不同的思维，强调更深入地进行用户研究，了解人们潜在的需求，将对消费者的洞察同产品和服务的设计更好地结合起来，为消费者提供更好的体验。今后管理教育的重点，将由单纯的管理技能的传播转向企业家精神和创业精神的培养。管理教育将更多地强调创新与创业，其核心是培养学生的创新思维、创新管理能力、创业精神以及管理企业的能力。创新和创业的关键是激发人的创造力，而创造力又源于想象力。艺术、美术、设计等领域是滋生想象力最丰富的地方，管理与设计的配合将带来新的思维，新的教育方式以及新的人才成长渠道。

设计思维（Design Thinking）起始于对具体产品的设计和改良过程，它是设计的方法论。在新世纪知识经济范式之下，设计的对象已经由单纯的产品转向交互、用户体验、服务、复杂的系统、战略以及社会问题，设计不再是单纯对技术应用的改造，而是一种以人为本创造性解决问题的思维和能力，这种思维力量被称为“设计思维”。将设计作为一种“思维方式”的观念可以追溯到赫伯特·西蒙（Herbert A. Simon）在 1969 年出版的《人工制造的科学》中所提出的“设计是解决问题的过程”这一打破传统边界的观点。世界著名设计咨询机构 IDEO 将设计思维视为一种解决问题的方法论，是实现创新的途径和方法，是使用设计者的感知和方法去满足在技术、商业策略方面都可行的、能转换为顾客价值和市场机会的人类需求的规则，见图 1-32。设计思维成为设计管理的重要内容，也带动了设计管理方法的发展。在各行各业利用设计思维创造价值成为人们关注的新热点。设计思维与商业模式设计、系统设计等具有的重要价值关联在一起。

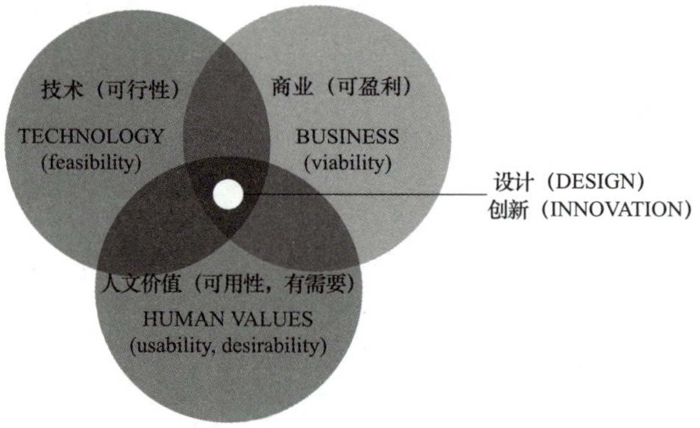

图 1-32　IDEO 公司的创新模式

教育设计师具有管理方面的知识和教育管理者具有设计方面的知识是融合设计与管理的两大前提，但是设计管理研究并不是将管理学的原理简单地导入到设计研究中去，而是整合设计学、管理学、市场学、传播学、社会学等多学科的研究方法和成果，呈现出一种更为广阔的研究视野。国外设计管理课程一般呈现以下两种形态：

其一，将设计管理列为现行管理课程的一部分。

其二，将管理注入设计课程中。

现行的复合式、交叉式的设计任务及多学科领域的设计团队的人员组成往往存在以下的问题：当设计师被指派为设计项目负责人或设计经理时，普遍缺乏管理技能和训练，不能够应对复杂多变的企业环境；而若任命 MBA 管理人员作为设计项目经理或设计经理，他们虽然具有管理技术和资格，但却不具备指导设计决策与建立设计政策和策略的能力。因此，在设计教育中，要注意对二者不同的侧重：加强设计人员的管理知识，深化管理人员对设计的认知。针对不同人士开设的设计管理课程的目的如下：

（1）对市场人士的设计与管理课程，其目的如下：

- 增加视觉的感知度；
- 传授设计程序的知识；
- 培养设计管理技能，例如设计审查与设计规范技能。

（2）对设计师开设的市场与管理课程，其目的如下：

- 介绍管理概念、工具及技巧，例如竞争者分析与企业企划；
- 了解管理角色；
- 洞察管理语言。

（3）国外高校设计管理课程的教学目标，旨在让学生了解以下知识：

- 影响创造与创新的要素；
- 产品与生产、设计间的相关性；
- 设计程序及对设计提供支援系统；

- 工业创新者与工业设计师所从事工作的性质；
- 与设计相关的各种法律保护。

进一步培养学生具有下列能力：

- 拟订设计策略的能力；
- 决定设计政策的能力；
- 撰写设计项目规范的能力；
- 监督与控制设计项目进度的能力；
- 界定、分析设计问题，评估设计资讯及评价研究方法的能力；
- 选择设计师的能力等。

设计管理者需要广博的知识积累，具有左右脑思维，还需要有很好的沟通能力、应变能力等。知己知彼，百战不殆，如果设计管理者能够对自己各方面的能力有一个较为全面清晰的认识，在工作中补短扬长，就可以更好地推进事业的发展，这也是管理者应该具备的实事求是的态度。韩国设计管理专家李妍珠给出了从“作为设计者的设计意识（Design Sense）”“作为经营者的能力（Management Skill）”“人际关系能力（Interpersonal Skill）”“沟通能力（Communication Skill）”五个维度的量表，供设计管理者对自己的专业能力开展评估，见表 1-8。

表 1–8 设计管理能力自评表

说明：本表格中每列代表一个测试项目，可以按照普通 1 分、良好 2 分、极好 3 分进行赋分，纵向合计分数为单项得分，分值越高表示能力越好。各个单项最高分为 39 分，所有项目最高分为 195。

项目	设计意识	经营者的能力	人际关系能力	沟通能力	经济、财务能力
1	我对设计概念有所了解	我会设定目标后开始执行	我是充满活力的人	我是明快地说出主张的人	我能够拟订预算案
2	我很擅长配色	我会先拟订目标达成计划	我是积极正面的人	我是给对方带来信任的人	我能够从事预算管理工作
3	我能随心所欲描绘	我会依优先级进行工作	我是个性正直的人	我是能带来愉快对话的人	我能够执行预算
4	我很会操作绘图软件	我的策划能力相当优秀	我的合作能力很强	我能用文字整理我的想法	我能够拟订报价单
5	我能够灵活运用计算机	我有我专属的协商技巧	我是充满自信的人	我能倾听别人说的话	我了解股市的买卖方法
6	我能够制作立体模型	我会彻底执行行程管理	我很善于社交活动	我能用英语沟通	我能够说明销售的概念
7	我能对工程学有所理解	我经常通过对话进行工作	我是很有幽默感的人	我能用英语发表文章	我能够说明营利的概念
8	我对材料颇感兴趣	我具备组织管理的能力	我是很有礼貌的人	我有第二外语能力	我能够说清楚财务报表
9	我致力于创新式思考	我有解决问题的分析能力	我总是在倾听	必要时我会搭配肢体语言	我认为我有解读经济的能力
10	我学习知识速度很快	我会听取正确观点的评论	我常把“谢谢”挂在嘴边	我能以较为正确的发音说话	我会准备与经济相关的新闻来看
11	我借由研究从事设计	我对人资管理有所了解	我只会说他人优点	我听到有人说我讲话的声音不错	我听到有人说我的经济观念不错

续表

项目	设计意识	经营者的能力	人际关系能力	沟通能力	经济、财务能力
12	我对流行很敏感	我正在进行业务相关学习	我只想对他人说好话	我会以开朗的表情面对别人	我听到有人说我了解世间万象
13	我的预测能力卓越	我做人资管理很有效率	我想热忱地工作	我能够传达沟通方法	我对经济用语没有排斥感
得分					

在我国的设计教育界，长期以来存在着重设计教育实践，轻设计教育理论的倾向，所以，有国外学者认为中国工业设计从业人员的特点是“实力和特长主要是计算机操作能力强”。相比日美等设计发达国家，我国企业对设计的经营核心作用还没有深入的认识，大部分高等设计院校的教育理念和课程也局限于包豪斯的教育思想，没有确立适合培养具有管理才能的设计人才的教育体系。作为新兴学科，中国的设计管理教育还处在起步阶段，设计管理教育和设计管理职业尚处于更侧重实践层面的精细化和专业化；现在针对设计类本科生和硕士研究生开设的设计管理课程已较为普及，但是独立的专业系科设置仍几近空白。迄今为止，我国不少高校的艺术设计与工业设计教学计划或准备新开设的课目表中都已经列出了“设计管理”课程的名目，一些高校也进行了更进一步的工作。2002 年 4 月，中央美术学院与澳大利亚悉尼大学、悉尼美术学院合作开办的国际设计管理专业发展短期课程班以及系列研讨会，首次将“设计管理”正式作为一门课程引入，推动了设计管理在我国的发展；2003 年，山东工艺美术学院首次在国内开设设计管理本科教育；2006 年 10 月，山东工艺美院宣布与英国斯塔福郡大学决定联合建立设计管理研究中心；同年 11 月，上海交通大学设计管理研究所成立；2010 年 11 月清华大学美术学院成立了设计管理研究所，通过产学研结合为中国制造向中国创造的转变提供从学术研究到理论实践的探索。

最近几年来，随着企业对设计对于经营的核心作用认识的不断深化，企业特别是设计主导型企业逐渐认识到只有将设计与企划、技术、生产、流通整合为一个统一的开发体系，才能促进企业不断创新，因此，对设计管理和设计管理人才的需求也日渐迫切。我国很多大公司、大企业都有自己专职的设计部门、策划部门或是设计顾问和总监，对设计管理者的需求量很大，高等院校应该满足社会需求。目前很多设计院校通过以下途径来培养设计师的商业能力，一是在工业设计的课程群中加入商业管理类课程，二是开展设计管理方面的实践项目，三是针对设计管理者开发高端的设计管理深造培训课程，例如，我国工信部自 2013 年开始组织中小企业经营管理领军人才工业设计高级研修班，该研修班隶属于“国家企业经营管理人才素质提升工程”，是《国家中长期人才发展规划纲要（2010—2020 年）》部署的 12 项国家重大人才工程之一，目的在于以工业设计创新为切入点，全面提升中小企业领军人物的创新能力和经营管理能力。今后，应该充分学习欧美、日、韩等设计管理教育方面的先进经验，将研究和教学从由单一的设计院校开办模式转向多学科参与的协同模式，制订理论与实践并重的培养方案，建立符合国情的、健全的学科培养体系，培养真正能应对创新、经济、资源和环境等复杂系统性问题的设计管理人才，同时带动我国产业界向以设计创新为主导的知识经营模式转型。对于我国设计管理教育来说，最大的困难在于师资，因为同时通晓设计和管理的教师较少；另一困难在于新兴学科沉淀下来的理论较少，因此，仍需要各界不断努力实践和探索，为专业发展开拓崭新而广阔的天地。

本 章 小 结

随着社会、技术和经济的不断发展进步，面对激烈的全球竞争，设计概念的内涵和外延都在不断发生变化。大设计的发展趋势使它越来越与管理紧密融合。对企业而言，设计与管理的目的都是为了实现价值创新，它们目的一致，方法也在逐渐融通。设计与管理的有机结合促进了设计管理这门新兴交叉学科的诞生和发展，并且作为一个新的研究领域、一种应对激烈竞争的最具潜力的工具正受到愈来愈多人的关注和讨论。有组织、有目的、连续性的设计管理是公司创新战略中不可缺少的一环。目前，工业设计在我国逐步受到重视，企业也越来越重视设计创新的巨大作用，设计管理对设计创新的促进作用使其成为企业界、设计界和管理界关注的新热点。

在现代企业中，无论是探讨设计师的管理，还是设计组织化的问题，最高经营者的觉悟是很重要的。随着全球经济一体化，如何利用全球设计资源也是我国企业家不得不面对和解决的问题。公司管理层对设计的理解局限已经成为日益阻碍设计师进行独立思考的原因之一。而对于设计师而言，理解商业不仅可以使之成为更好的设计师，还可以使他们成为更好的从业人员，因此，通过对设计人员和管理人员进行设计管理的培训，可以让他们更好地理解彼此所说的问题，从而更好地促进创新。

本 章 习 题

(1) 谈谈你对以下名词的理解：设计、管理、设计管理。

(2) 谈谈你对设计、管理、设计管理三者之间的关系的理解。

(3) 设计管理的内涵是什么？设计管理主要的管理对象是什么？

(4) 谈谈你对设计管理必要性的认识。

(5) 从不同的角度，设计管理可以划分为哪些不同的层级？

第 2 章　企业层面的设计管理

教学目标：

① 了解设计在现代企业发展中的作用。了解设计管理、设计创新与企业创新之间的关系。

② 掌握设计战略、设计策略、设计计划的基本概念。

③ 掌握工业设计创新的层次和种类。

④ 了解设计战略的种类。

⑤ 了解设计对品牌建设的作用。

⑥ 掌握企业形象、品牌形象和产品形象的概念及构建、评价方法。

⑦ 了解设计创新的风险有哪些以及企业应如何防范设计创新的风险。

索尼公司前总裁盛田昭夫说："我们相信今后我们的竞争对手将会和我们拥有基本相同的技术、类似的产品性能乃至市场价格，而唯有设计才能区别于我们的竞争对手。"据日本的相关调查，在设计开发差异化产品、国际名牌产品、提高附加值、提高市场占有率、创造明星企业等方面，工业设计的作用占到 70% 以上。而据美国工业设计协会调查统计，美国企业平均在工业设计上每投入 1 美元，销售收入为 1500 美元；在年销售额达到 10 亿美元以上的大企业中，在工业设计上每投入 1 美元，销售收入甚至高达 4000 美元。在科学技术和信息传递高度发达的今天，设计力已经成为企业重要的生产力形式之一。优秀的设计是企业获得市场的重要法宝，设计创新正在成为企业创新的动力和活力源泉。

2.1　设计管理与企业经营

以前，企业的经营资源是由人、物、资金、信息这四个要素构成的，企业利用这些经营资源只能实现产品的基本使用功能，满足初级阶段的消费需求。如今，为了寻找生产和消费的最佳结合点，满足人们不断发展变化的消费需求，设计开始融入到以生产和消费作为最大目的的产业社会中，成为四个基本经营资源之后的第五个经营资源。在激烈的市场竞争中，企业逐渐认识到，工业设计对产品的外观和性能，材料、制造技术的发挥，以及品牌建设产生最直接的影响，设计力即生产力。然而，设计所发挥的作用，必须依赖于它与企业战略和企业营运之间的融合。设计管理正是这种融合的产物，在当今企业运营和发展中扮演着越来越重要的角色。因此，美国麻省理工斯隆管理学院院长莱斯特·卢梭在其新著《知识经济时代》中指出"21 世纪企业成功元素已经由土地、黄金和石油转为除文化和数码之外的另一个极其重要的元素——设计"。因此，可以说，设计是企业的战略化资源。

2.1.1 设计在企业发展中的地位与作用

设计在企业中发挥着重要的作用，它影响着产品的整个生产过程以及企业的经营活动。设计师所描绘的图纸只有通过企业的生产才能转化为实际的产品，达到为社会和广大公众服务的目的。反之，企业的任务是通过生产适销对路的产品满足消费者需求从而实现企业自身的价值增长。因此，设计的好坏也决定着企业的发展。设计对现代企业发展所起的作用主要体现在以下几个方面。

（1）设计是企业提高效益的有效手段。当前，企业在生产、市场、销售等方面已达到相近的水平，设计比价格更为关键，成为企业间竞争的焦点。优良的设计能够在不知不觉中满足用户的需求，苹果、三星、耐克、乐高、B & O、丰田、索尼、布朗等，这些大名鼎鼎的公司靠好的设计创造出令人惊叹的利润。其实，不仅是这些声名显赫的大公司，任何企业都可以借助好的设计成功。从这些成功企业的发展历程中也可以看到，在企业濒危之时，设计对企业的再造作用。2011 年，《世界经理人》杂志对经理人、工程师和买家三类人群的调研显示了这一趋势：68% 的受访人赞同设计帮助公司提升了市场竞争力，63.8% 的受访人认为设计对产品创新发挥积极作用，43.6% 的受访人高度认同设计提高了产品销售的利润，44.4% 的受访者建议公司提高对设计的重视程度。

（2）设计促进企业技术进步。设计是企业创新的关键。从设计的历史看，设计从一开始就鼓励对新技术、新材料的探索，它是应用新技术、新材料的前沿阵地，设计的需求促进了企业对新材料和新技术的研发，促进了技术进步，并不断降低成本，优化产业结构。

（3）设计是建立品牌价值的工具。设计以创新思维将技术、艺术与文化等结合，通过提供差异化的产品和服务赋予品牌独特的魅力，在消费者心目中形成难忘的体验，留下深刻的“烙印”，使品牌基业长青；设计创新赋予品牌新的生命力，不断提高品牌的竞争力。

（4）设计是为企业建立完整视觉形象的重要手段。企业通过设计控制企业视觉形象的各个方面，创造企业独特而又统一的识别特征，使企业独特的价值形象化地体现出来，改善公司身份，在消费者心目中留下难忘的印象，从而使企业在激烈的市场竞争中凸显出来。

（5）设计改善内部沟通，加强了企业各部门之间的联系。由于设计关系到企业内部各个部门的工作，这使得设计在决定产品策略的同时，加强了各个企业、各个生产部门之间的联系，促进了它们的合作，它像一根红线，贯穿人力资源、技术、营销等各个部门，加强了各企业部门之间的横向联合，使企业的组织形式充分发挥作用。同时，设计可以促进与客户之间良好的沟通，在进入新市场方面取得较大成功。

“经过品质竞争时代和价格竞争时代后的 21 世纪，设计竞争力已经成为企业经营的胜负关键”（三星前董事长李健熙）。设计是企业发展的重要动力，优秀的设计是企业赢得市场的重要法宝。要使产品在市场上脱颖而出，企业必须高度重视和加强对产品的研发和创新，使产品的使用目的、技术与个性特色相融合，产品质量的视觉传达与人的感官相关联，产品的销售环境和产品企业形象与人们的认知相结合，而这一切都必须依赖设计的力量。各国企业界纷纷认识到，设计力就是竞争力，许多企业公司迅速调整结构，将产品开发设计作为头等大事来抓，设计的竞争正成为现代企业间竞争的重心。现在，美国 IDEO 公司的客户几乎一半都来自欧洲和日韩等世界经济热点地区，在欧美发达国家，工业设计的资金投入一般占到总产值的 5%~15%，高的可占到当年产值的 30%。

2.1.2 企业的四“O”经营模式及其与设计的关系

宏碁集团创始人施振荣在 1992 年提出了“微笑曲线”（Smiling Curve）理论，在产业价值链中，附加值更多体现在两端，即设计和销售环节，处于中间的制造环节附加值最低，见图 2-1。

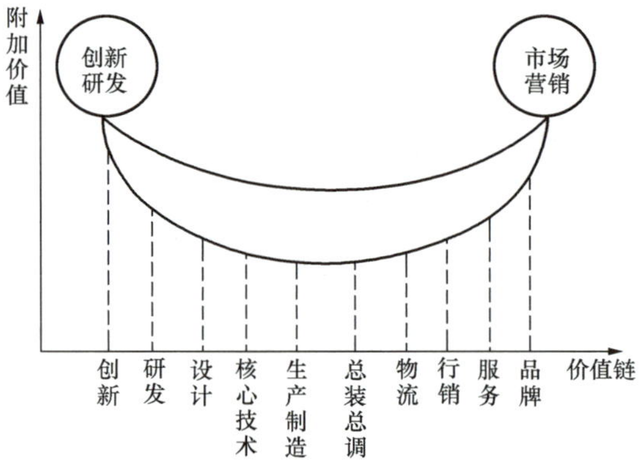

图 2-1 “微笑曲线”

OEM、ODM、OBM、OSM 是企业的四种经营模式，不同的经营模式决定了企业在产业链中位置不同，获得的利润各异。设计在这四种不同经营模式中所起的作用也有明显不同，由此带来设计管理活动和方法的不同需要。

2.1.2.1 OEM（Original Equipment Manufacture）

原始设备生产，生产商的产品（包含零配件或成品）的工艺、设计、质量要求全部由客户（品牌所有者）提供，生产商按照客户的图纸生产，贴上客户的品牌出售，即“生产商只从事贴牌生产，产品的设计、品牌均为客户拥有”。在这种模式中，品牌所有者的生产能力有限，有的甚至连生产线和厂房都没有，它们不直接生产产品，而是利用自己掌握的“关键的核心技术”负责设计和开发新产品，控制销售和销售渠道。为了增加产量、销量或是为了降低上新生产线的风险，甚至是为了赢得市场时间，通过合同订购的方式委托其他同类产品厂家生产，并将所订产品低价买断，直接贴上自己的品牌商标销售，例如耐克、美泰等公司，现在甚至很多奢侈品牌也采用 OEM 的方式。但是，为了强调产地的纯粹性，最后的组装或是销售通常会在原产国进行。OEM 厂商只负责生产部分，俗称“代工”。OEM 是社会化大生产、大协作趋势下的一种必由之路，也是资源合理化的有效途径之一，是社会化大生产的结果，已成为现代工业生产的重要组成部分。在 OEM 中，设计者的层次较低，他们在制造中的作用是为已设计好的产品进行设计图样和细节的处理，设计者只需要具有基本的设计技巧就能够胜任。

2.1.2.2 ODM（Original Design Manufacture）

原创设计制造，产品的结构、外观、工艺均由生产商自行开发和设计，产品开发完成后供客户选择，生产商根据客户选择后的订单情况进入量产，生产完成后贴上客户的品牌出售，即“生产商从事贴牌生产和产品设计，品牌由客户拥有”。例如富士康在为国外知名电子企业做 OEM 的同时也会做一些 ODM，它的产品既包括代工的硬件，也包括设计。国内一些加工企业也常以 ODM 方式承揽到更多的海外品牌的加工订单。

2.1.2.3 OBM（Original Brand Manufacture）

原创品牌管理，生产商自行创立产品品牌，拥有自主产品开发权，且自主决定产品市场定位、价格区间、行销策略。产品以自有品牌的方式销售，即“生产、设计和品牌均为生产商自己拥有”。品牌能够带来新的市场、使产品与众不同、成为公司的资产并使企业利润上升。尽管开发并维持品牌需要耗费大量的资金和时间，但这些花费都是物有所值的。由美国《商业周刊》每年公布的世界最有价值的 100 个品牌中，90% 左右属于欧美等国家，亚洲品牌仅占 10% 左右，而这“10% 左右”又基本上被日本和韩国所占据。“三流设计做产品，二流设计重策划，一流设计育品牌。”OBM 生产方式对设计者的要求比 ODM 更进一步。设计者要做大量的市场调查，研究消费者的生活规律和爱好，研究竞争对手，对企业和产品做系统的包装和宣传。这就要求设计者除了设计技能和创新能力外，还要有商业才能、管理才能和建立产品系列的能力，设计师要成为系统的建立者。

2.1.2.4 OSM（Original Strategy Manufacture）

原创策略管理。以设计创造需求、创新文化，是全盘策略的制订者。例如索尼公司（Sony）推出的随身听（Walkman）以及苹果公司（Apple）推出的 iPhone 等均颠覆了人们习惯性的使用方式。在 OSM 模式中，设计师是规划者，要策略性地开发创新产品、开拓及占有新市场，通过创新设计改变人们的生活方式，因此，设计者要有异常的创新能力。在 OSM 中的设计者与传统的设计工作者有很大不同，突出强调设计的领导力，往往能进入企业核心领导层，既是策略家，又是计划的推动者，善于将自己专业的独特优势和创造能力转化为成功的设计领导力，有效地参与到构建企业的愿景和战略的进程之中，将它们清晰地传达出来并确保其顺利实施。事实上，很多跨国企业都任命 OSM 设计者为董事局成员或公司副总裁，这就有效地保证了设计领导力的执行。

在全球产业链中，高端环节获得的利润占整个产品利润的 90% ~95%，而低端环节只占 5% ~10%。目前，我国一些加工贸易企业获得的利润甚至只有 1% ~2%，在“微笑曲线”中位于附加值较低的制造环节上。对于我国以 OEM 为主的制造模式来说，运用设计的力量推动中国企业由价值链低端的 OEM 模式向价值链高端进军是我国企业界和设计界迫切需要研究和解决的重要课题。

2.1.3 设计创新是企业创新的动力和源泉

2.1.3.1 企业创新

企业创新是包括科技、组织、商业和金融等一系列活动的综合过程，可以理解成企业家抓住市场潜在的盈利机会或技术的潜在商业价值，以获取利润为目的，对生产要素和生产条件进行新的组合，建立效能更强、效率更高的新生产经营体系，从而推出新的产品、新的生产（工艺）方法、开辟新的市场，获得新的原材料或半成品供给来源，甚至建立企业新的组织。企业创新主要包括思维创新、产品（服务）创新、技术创新、组织与制度创新、管理创新、营销创新和文化创新七种途径。

企业是创新的主体，而产品是联系社会与经济、科学与技术的桥梁，因此，产品创新是企业创新的根本。通过产品创新，可以将科学技术转化为生产力，同时也能带动产业结构的调整与发展。同时，也只有在产品创新的基础上，才能建立自主品牌。

2.1.3.2 设计创新

工业设计创新是产品创新的重要手段。工业设计创新有两个层次，一是原创型创新，即运用工业设计的方法和技术，开发出全新的产品；二是次生型创新，即运用工业设计的方法和技术对产品进行改进，完成局部的改进创新，包括对产品外形的改进和产品使用方式的易用性改进等。设计创新分为以下几种类型：

（1）模仿创新：仿造市场上已有的产品，仅在造型及局部结构、零部件、材料、工艺上进行局部修改。

（2）改进型创新：通过改进现有产品的性能、提高质量或增加功能来满足市场的需要，属于渐进型创新。

（3）换代产品的设计创新：在原有产品的技术和设计基础上，通过部分新技术、新结构、新材料、新工艺、新元件的应用，对原有产品进行更新换代的改造，这也是一种广泛存在的渐进型创新。

（4）全新产品的设计创新：通过新材料、新发明的应用，在设计原理、结构或材料运用等方面有重大突破，设计和生产出来的产品与市场现有产品有本质区别，这种创新属于重大创新，往往会导致新的产业诞生，甚至改变人们的生活方式。

（5）未来型设计创新：又称概念设计，是一种探索性的设计，旨在满足人们未来的需求。这些设计，在今天看来，可能只是幻想，但却可能成为未来的现实，这种设计创新可能会极大地推动技术开发、生产开发和市场开发。

2.1.3.3 设计创新与企业创新

从 20 世纪 80 年代开始特别是 90 年代以来的技术推动的企业经营模式往往偏离顾客实际需要，即使促进了企业技术创新，也难以赢得市场。需要拉动的模式往往过度跟随顾客现实需要，缺少根本性、原则性、战略性，以至最终失去市场。设计是企业发展的重要动力，优秀的设计是企业赢得市场的重要法宝。设计创新能够有效突破传统模式，解决顾客需要中的现存问题，特别是新产品及其新技术、新工艺、新材料、新装备、新服务，并且以设计创新为龙头迅速推进企业技术创新的商业化和市场化实现。企业技术创新构建和完善了以设计构思创新为源头的创新体系，顾客新需要、技术新发展、设计新构思三者交互作用，形成战略一体化的良性循环。通过现代工业设计，特别是创新设计，把现代商品的各个环节有机地整体组合起来，尤其是把审美创新、使用创新、技术创新有机地整体组合起来。工业设计创新不仅决定了企业技术创新的性质、范围、规模、方向，而且决定了企业技术创新商业性市场化实现保值增值的效应、效果、效益、效能，从而有力地实现企业的发展和创新。

企业的创新不仅仅来源于技术创新，还要通过设计创新来塑造品牌形象。设计管理不同于一般管理的另一个鲜明特征在于它重视产品与品牌视觉品质及其对提高商业表现力的价值。这一特征有助于企业在残酷竞争的市场中保持自身的视觉感知性和品牌竞争力。以美国 IBM 公司为例，它已经将设计管理作为公司经营的重要的战略工具，把设计的着眼点从关注产品本身移开，转向对企业长远的战略思考，明确指出产品设计的功能是创造品牌形象。

综上所述，创新的工业设计首先创造的是经济价值，工业设计创新是推动经济可持续发展的重要手段。事实上，在当前信息、物流全球化的背景下，技术的差异性已经越来越小，而技术开发的代价却越来越大。工业设计创新通常是一种集成式的创新，通过采用现有成熟的技术，以创新思维将技术、艺术与文化等相结合，赋予产品、服务以独特、优化的差异性，打破产品同质化的局面。相对重大技术创新而言，它的投资少、周期短、风险小。所以，设计创新是差异化的基础，也是重要的竞争力要素。在新的重大技术突破之前，工业设计创新通过满足人们的使用、心理和审美需求来赢得消费者，使产品、品牌、企业乃至整个区域、国家的经济竞争力得到提升。工业设计的主体是产品设计，而产品设计是企业技术创新的载体，是创造品牌的必由之路。企业靠打数量战、质量战和价格战来赢取市场，常会拖得企业筋疲力尽，还可能会引发不良的后果。而到了产品同质化的今天，企业开始打“设计战”，工业设计已成为企业建立差异化竞争优势的关键。

在我国，设计创新对企业创新的重要意义已经受到国家政府部门的重视，例如，近年来北京市科委全面启动“设计创新提升计划”，即以市场和企业需求为导向，以企业为主体，采取引导资金与企业自主投入相结合的方式，促进国内外设计机构、院校、设计师与企业的对接合作，鼓励企业设计创新，增强企业核心竞争力，提升全社会设计创新意识。

案例 2.1　IBM，好设计就是好生意

IBM（International Business Machines Corporation，国际商业机器公司）是一家成立于 1911 年的老牌高科技公司。能够经受百年风雨且历久弥新，除了坚持不懈的技术创新，设计创新与设计管理在 IBM 的发展历程中起到了不可忽视的作用。

作为美国最早引进工业设计的大公司之一，早在 20 世纪 50 年代，时任 IBM 首席执行官的小托马斯·沃特森就提出“好设计就是好生意（Good design，good business）”。在著名设计师、设计管理专家艾略特·诺伊斯（Eliot Noyes，1910—1977）的指挥下，IBM 逐步将整个公司的形象、产品、服务、建筑和展览等以富有美感的设计统一起来。这种统一不仅是视觉、触觉等方面的统一，更是信念的统一，IBM 成为第一家进行整体设计的美国公司。诺伊斯认为，一个企业更应该像一幅优秀的油画：所看到的全部内容都应表达正确的思想，而不脱离主题。1957 年，诺伊斯提出了设计策略，包括建立整个 IBM 开展设计的全部流程和表现，将设计提升到与营销和工程技术同等重要的层次上，建立了美国公司史上的第一个设计部门，这些为后面设计大规模地开展奠定了基础。1976 年，美国著名的平面设计大师保罗·兰德（Paul Rand，1914—1996）为 IBM 设计了著名的 8 条水平线标志，并利用一切可以利用的项目将它广泛应用到与 IBM 相关的一切事物上。这些努力，使 IBM 能够多年一贯保持凝练、厚重之风，以科技、简约、冷峻的形象构建了自身的品牌形象，同时，也确立了 IBM“蓝色巨人”的企业形象，见图 2-2 ～图 2-6。

但是，从 20 世纪 80 年代起，IBM 的工业设计开始走下坡路，优秀的设计越来越少，品牌形象趋于模糊，企业经营不景气，创新精神逐渐消失，到了 20 世纪 80 年

图 2-2　IBM 台式机

图 2-3　IBM 巨型计算机

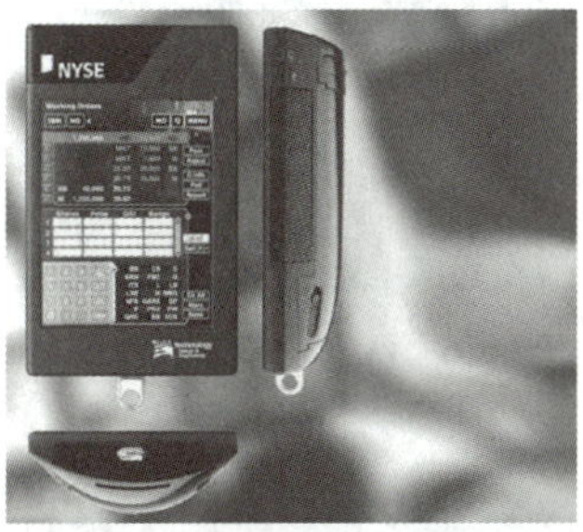

图 2-4　IBM 无线掌上计算机

图 2-5　IBM 大厦

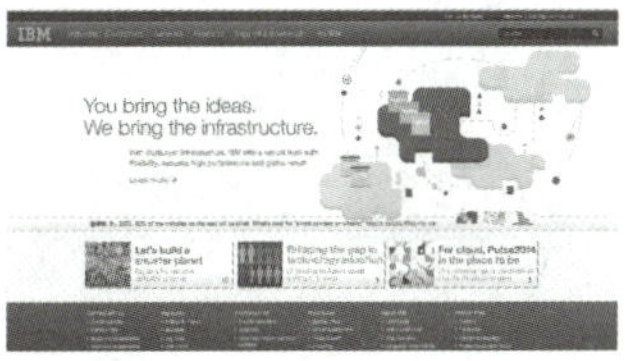

图 2-6　IBM 网站设计

代末，IBM 已与竞争者无多大的差异。为了改变这种局面，IBM 的高层决定回归到设计计划的根本——以消费者导向的质量、亲近感和创新精神来反映 IBM 的个性。

以设计思维为导向，IBM 重新定义了创新——不仅是在现存产品和服务的基础上取得提高，也不是单纯讨论技术发明，而是追求全新的商业机会，并使事业的核心观念得到改观。从原来工程师思维驱动的“产品特征优先”转变为“用户优先”，将创新上升到文化层面上，不仅局限于技术和形式方面的再造，还需要对人们的生活方式、工作形式和思考模式进行深入研究和思考，实现理念的转换。正是这种基于设计思维的思考，IBM 以超前的智慧和眼光推进核心业务的转型，先后推出电子商务、智慧地球和认知商业三个重要的品牌理念。自 2011 年 Watson 亮相至今，已经发展成一个商业化、基于云的认知系统，它变革着各行各业人们的工作和生活方式。IBM 不再只是一家硬件公司、软件公司、服务公司，而已经转型为一家认知解决方案和云平台公司。通过创新的产品和服务，IBM 实现了品牌的再生，塑造了当代、革新和亲近的形象，成功地实现了“大象起舞”。

图 2-7　OXO 的 LOGO

图 2-8　OXO 厨房用品

图 2-9　OXO 将通用性设计作为设计出发点

图 2-10　OXO 成为商学院研究的案例之一

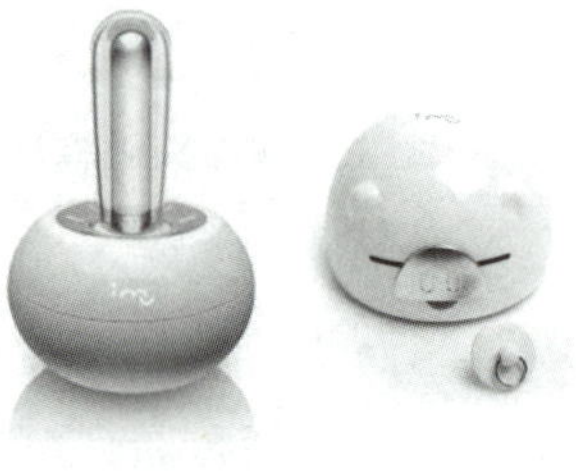

图 2-11　幻响音响

案例 2.2　人性化设计成就 OXO 公司

1989 年，当退休的美国人山姆·法伯看到患有关节疾病的妻子正在别扭地使用传统的金属蔬菜削皮器的时候，他也发现了一个商业机会。那时，设计不佳的各种厨房小工具一般不超过 2 美元。于是他和美国灵巧设计公司（Smart Design）合作，并开创了 OXO 公司（图 2-7 为公司的 LOGO）。自那时起至今，以适应绝大多数人的通用性设计为出发点，灵巧设计公司一共为 OXO 设计了 750 多个产品，并建立了黑色柔软的氯丁橡胶把手的品牌形象识别，以及标志性的黑白二色的品牌零售包装形象，并将品牌扩大进入新的领域，包括办公用品、婴儿用品和医疗设备等。好设计带来好的效益，OXO 的产品售价普遍高于 50 美元，成为美国厨房用品的代表性品牌，并成为哈佛等商学院研究的案例，见图 2-8~ 图 2-10。现在灵巧设计公司每年都与 OXO 在家居、厨房、医疗和婴儿用品等产品系列开展合作。

案例 2.3　幻响 i — mu 音响，将新技术商品化

“超磁晶体”技术在西方发达国家的军事、航空航天、汽车、精密制造等领域中得到日益广泛的应用，美国海军最新型的舰艇声呐系统就是采用这种技术制造，但这种技术却一直没有应用到民用领域。幻响神州（北京）科技有限公司和北京易造工业设计公司的设计团队，以产品自身的高科技特点为创意原点，通过巧妙的设计手法让原来应用在欧美等国潜艇上的超磁晶体技术创造出全新的音响产品，品牌名称为 i-mu，能使桌子、木地板、大理石、玻璃之类的硬材质平整表面“唱”出动听的音乐，而且音质达到了相当高的品质。高技术与高设计的结合，为产品带来高附加值，为企业创造了巨大的利润空间，见图 2-11。

2.1.4 设计管理对设计创新的促进作用

企业要不断发展壮大，就要不断推陈出新。随着经济全球化步伐的加快，市场竞争日趋激烈，产品的生命周期越来越短，这一切迫使企业必须不断地开发新产品以迎合市场的需要，设计创新已成为企业新产品开发和企业发展的必要手段。

设计管理对设计创新的作用主要表现为以下几个方面。

2.1.4.1 设计管理优化企业内环境，促进设计创新

通过设计管理构建有利于设计创新的企业内部环境。设计管理的主要目的是帮助机构、企业管理者和设计管理者学习如何通过设计开发好的产品和服务，使更多的机构、企业走向成功。为了激发企业内部设计创新原动力，好的设计管理需要在企业内部解决如下三方面的问题。

- 设计战略与企业战略的一致性。
- 构建高效能设计团队。
- 形成符合市场变化需求的创新流程和构建企业内的创新文化。

首先，好的设计战略要与企业的商业目标一致，其次要坚持对设计的投入。这首先需要企业的核心领导层认识到设计创新对企业创新的重要性，乐意为设计买单。很重要的一点是负责设计的管理人员必须在企业中有较高的地位，能协调企业各方面的人、财、物，对设计有决策权。成功的设计会给企业带来利益这一点毋庸置疑，但设计创新也往往包含着巨大的风险，也会给企业带来相反的结果。设计管理者必须充分理解设计，根据企业自身的资源实力、经营内容和特征进行设计创新，避免由于盲目或急躁导致失败。要在细致、完整的消费者研究基础上，从企业自身的资源实力、经营特点出发，找到正确设计定位和制订适当设计战略，确保设计对企业起到应有的作用。

其次，如果竞争成功的关键是创新，那么各行业设计师的行为和抉择会决定机构的未来，因此，要充分理解和尊重设计师的个性和天分，不断巩固设计团队的核心价值和能力，以及设计团队在整个组织机构中的地位，为达此目的，一定要起用优秀的设计管理人才。一个创新设计的管理者可以由那些既懂经营，又对设计感兴趣的人来承担。他应该具有娴熟的待人接物的技巧、亲和力强，能起到“凝聚资源”的作用。对于一种崭新概念的提出，如何通过合理的沟通，获得管理层的赞许，并最终获得财力支持，是设计管理者面临的一个至关紧要的环节。

最后，企业要营造鼓励创新的企业文化，营造利于创意产生的氛围。设计要与整个产品创新设计结合起来。要达到此目的，设计管理者必须维持一个高度创新的环境。一方面要求设计师才思敏锐，想象力丰富并富于直觉，因为“创新”在严格的程序格式和彻底的管制下永远不能得以激励，设计管理者应当尽量去排除这些阻碍创新思维的障碍，另一方面在设计项目团队和其他组织之间建立一个极具影响的合作网络。

2.1.4.2 设计管理增强企业和品牌的竞争力

就企业外部环境而言，不同类别的产品或同一类产品的不同品牌在市场上要形成鲜明的产品识别特征，形成企业或品牌鲜明的个性，增强企业和品牌对外的竞争力。对企业内部而言，品牌或企业设计成功的关键在于要有自己的设计哲学和设计原则，而设计哲学和设计原则的落地要通过清晰的组织架构、合理的流程管理和人力资源政策等实现。首先要区别于竞争对手，然后要区别于自身的过去和将来，这种区别最为集中和直接的体现就是产品设计。为了增强企业和品牌对外的竞争力，应通过设计管理形成企业产品设计风格的一致性，增强品牌的可识别性，形成企业产品独特的设计文化表达，培养消费者对品牌的信任和情感，提升自己产品的品质和树立自身企业

形象。

2.1.4.3 设计管理可以保障有组织的创新过程

要得到消费者的认可，仅仅依靠规模和技术工艺上的领先是不够的，创新产品只有建立在对消费者客户期望的理解，以及对当前市场、未来趋势理解的基础上才能获得成功。因此，企业要通过设计管理，建立消费者需求把握的系统机制。同时让公司的每个员工都积极参与创新，以用户需求为导向，跨部门进行交流和研发。企业要形成鼓励创新的企业文化，建立创新的激励机制。此外，当下是一个强调“共创（Co-creation）”的时代，而现代的设计以及设计师的职能过于细分，散乱的点状活动也不能实现效用的最大化，更是需要设计管理人才发挥与战场指挥官类似的作用，全面指挥设计活动，发挥整合创新的效力。

案例 2.4 浩汉产品设计公司（Nova Design）对设计管理的理解

台湾浩汉产品设计公司成立于 1988 年，其愿景是“把对设计的热情，与建立具竞争力的设计系统的 Know-How，转化成客户的策略资产”。十几年前，浩汉创造了“设计竞争力”一词，表明企业将产品设计视为商业策略的一环，以取得竞争优势的新理念。时至今日，几乎每种产业都认同了产品设计及创新的重要性，普遍重视在商业上的投资，取得优势的企业不仅要“产品创新”，还需要重视“设计系统（Design System）”，仅关注于产品创新设计就能成功的观念已经过时，设计系统竞争力将是新的聚焦点，通过设计创新为各行各业创造附加值是浩汉设计系统竞争优势的奥妙所在，见图 2-12。

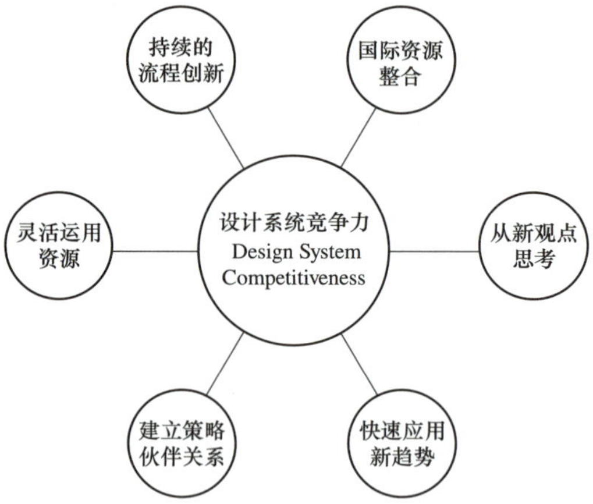

图 2-12　浩汉公司的核心价值观

浩汉设计的经验是：创意与设计不是天马行空，也需要管理；同时，创意与设计是难以量化管控的难题，但管理的结果绝不能影响到创新的本质。浩汉有两个很重要的评核机制，其一是创新活力，其二是获利能力。如果不能通过设计获利，原因有可能是创意本身不被市场认同接受，不然便是其他管理的问题，需要去探讨与面对，找出真正的原因。在经历许多设计作品的发想、完成、上市或不上市、成功或不成功的过程后，浩汉认识到：一家好的工业设计公司是否能发挥竞争力，管理才是最重要的关键推力。

总的来说，浩汉的设计管理大概可以分三个层次，即设计系统竞争力的三个支柱：

（1）技术力。设计师不等于艺术家，设计走到最后要变成一个商品，中间会经历非常复杂的过程，技术力是必不可少的一环。这一层次是垂直深度，也就是在进行设计创新时所需要的技术的专业化以及精深程度。

（2）组织力。公司大到一定程度需要管理，即“水平整合”。所有的东西，上层和下层每个层面都需要沟通和串联，这是组织力。这一层次即水平的广度，也就是通过专案管理系统和知识管理平台，做水平的资源整合。

（3）创新力。创新力是指这个企业拥有创新的竞争力，“知识价值”是创新力最重要的东西。一个企业创新力的竞争是架构在组织力上面的。这个层次是以知识管理系统做矩阵式链接，通过知识价值，展现设计的创新力。

2.1.5 企业不同发展阶段设计管理的方法框架

John Heskett（2006）指出，处在 OEM、ODM、OBM、OSM 四个不同层级的企业的设计活跃度和设计内容会表现出明显差异，对设计管理活动和方法的需求也有不同。

G.L.Koostra（2009）在对欧洲设计管理实践进行研究的基础上提出一个设计管理层级模型，将企业的设计管理水平按照从低到高分成 4 个层级：无设计管理、项目层的设计管理、将设计管理作为一种企业管理的职能、将设计管理作为企业文化。层级越高，设计的策略性价值就越大，企业的发展潜力随之增大。

第一层级，缺少设计管理。企业缺乏对设计在提升公司竞争潜力方面作用的认知，几乎没有实际使用的设计政策，缺乏设计知识和经验，预算也很有限，企业内的设计活动只是在某些特殊情况下才会实施。

第二层级，项目层面的设计管理。企业尚未充分认识到通过设计新产品和服务来创造增量价值。企业的设计活动局限在造型、产品线拓展或产品改良等项目中。设计主要被用于营销，通过提升产品外观、风格、包装、营销传播或视觉形象完成对现存产品的增值。

第三层级，将设计管理作为企业管理职能之一。企业有计划地将设计应用于创新和产品开发，设计活动不仅局限于产品，而是从广泛地运用设计解决创新问题。设计活动的参与者来自不同专业背景，企业设立专门的部门或员工管理设计流程并对设计过程进行品质管控，使设计成为企业获得竞争力的有效工具。

第四层级，将设计管理作为企业文化的一部分。企业将设计创新作为建立市场领导力的手段。这类企业是高度设计驱动的，核心管理层和企业内的各个部门与设计活动密切相关，设计成为企业经营活动的重要组成部分。企业重视在企业内推广设计意识，将设计融入企业文化，实现对设计价值最充分的挖掘。

Koostra（2009）从 5 个要素评价设计管理的水平：对设计价值的意识、设计管理流程、设计规划、设计管理专员和设计资源。这 5 个因素能够从深层次上影响设计的成败，因此也成为衡量设计管理是否优秀的指标。表 2-1 建立了一个企业设计管理发展层级和管理方法分布框架，可以帮助企业按照自身情况对设计管理方法进行布局从而达到充分发挥设计的作用，获得更强竞争力的目标。

表 2-1　企业设计管理发展层级与管理方法分布框架

□■	设计管理活动内容	设计战略管理 管理方法	设计组织管理 管理方法	设计项目管理 管理方法
无设计管理	设计意识管理	□	□	□
	设计管理流程	□	□	□
	设计规划	□	□	□
	设计管理专员	□	□	□
	设计资源	□	□	●
项目层面的设计管理	设计意识管理	□	□	●
	设计管理流程	□	●	●
	设计规划	□	□	□
	设计管理专员	□	□	●
	设计资源	□	●	●
设计管理作为企业的一种管理职能	设计意识管理	●	●	■
	设计管理流程	●	■	■
	设计规划	●	●	■
	设计管理专员	●	●	■
	设计资源	●	■	■
设计管理作为企业文化	设计意识管理	■	■	■
	设计管理流程	■	■	■
	设计规划	■	■	■
	设计管理专员	■	■	■
	设计资源	■	■	■

说明：□，指没有这一类别的设计管理方法；■指有这一类别的设计管理方法，但运用程度较弱；●指有这一类别的设计管理方法，而且发挥作用。表格来源：张立群:《设计管理的方法体系》

2.1.6 设计管理对我国企业的重要意义

产品是生命，创新促发展。但是，目前在我国，很多人只把设计定义为形式上的美化，一些企业只重视技术开发，缺乏集成创新的转化。我国企业对自主创新的理解，大多着力于技术水平的提升，迫切需要拥有自主产权的核心技术。可这样的技术开发投资多、周期长、风险大。由于中国企业对工业设计和设计创新的作用缺乏足够的认知，对工业设计的投入普遍偏低（例如，中国绝大多数家电类企业工业设计的资金投入一般不到总产值的 1%）。要把设计变成中国企业的一种根深蒂固的文化，还需要很长的时间。

先进的制造业技术是释放未来竞争力的关键，强大的制造业为经济繁荣创造了一条清晰的路径。在德勤公司和美国竞争力委员会联合发布的《2013 全球制造业竞争力指数》报告中指出，中国将在今后的 5 年中占据榜首位置。2016 年同样的报告指出，中国将在今后的5年中被美国超越，下滑到第二名，但中国仍将是最具有竞争力的制造业大国之一。尽管如此，被誉为“世界工厂”的中国仍然存在着大而不强的事实，出口八亿件衬衫换一架飞机回来，使得我们不得不面对自然资源过度开发和由此对生态环境造成的过度破坏的惨重代价。2008年受金融危机的冲击，外需下降，许多出口企业面临巨大的生存压力，大批国内代工企业出现了亏损、倒闭或破产等情况。对于给我国一度创造神话的制造业代工生存模式进一步敲响了警钟，它迫使人们反思已经习惯的依靠出口来达到盈利、依靠出卖廉价劳动来获取效益的制造业模式，这种模式并不是民族品牌和企业发展的沃土，长期代工的经营模式会逐渐削弱企业的创新精神和创新能力。一个成功的品牌为企业带来的产品溢价和影响力，往往是任何有形资产所不能比拟的，中国企业只有走自主创新、培育具有自主知识产权的品牌的道路，才能增强自身的竞争力。我国企业应勇于和善于进行产业升级，坚定树立国际品牌的决心，主动进行企业创新，向产业链的高端发展。我国企业要加强国际竞争力，就必须开发具有自主知识产权的产品来获得更多的利润。由于工业设计对企业营销与品牌产生重大影响，企业应当真正把工业设计作为企业的一种战略进行投资。

设计创新促进企业创新，而科学有效的设计管理将为设计提供环境、流程、工具和保障。进入21世纪，国际化的市场竞争使得企业最急需的不再是好的设计机构或设计师，而是研究和建立科技创新与设计创新的机制，并融合管理创新，不断开发出满足社会发展趋势的富有魅力的产品，这点对于企业保持旺盛的生命力极为重要。设计管理理论进入我国的时间还比较短暂，国内成功开展设计管理的企业较少。开展设计管理研究，普及设计管理知识，加强设计管理实践，推进中国企业设计创新，是未来中国设计学界和企业界必须承担的重大课题和任务。

2.2 设计战略

由于设计对赢得市场的重要影响与日俱增，设计对企业所起的作用也越来越被企业了解和重视。设计战略作为一个新的研究领域，将传统的设计理论与企业战略、管理理论相融合，预示了企业创新发展和设计教育的新方向。

2.2.1 设计战略、设计策略与设计计划

青蛙设计公司创始人艾斯林格在接受《环球企业家》采访时说“设计应该是公司战略的重要部分，因为设计蕴含着公司的生命力。公司在营销方面非常注重，但我认为设计应该是一个公司战略的金字塔尖，是一种高端艺术，对企业每一步都有至关重要的影响”。

2.2.1.1 设计战略

企业战略是对企业各种战略的统称，包括竞争战略、营销战略、发展战略、品牌战略、融资战略、技术开发战略、人才开发战略、资源开发战略等。企业战略虽然有多种，但基本属性是相同的，都是企业对自己整体性、长期性、基本性问题的谋略。企业战略的核心是企业根据环境的变化、本身的资源和实力选择适合的经营领域和产品，形成自己的核心竞争力，并通过差异化在竞争中取胜。企业战略属宏观管理范

畴，具有指导性、全局性、长远性、竞争性、系统性、风险性六大主要特征。以我国的海尔集团为例，从最初管理混乱的小企业到国际家电巨头，再向物联网生态品牌转型，海尔的成功得益于对企业战略高瞻远瞩的把控和执行。从 1984 年创业至今，海尔集团每 7 年确定一个战略，先后经历了名牌战略、多元化战略、国际化战略、全球化战略、网络化战略、生态品牌战略 6 个战略发展阶段（见表 2-2）。截至 2019 年，海尔集团连续 18 年在“中国品牌价值 100 强”研究报告中位居榜首。

表 2–2　海尔集团的企业战略

年份	企业战略	主要业绩
1984—1991	名牌战略	中国冰箱行业第一块质量金牌
1991—1998	多元化战略	海尔文化激活“休克鱼”
1998—2005	国际化战略	出口创品牌，当地化
2005—2012	全球化品牌战略	研发、制造、销售“三位一体”创品牌
2012—2019	网络化战略	个性化定制、全流程可视
2020—	生态品牌战略	物联网生态品牌、创意平台

设计必须具备长远的战略眼光，而不是仅仅着眼于当下的竞争。之所以将设计提升到企业的战略层面，是因为它协调着科技、商业、资本、生态、资源、人类以及社会，并且事关创新变化和未来命运。设计战略是企业战略的组成部分之一，是企业面对严峻的市场挑战和环境，为不断持续发展而根据自身情况所做出的针对设计工作的长期规划和方法策略。设计战略是对设计部门发展的规划；是设计的准则和方向性要求；是企业有效利用各种设计资源，提高产品开发能力，增强市场竞争力，提升企业形象的总体性规划。设计战略体现了企业总体的战略思想和文化原则，是设计管理的核心内容。

（1）设计战略的构成

设计战略作为指导企业设计行为的一系列准则，应重点回答以下两个问题：

● 企业应当为市场开发和设计什么样的产品？（What to do?）

● 企业应当怎样开发和设计这些产品？（How to do?）

设计战略的规则应当包含以下 4 类：

● 企业通过设计战略所要达到的目标和标准。

● 通过设计决定企业同市场和用户的关系，它涉及企业的产品决策、产品识别、设计与营销的整合开发、通过设计战胜竞争对手的战略抉择等。

● 建立设计战略与管理的一体化，将设计管理作为设计战略的实施手段与体现，确立企业设计机制的管理规则和运行模式。

● 通过对企业总体设计战略的制订，确立对于具体设计项目的指导原则和规范。

（2）影响设计战略的因素

作为企业战略的一个组成部分，设计战略必然受到企业内其他战略因素的影响，影响设计战略的企业内部主要因素包括以下几个方面。

1）企业管理层对设计的认识。管理学家汤姆·彼得斯曾经说过“首席设计师应该成为董事会委员，或者至少成为执行委员会的成员，级别有时候是能起到大作用的”。新产品的完成，不仅与研发和设计部门相关，也与采购、营销、物流甚至财务及人力部门相关。企业核心管理层对设计活动对市场利益和公司战略贡献的看法直接影响了设计活动的资金投入和组织地位。只有他们才拥有足够的权力调动企业的全盘资源，循序协调所有相关部门，确定并落实具体设计方案，使之及时商品化。设计领先的日本企业，无论是松下、日立，还是索尼、东芝，均对设计管理予以高度重视，并进行系统性的管理操作，建立与此相适应的一系列管理条例，制订对公司开拓起关键作用的设计开发计划。

2）企业品牌战略。所谓品牌战略就是公司将品牌作为核心竞争力，以获取差别利润与价值。按照美国《商业周刊》的说法，世界一流企业的品牌价值通常是企业实际资产的两倍以上。现在，品牌已不再仅仅是一个名称、标识或图形，而是作为一组“无形资产”来考虑的，是一种更完善更有力度的思维方式。正确的品牌决策、科学的品牌设计、得力的品牌保护对企业经营成功有十分积极的作用。企业品牌战略的制订和变化，对设计战略产生影响越来越大，设计战略也会提升品牌战略，在这一过程中二者相互作用。

3）企业经营战略。经营战略是企业面对激烈变化、严峻挑战的环境，为求得长期生存和不断发展而进行的总体性谋划。它是企业战略思想的集中体现，是企业经营范围的科学规定，同时又是制订规划（计划）的基础。经营战略决定了企业的发展模式，是成为行业规则的制定者（产业领导者），还是行业规则的跟随者，或是行业规则的突破者（产业革命者）。对发展模式的不同选择，决定了不同的设计战略。如果企业想成为产业领导者，就必须在产品设计上不仅体现其技术实力，还要能体现其创造新生活方式的能力，如IBM和索尼等，它们分别是IT行业和消费类电子产业的领导者。企业想成为产业革命者，他们就必须在产品设计上体现与同行与众不同的思路，保持产品的特色差异性，如索尼和苹果公司。即使是行业的跟随者（如日本松下电器公司和韩国三星电子等）也要通过产品的设计来体现自己的产品或品牌的特色，才能在激烈的市场竞争中生存。

4）企业产品战略。产品战略是企业对其所生产与经营的产品进行的全局性谋划。它与市场战略密切相关，也是企业经营战略的重要基础。企业要依靠物美价廉、适销对路、具有竞争实力的产品去赢得顾客、占领与开拓市场、获取经济效益。在企业战略中，产品战略与设计战略的联系最为紧密。尽管产品战略与设计战略都是以产品为核心，但它们看待问题的角度不同。产品战略是从经济管理的角度出发宏观把握新产品的开发，它没有具体地解释产品设计到底是怎样进行的以及产品设计应采用的方法；而设计战略是从设计的角度来进行具体的产品开发，它需要整合诸多的战略因素，而不仅仅局限于产品战略，这也是为什么要将产品设计从产品战略中独立出来形成一种新的企业战略的原因。随着制造业进一步数字化、智能化，打造制造业竞争力的途径是通过先进技术向高价值先进制造业转型，不断采用更先进与更精细的产品、工艺技术和材料创造优势。

此外，影响设计战略的外部因素包括经济发展、市场变化、技术进步、生活方式转变、国际化与本土化、流行文化与艺术等。

Oakley在《设计战略》一文中指出“适当的设计战略能极大地利用企业的资源，并能将资源的优势充分地体现在市场中”。他认为，设计战略的形成过程实际上是企业管理者对设计进行理性决策的过程。也是对市场、竞争对手及企业自身技术、资源进行详细分析，结合对企业优势与弱势的评估，清楚认识到企业发展前景、市场机遇和风险因素的基础上的战略形成过程。因此，它的制订必须考虑以下五个方面的问题：

1）当前市场上什么样的变化与趋势将会影响企业的发展与经营；

2）如何更好地理解市场与消费者；

3）是否真正了解企业的资源与潜在能力；

4）管理者是否确切了解设计的特征，并知道如何去管理；

5）制订什么样的战略有可能成功。

总之，企业的发展离不开设计和设计管理，做好设计管理，首要任务是制订既满足市场需求又符合企业具体情况的设计战略，并通过设计管理落实和执行设计战略，促进企业的创新与发展。设计管理是企业管理的一部分，设计战略也是企业战略的重要组成部分。企业只有确定了明确的战略，设计管理才不会无的放矢，从而更好地发挥作用。设计战略要始终与企业战略保持一致，并服从和服务于企业战略。当企业战略进行调整时，设计战略要随之调整。

案例 2.5 荷兰飞利浦公司的设计战略

成立于1891年的飞利浦（Philips）公司现为世界上最大、最有影响力的电器生产公司之一，在全球70多个国家和地区设有分厂或服务中心。设计、研究和制造的主要产品包括：各种家用电器、室内外照明设备、医疗设备、办公用电气设备、工业用电气设备、各种摄影设备、立体音响设备、各种录音与录像设备、汽车收录音设备等。飞利浦的成功离不开它不断创新的产品设计，而在这些创新产品的背后是与时俱进的设计战略。1914年，为了开发新产品，飞利浦公司成立了研究实验室，专门从事新技术的研究和开发。随着这个部门的发展，工业设计的需求也不断增长，因此，飞利浦的工业设计部门是从技术部门划分出来的，正因为如此，飞利浦的工业设计与科学技术部门有着非常密切的联系。二战后飞利浦基本是按照两个大的方式在发展，一是以荷兰的国内市场为中心的设计和研究机构，另一个是被称为生产部门的生产体系，驻海外、国外的生产销售机构。这种把研究、设计与海外生产分开的方式是飞利浦战后走向国际化的一个重要步骤。

“让我们做得更好！”秉承这样的信念，荷兰飞利浦不断寻求设计方面的突破。作为沟通消费者和企业的一座桥梁，设计已越来越显示出增强品牌核心竞争力的作用。飞利浦认为产品应代表公司的形象，设计作为有效的竞争工具，必须将设计和人机工程测试完全融合到研发、生产和销售的过程当中。由公司“一个设计”（One Design）的理念贯穿，一切服务与设计相关联，一切为了用户的品牌体验，设计中心因此成为飞利浦公司竞争核心，而飞利浦以设计创造生活的品牌形象在全球开始迅速传播。飞利浦的技术创新能力一向很强，其研究与开发投资比例约占到公司年收入额的9%。但是，飞利浦的产品往往过分注重于功能的先进，而忽略了消费者对新产品“简单易用”的需求。因此，2004年飞利浦提出了“精于心，简于形”（Sense & Simplicity）的设计战略，将“简单”原则贯穿到产品创意、设计和制造各个环节。新产品在技术上可能是高度先进和复杂的，但在让消费者使用时一定要注重“简单”，从而给消费者的生活提供真正的便利。企业由此实现由“技术主导”向“市场主导”，由“功能主导”向“简约主导”的转型，用富有人性化、简单实用的设计打动了无数消费者，久而久之这种设计风格就成了品牌的文化特质。巩固自己在核心领域的领先地位和在市场上树立“时尚引领者”的品牌形象，也是飞利浦“简单化战略”的重要一环。飞利浦与萨拉·李（SARA LEE）咖啡公司合作开发的家用 SENSEO 电动咖啡壶，便是成功的一例，见图 2-13。这种简便实用的咖啡壶在全球市场获得了极大成功，并成为飞利浦“精于心、简于形”的标志性产品。1980 年以前，设计部门在飞利浦只是一个主要负责广告设计的小机构。随着时间的流逝，飞利浦的设计中心已发展成为世界上最大和最著名的设计机构之一，旗下包括工业设计部门、包装设计部门、广告设计部门、公共关系设计部门、企业形象设计部门等，同时还有模型制作、资料分析、情报收集以及电脑设计等技术支持部门。除此之外，飞利浦公司的市场研究部门、消费心理研究部门也为设计提供资料和技术支持。飞利浦设计中心已经发展成为世界最大的和最著名的设计机构，也成为全球工业设计学生心目中的圣地。表 2-3 为飞利浦公司设计战略的演变历程。

图 2-13　飞利浦与萨拉·李（SARA LEE）咖啡公司合作开发的家用 SENSEO 电动咖啡壶

表 2-3　荷兰飞利浦公司设计战略的演变

时间	设计的地位	设计战略	结果	代表产品
1990 年以前	设计部门只是主要负责广告设计的小机构	过分强调设计师个人的创造能力，而忽视了整体的设计系统管理，忽略了消费者的内心想法	设计出来的产品越来越偏离大众，产品线也开始大规模膨胀，无法统一协调管理	T8 荧光灯
1990 年	形成设计中心	“高设计”，即设计被贯穿于整个商业程序并吸收了其他设计相关技巧，如趋势分析学、心理学、社会学等	设计方案因能满足消费者的生活需求而得到认可	蛋形电动剃须刀
1993—2004 年	设计中心开始全面转型	“一个设计”，更加强调从用户自身的体验出发来开发产品	以人为本的设计理念突出体现	Xenium 系列手机
2004 年至今	设计总部是全球工业设计学生心中的圣地	“精于心，简于形”——更加注重简单原则，以及社会和文化方面的研究	尽量实现设计出全面均衡的创新产品	SENSEO 电动咖啡壶

案例 2.6　瑞士 SWATCH 的设计战略：低成本和差异化

瑞士斯沃琪（SWATCH）集团重视设计创新和品牌运作，设计上突破了手表简单的计时功能，运用高科技成果和丰富的艺术想象力，赋予手表千变万化的款式和绚丽多姿的色彩，对时间概念进行了重新诠释，见图 2-14 和图 2-15。其设计战略包括：颠覆性的低价市场定位；为满足低价位必须做到的低成本；差异化的设计满足年轻消费者的情感需求；多变的设计主题：每年向社会公开征集设计方案，不同的节日、季节、纪念日都会推出纪念版；设计的文化特质；时间与时尚相结合。尽管时光飞逝，岁月荏苒，斯沃琪（SWATCH）的设计战略始终紧密围绕其品牌战略，以活泼的设计、缤纷的造型诠释着恒久不变的时间主题，并为消费者带来时间之外的美好体验。这种设计战略赋予斯沃琪“轻松、自我、自由、青春、时髦、充满活力、快乐”的特

图 2-14　SWATCH TOUCH 2011 系列

SWATCH TOUCH 腕表延续斯沃琪紧扣时尚的品牌灵魂，具有触屏功能，用大屏幕液晶显示表盘和触摸控制区来取代传统腕表的按钮设置。最大的数字显示是秒针，在表盘上不停地变幻，充满活力动感。

质，受到 8 岁到 80 岁消费者的青睐，不仅塑造了深受消费者喜爱的世界级偶像品牌，也缔造了瑞士钟表业再度辉煌的神话。

图 2-15　缤纷多变的 SWATCH 手表

2.2.1.2 设计策略

设计策略是指企业按照自己的宗旨、信念和经营方法而制订的适合本企业的设计方向、目标及有关设计的特定形象。同时，它还外延到企业的经营计划、生产、销售和宣传等的各项策略。也可以说，设计策略是企业中一系列共性的政策。战略是方向性的把握，策略是具体的动作，策略从属于战略，战略需要策略的支撑。战略看方向，策略看时机。

设计策略是设计的宗旨，设计部门的成员及企业内其他部门都必须对其有深刻的了解，而且应在产品中得到反映，从这个意义上说，设计策略是设计管理的首要内容，它不仅管理着产品的设计开发过程，而且协调着企业的整体经营活动。

企业中的设计策略与企业的目标、宗旨和经营理念应该融为一体，例如，德国博朗（Braun）、西门子（Siemens）、宝马（BMW），日本的索尼（Sony）、荷兰的飞利浦（Philips）、美国的苹果（Apple）以及 IBM、意大利的奥利维蒂（Olivetti）等都是世界闻名的具有出色企业宗旨和设计策略的公司。这些公司将明确的经营理念和设计策略清楚地写在文件中，使企业中的每位职员对其都有清晰的认识，并能够在产品上反映出来。与上述这些企业清晰明确的战略相比较，丹麦的著名玩具制造企业乐高公司在数字化浪潮冲击下出现的战略性困惑和由此导致的设计策略以及产品系列的调整值得思考和关注。

案例 2.7 数字化浪潮下乐高玩具设计策略的变化

来自丑小鸭故乡丹麦的乐高公司创建于 1932 年，其主要产品是塑料拼接积木，可以彼此连接创造出各种各样的形象。1990 年，乐高成为世界十大玩具制造商，1999 年被美国《财富》杂志评为对人类的生活具有决定意义的“世纪玩具”。

但在 2000 年到 2004 年间，乐高经历了长达 5 年的亏损，原因是随着数字化技术的不断进步，乐高观察到新世纪的儿童已经成为网络的原住民。为了及时发掘未来的机会，乐高积极尝试“蓝海战略”，迫切希望在各个新领域进行大规模的尝试，包括大张旗鼓地扩张教育、电影、动画、珠宝配饰、服装、电脑游戏和主题公园等，乐高称这种方式为“开放式创新”。为了打赢这场战役，乐高还改革了公司设计团队的人员构成，将以丹麦男性为主的设计队伍，向不同年龄、不同文化背景的结构转化，企业文化也转向以创新为中心。只是，在这场创新中，大量的资金被投放到服装和主题公园等非专业领域，核心产品积木被严重忽视，几乎完全被抛至一边。实践很快证明这些所谓的“全面创新”，大多是没有根基的泡沫，它们也消耗了乐高对于传统玩具这一焦点和核心发展的专注力，乐高变成一个很难定性的“四不像”，产品的销售额锐减，在2003年、2004年，野心勃勃的积极战略导致了乐高主战场的丢失，盲目扩张的同时也失去了对消费者的关注，不了解他们最想要的究竟是什么。乐高成为过度扩张和品牌稀释的受害者，一度濒临崩溃的边缘。

乐高的问题其实和数字化并没有太大关系，而是面对数字化浪潮冲击时恐慌，战略定位比较盲目，做了很多愚蠢和激进的事情。经过认真反思，乐高认识到应该重新聚焦积木主业，提升产品质量和创新能力。同时，抛弃那些时髦的项目，将资源集中在乐高积木的创新上。乐高及时进行了战略转型，回归核心业务，努力倾听消费者的心声，更加专注、人性化。改变员工“一切以培养孩子们的兴趣出发”的“高姿态”，同时提出“为商业而设计（Design for Business，D4B）”“为公司创造财富”的管理和设计新策略，而且引入绩效工资，公司的产品开发周期由两年缩短为一年。缩减丹麦本地工厂的规模，除一些关键产品外，把不太复杂的制造工作转移到墨西哥和捷克等劳动力成本较低的国家；同时，公司将产品部件的数量从7000多件减少至3000件左右。

D4B的特色与转变包括：第一，从放任到积极的创意管理。过去，给予设计团队相当高的自由度，而好的创意，未必是财务上成功的产品。D4B提出“有效开放，积极管理”的模式，在保持设计与创意自由度的同时，导入财务评估即标准化的管理流程，从构想、评估到发展的过程，每个阶段都要评估并确保创意的财务可行性。第二，从单一产品导向的创新转变到企业组织导向的创新。过去创新的概念，只植于在产品开发与设计团队，而D4B重视把创新散布在各组织中，并进而整合全公司的资源，包括设计、行销与策略部门，一起投入创新。D4B的流程，提早把非创意部分带入产品开发项目，先定义产品商业的目标，然后评估市场机会，接下来则是实际的设计工作。D4B使乐高起死回生，但并没有伤害创意部门的设计与创新思考，相反，把创意部门的设计与创新思考，从产品策略的等级，提升到组织策略的高度。在D4B之外，乐高也建立了Concept Lab，仍旧让创新与创意，在会计和财务压力之外得以发挥。

自从企业战略进行了调整，设计战略随之调整，聚焦核心业务以追求利润为前提的创新法则为乐高带来了巨大的收益，并将乐高拉出了深渊。在剔除服装和主题公园等项目后，乐高将那些经典的乐高积木套装，比如城市、汽车、海盗等进行进一步扩充和优化。每年保持60%的产品为新品，而新产品研发，都是围绕乐高积木来开展。针对数字化的趋势，乐高选择真正能体现独特特征的项目加大投入，在10年的时间内，不仅扭亏为盈，利润还翻了两番。

先守住本分，再进行创新，并能给创新一个清晰的边界，乐高的经历给一味迫切追求创新的企业带来了启迪。对于乐高而言，如何适应当今数字化的环境并平衡数字化与传统积木之间的关系仍是它至今尚需要思考和解决的问题。但是无论采用什么样的数字化策略，乐高不能忘记的是自己的根本——那种让用户沉迷其中的拼砌体验，数字化只是加强这个核心的引擎之一，乐高仍将在这个方面继续探索。2018年乐高与中国腾讯公司开展合作，在腾讯视频推出乐高专区，并开展游戏产品开发方面的合作。图 2–16 为乐高玩具丹麦总部办公室。2019 年乐高的营业收入为 385 亿 DKK(丹麦克朗)，约合人民币 400 亿元；净利润 83 亿 DKK，约合人民币 86 亿元，远超过世界上另外两家最大的玩具公司孩之宝和美泰。

图 2-16　乐高玩具丹麦总部办公室

2.2.1.3 设计计划

设计计划是针对某一具体产品制订的设计要求、方法和步骤的具体实施方案。设计计划的制订必须在设计战略的指导原则下进行，它是设计战略的具体体现，其实施过程也必须围绕如何实现企业设计战略的目标来进行。

设计计划是设计管理的重要内容之一，而且也是产品开发过程中有效的管理手段。“凡事预则立，不预则废”。如果没有一个好的计划，就无法在预定的时间、预算内保质保量地完成设计任务。在企业中，设计计划并非只是由设计部门自己决定，它首先必须由产品开发会议和产品规划会议（由相关部门人员参加）通过与技术部门、制造部门、经营部门充分、明确地沟通交流，然后根据企业战略、经营信念、设计策略以及各种情报和设想来确定设计目标，决定设计计划方案。设计计划的目的和作用如下：提高品牌形象；基于社会动向、需求预测的设计；基于产品生命周期适应市场的设计；基于需求变化和价值观多样化的设计；降低成本等。

在制订设计计划时一般应考虑以下问题：

（1）社会的动向和需求预测；

（2）技术开发和技术预测；

（3）产品的生命周期预测；

（4）市场需求竞争和成本因素预测。

设计业务在按照设计计划实施的过程中会遇到一些无法预测的情况和问题，从而使实际进程与计划不符，人们可能不得不根据实际情况对原有的计划进行修订，但始终要明确最初的设计意图和目标，以免在人力、物力、财力和时间上造成不必要的浪费。

2.2.2 设计战略的类型

西方管理学教父彼得·德鲁克说，战略不是研究我们未来做什么，而是研究我们今天做什么才有未来。企业从自身实际出发，选择正确的战略并坚定地执行，在此过程中也就定义了自己的未来。设计管理是企业管理的组成部分之一，设计战略不能脱离企业战略独立存在。企业只有确定了明确的战略，设计管理才会有的放矢，更好地发挥作用。设计战略应始终与企业战略保持一致，并且服从、服务于企业战略。当企业战略发生改变时，设计战略也应随之调整。

2.2.2.1 价值创新战略

在今天激烈的市场竞争中，企业单纯靠低成本、价格战将越来越难以创造未来的获利性增长。索尼的创始人盛田昭夫曾经说过“市场是去创造的，而不是去跟随的”。这改变了传统的设计要适应市场的观点，使设计在对待市场的态度上显得更积极。要赢得明天，企业不能硬碰硬地与对手竞争，通过“价值创新”的战略行动能够为企业和买方都创造价值的飞跃。通过低成本和差异化来开创全新的市场，使企业彻底甩脱竞争对手，并将新的消费需求释放出来。如何迅速地与消费者的需求变化相对接，从而更有效地吸引消费者，成为企业最为关注的焦点。在经历了价格战、概念战、服务战之后，面对产品同质化倾向日益严重的现状，企业纷纷看好工业设计，用设计创新开辟未来之路。

工业设计的核心作用在于寻找消费点，并想办法解决消费者的需求。不论是以黑色 T 型车将人们出行方式从马车变为汽车的美国福特公司、以“随身听”变革人们听音乐方式的日本索尼公司，还是以 iPhone 重新定义人们通信方式的美国苹果公司，都是依靠价值创新实现企业崛起的典范。日本索尼公司的随身听的诞生，彻底改变了人们聆听音乐的方式，使得热爱音乐的人们可以随时随地尽情享受音乐的魅力，它的发明，可以说是创造了一种新的消费市场，引导了人们享受一种新的生活方式，如图 2-17 和图 2-18 所示。但是国内企业在利用工业设计进行价值创新方面还有待继续提升。以海尔为例，海尔拥有非常出色的市场敏感度和资金链，技术专利数量也一直处于国内企业的前列，并且也参与了多项技术标准的制订，但依然无法制造出提升品牌价值的突破性产品。[1]

图 2-17 世界上第一台随身听产品“索尼 TPS-L2”

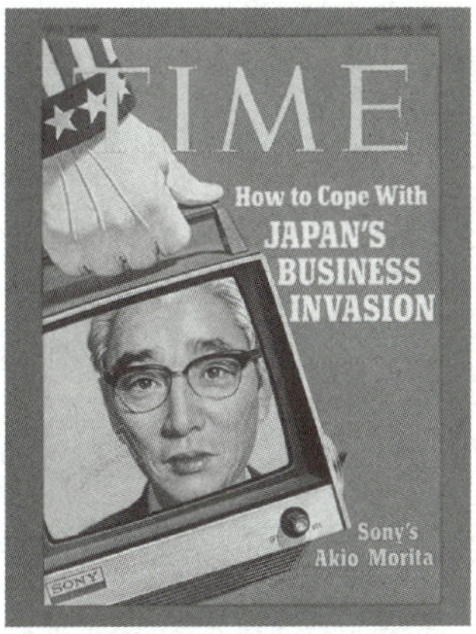

图 2-18 开创随身听时代的索尼创始人盛田昭夫登上美国《时代周刊》封面

案例 2.8 苹果公司，以设计创新书写商业成功

美国苹果公司通过一个又一个“非同凡想”(Think Different)的奇迹改变了人们的生活方式，也改变了世界。成功的原因在于创造了一个又一个满足人们新的消费需求尤其是文化需求的产品，通过设计创新思维将现代科技成果以前所未有的方式集成到一起，随着 iMac、iPod+iTunes、iPhone / iPad+Apple Store 等一系列产品和服务的推出，濒临破产的苹果重新成为全球创新典范。以 iPhone 手机为例，它实现了互联网、通讯网、视像网的三网合一，使人们能够便利地消费网络文化，也为苹果创造了巨大的经济价值，见图 2–19。在满足用户文化需求的同时，苹果在应用商店（App Store）上的商业模式创新不容忽视，真正利用了互联网的长尾经济效应，苹果最终建成了繁荣的产业生态系统。

苹果公司注重创新的把控，不论是产品还是服务，始终以为消费者塑造完美体验为目标和核心，不断创新和突破，为消费者打造了一条完美的品牌体验链条，也由此创造了令世人瞩目的商业成功。2018 年 8 月 2 日，苹果公司的股票市值超过 1 万亿美元（注：全球只有 16 个国家 GDP 超过 1 万亿美元），苹果公司又登上了一个新的历史高点，这是它发展历程中的一个重要里程碑，同时也是全球科技公司的一个重要

[1] 胡泳 . 海尔的高度：中国领袖企业海尔的最新变革实践 . 杭州：浙江人民出版社，2008.

节点。在 2020 年《财富》杂志评出的“100 个现代最伟大的设计”中，苹果公司独占 8 个，其中 iPhone 排名第一，令世人瞩目。苹果公司的成就也使人们认识到的是，从消费者需求出发，以设计创新引领，可以整合巨大的产业生态，催生众多的创业机会，引领大量的技术发明和创造，挖掘和实现天量的产业价值。

图 2-19　苹果公司的产品

2.2.2.2 全球化战略

国际化战略和全球化战略有很多类似，但是又有本质的不同：从企业战略的角度来说，企业的国际化战略阶段是以本国为基地向全世界辐射，但是全球化战略阶段是在多个国家形成自己的品牌。所以，这一点是有非常大的不同。国际化战略阶段主要是出口，初期阶段是在本土化创造自己的品牌。

对设计而言，全球化设计战略是指产品针对全球消费者进行统一设计和标准化大量生产，并冠以同一品牌在全球行销。这种战略被使用的假设前提是：产品所有的人为因素被谨慎地综合起来，而顾客的爱好也在全球范围内高度一致。其实这种可能性很小，历史上，福特的 T 型车、大众的甲壳虫汽车都是成功的全球化设计产品。因此，这种设计战略，应在进行充分的国际市场分析，充分考虑产品性质、产品名称、企业实力等多种因素后谨慎选择。经济全球化，必然带来不同文化的冲击和磨合，而不同的文化在相互融合的同时，又会保留自己的特色。设计需要创造，但创造是有基础的，因为不同国家和地区有着不同的地域环境、气候条件、经济情况、人文思想、民族习惯等。表现在设计方面，每个国家、每个民族都要有自己的特色。因此，在设计战略的执行过程中，既要考虑国际化，使产品得到世界的认同，又要考虑本土的要素，使产品能够满足特定市场的需求。

2.2.2.3 本土化战略

本土化假设前提是，虽然消费者对某一品牌已经建立起了忠诚度和信任感，但是由于不同国家和地区消费者的习惯和需求的差异，该品牌要采取适应性措施与这些习惯和需求相匹配。本土化的核心是：企业一切经营活动以消费者为核心，而不是以商家的喜好、习惯为准绳，企业规范必须随地区性变化引起的顾客变化而改变，企业在同一品牌名称下生产的却是不尽相同的产品。企业在国际化或全球化的过程中，走出去跨国经营，不仅要创出国际品牌，还要使品牌在跨国经营中“本土化”。我们常说“入乡随俗”“到哪山唱哪山歌”，这些可以说是对本土化最好的诠释。图 2-20 为可口可乐 2003 年启用的中文标志设计，该标志的采用使得可口可乐这种“洋饮料”更加贴近中国广大的消费者。日本丰田汽车是全球化最成功的公司之一，它在全球尤其是美国的成功，与它一直以来重视当地消费者的需要，为本地提供个性化的定制产品的做法密不可分，丰田甚至还专门为北美市场定制了一个豪华车品牌——雷克萨斯。

图 2-20　可口可乐中文标志设计

1985 年，即雷克萨斯正式上市 4 年之前，丰田汽车就成立了专门小组，实地考察美国人的生活方式，确认客户的需求。因为符合美国豪华车消费人群的特定心理和需求，自 1989 年上市，雷克萨斯曾连续 11 年成为美国最畅销豪华车型，连续多年高居北美顾客和经销商满意度榜首，见图 2-21。

图 2-21 丰田雷克萨斯 2013 GS 350

2.2.2.4 多样化战略

“百货对百客”“货不全不卖钱”，这两句话都是中国的民谚，说的是百货业只有产品丰富，才能盈利。其实这两句话同时适用于零售业的上游——产品制造企业。多样化是在同一领域开发多种多样差异化的产品或服务。体现在产品系列上，如果一个服装厂只生产衬衫，这叫专业化，但如果生产分别服务于男女老幼、高矮胖瘦的衬衫，这就叫产品的多样化；而如果一个服装厂既生产衬衫又生产内衣，这叫产品的多元化。当代企业竞争焦点已集中于怎样才能更好地满足多样化的消费需求。这就要求在多样化的设计战略指导下，通过设计制造多样化产品来实现。德国的阿迪达斯、美国耐克公司都是通过生产款式新颖、型号繁多的鞋和服装，并在重大体育比赛中让运动员穿着自己的产品，从而获得了飞速的发展。想要了解消费者需求，就要加强与消费者的沟通和交流。在充分调研的基础上，对具有相同特点的消费者进行市场细分，为某类具有共性需求的消费者进行专门的设计。产品的多样化和差异化是经济全球化竞争加剧的产物，是企业经营的必然趋势，但产品的多样化无疑会增加设计工作量、增加生产系统调整的费用，使产品成本增加。因此，企业要在多样化和成本之间综合平衡。

2.2.2.5 标准化战略

企业标准化战略是企业总体战略的重要组成部分，是围绕标准而制订的、使企业在竞争中处于有利地位的总体谋划，是企业从自身的发展出发，利用标准这一武器，在技术与市场竞争中谋求利益最大化的方略。

（1）企业外部的标准化

在现今世界的经济领域，标准之争是最高层次的竞争，谁拥有自己的核心技术与标准，谁就能掌握“国际话语权”。目前，发达国家掌握了全世界 90% 以上的发明专利，控制着全球重要的技术标准的制定权，并通过掌握技术标准而掌握经济话语权。在尚没有共同标准的领域开发新产品，企业要争取将自己的产品纳入国际、国内标准，以保证企业在该领域的主导地位。以大屏幕液晶电视、数字化电视为例，因为刚研发出来时是新的产品类型，尚无国际标准可遵循，为了争取国际竞争中的主动权，日美两个技术发达国家都想抢先使自己的产品标准作为世界该类产品的主导。最后，为了保证自己不被排斥在外，两个国家达成合作，共同研制标准。这样在这个领域，日美就拥有了主导权，其他国家再进行此领域的研发设计时就要遵守日美制定的标准，处于被动地位。近些年来，中国企业高度重视和积极参与标准的制定，以海尔、华为等为代表的中国企业更是积极参与国际标准的制定并取得了令世人瞩目的成果。

（2）企业内部的标准化

企业内部的标准化是指企业自身设计、制造流程和产品达到简化、系列化、模块化、有序化，从而达到提高效率、提高质量、降低成本的目的。在产品设计中如果能在产品构成中运用若干成熟的、体现系列化产品特征的标准化设计模块，可以促使产品设计的多样化。

第一，一致化。一致化是标准化的一种形式，是指使对象的形式、功能、技术特征、程序和方法等具有一致性，并将这种一致性用标准规定下来，消除混乱，建立秩序。在产品形象设计管理中，要求设计形象统一，建立具有自己特质的设计风格，有助于企业的形象识别。例如图 2-22 所示，阿莱西公司设计的生活用品具有明显的家族特征；再如众多汽车品牌，即使不看 LOGO，仅凭形象设计我们就能分辨它们的品牌，这就是产品的形象设计识别的作用。在设计中体现企业设计风格并不是对自身产品特征一味地套用和模仿，而是通过建立一套完整的企业设计指导文件，用来控制企业的设计活动，让设计全面、正确地体现企业精神、经营理念和发展战略。

第二，通用化。人们在产品设计中往往倾向于一切从零开始，而忽略原有的工作成果。产品设计通用化可以最大限度地减少零部件在设计和制造过程中的重复劳动。最佳工作是对当前各种资源的最有效利用。在每个产品开发的过程中，通过最大限度地利用可以重复使用的设计和通用模块，提高产品组件的互换性，可以使设计更加快速有效地进行。

图 2-22 “一家人”，意大利阿莱西公司的产品具有统一的风格

第三，简化。简化是指对一定范围内的产品种类进行缩减。简化包括对产品外部的简化和产品内部的简化。产品的品质不仅是生产和检测出来的，也是设计出来的。构成零件越少越好，多一个零件就多了材料消耗，多了制造费用，更重要的是增加了零件就增加了使用过程中的故障源，所以设计应遵循更简、更精的原则。对于产品内部，通过零部件通用化，可以将零部件数量减至最少，减少生产工艺流程降低成本（以斯沃琪手表为例，经过不懈的努力，从最初的 155 个零件减少为最终的 51 个）；对于产品外部，则尽量根据市场反馈缩减对消费者来说无用的、不重要的设计要素，以尽量少的品种来满足广泛的需求。简化是对产品多样化的一种有益的补充和平衡。

2.2.2.6 知识产权与专利战略

所谓知识产权与专利战略是从本单位的发展出发，运用知识产权和专利这一武器，在技术竞争和市场竞争中谋求最佳经济效益并保持自己技术优势的谋略，是为获得与保持市场竞争优势，运用知识产权和专利制度提供的保护手段及专利情报信息，谋求获得最佳经济效益的总体性谋略。

随着经济全球化的不断推进，现在工业设计知识产权的竞争不仅是工业设计领域的竞争，更与国与国之间经济利益的争夺密切相关。知识产权、自主创新的战争，是一场新的“战争”，尤其在当今全球一体化的形势下，知识产权的争夺更为重要。国家或地区的实力既包括“硬”实力，又包括“软”实力。“软”实力越来越成为决定性的因素，对竞争力越来越重要，知识产权是“软”实力之一，是重要的竞争力，它的一个重要的作用就是区别对手，隔离竞争，从而成为国际贸易战略中最坚强的壁垒。中国很多企业对目前国际上新的知识产权游戏规则不了解，让国外一些大企业和大跨国公司有机可乘，利用我们在知识产权方面的知识欠缺，采用“工厂未建、专利先行”的策略，一下子申请了几百个甚至上千个专利，这样既给他们自己筑起了一道专利壁垒，无形之中又打压了我们的科研立项和生产空间。

2.2.2.7 可持续发展战略

长期以来，在人类工业化的过程中，企业不注意环保，造成温室效应、不可再生的自然资源的耗费，以及大量污染物的排放，严重破坏了地球的生态平衡，引起了地球气候变暖，全世界范围内严重的自然灾害频发，把大量本来应由企业支付的环保成本转让给了社会。这对于人类的现在和未来而言，不仅不是善举，更是灾难和罪恶。许多企业界人士意识到企业不能单独追求财富的增长，而是必须同时考虑保护和增进社会福利。

所谓可持续发展是解决在不危害未来几代人的需求的前提下，尽量满足当代人的需求的问题。实现眼前利益与长远利益的统一，为子孙后代留下发展的空间。可持续设计是设计观念的进一步发展。“可持续发展设计”这一概念的提出，对于人性的回归及世界真正意义上的发展具有跨时代的意义。它体现出企业和设计师的道德和责任感，已成为 21 世纪设计发展的趋势。可持续发展是人们所应遵循的一种全新的伦理、道德和价值观念。其本质在于：充分利用现代科技，大力开发绿色资源，发展清洁生产，不断改善和优化生态环境，促使人与自然的和谐发展，人口、资源和环境的相互协调。就企业的角度而言，可持续发展就是要在估计资源、环境与生态三者均衡的基础上追求发展。目前可持续发展战略考虑的问题有：循环性、绿色能源、生态效应。

图 2-23 福特的可持续发展战略

福特可持续发展战略的核心目标是抓住一切可能的机会使用可循环和可再生材料，以取代不可再生的一次性材料在汽车上的使用。

目前，国际上很多跨国公司已经陆续公布并执行其产品的可持续发展要求。对汽车生产商来说，可持续发展不仅是一个要求，更是一个难得的机会。汽车厂商如宝马、福特等也高度重视可持续发展。福特 1990 年代成立了循环行动巡回小组，每年使 7 万吨废物得到重新利用；对废旧轮胎的充分转化利用，每年为福特节省 480 万美元的成本，见图 2-23。世界上第一台可以驾驶的插电式燃料电池混合动力车也是福特于 2007 年 3 月推出的。福特中国网站上有专门关于“可持续发展”的内容，其下又分为可持续发展理念、可持续发展要点、绿色产品、绿色制造、更美好的未来等子项目，充分宣传福特在可持续发展方面的努力，见图 2-24。

图 2-24 福特中国网站关于可持续发展的页面

随着信息技术的不断发展，信息共享的机会大大增加，世界变得日益扁平化和透明，商品背后的产业链亦然，以往秘而不宣的企业决策过程也日益变得透明化。不断枯竭的地球资源和持续恶化的生态环境促使越来越多的消费者对商品背后的产业链有了深入了解的欲望和更深刻的反思。欧美很多年轻一代的消费者只要了解某一品牌产业链的某一环节出现人道主义问题或是危害环境或生态问题，就会毫不犹豫地抛弃该品牌。瑞典著名的家居公司宜家本来是一家以重视可持续发展而著称的企业，但是在 2015 年因为砍伐受保护林地树龄超过 600 年的大树，被 FSC 森林管理委员会吊销了 FSC 森林认证。2018 年，美国快时尚品牌 H&M 因为将 60 吨全新的积压衣物付之一炬而被世人诟病。这些事件都极大地损害了品牌多年来精心维持的形象，也给品牌带来了巨大的经济损失。因此，企业必须对消费者和全社会持续发挥积极作用，否则将无法生存下去。近年来，苹果公司积极推出各种旧机型回收再利用服务，将回收来的设备经过官方翻新，重新进入市场售卖，或者将不能使用的设备的零部件运用适当的方式进行回收，以便进行循环利用。苹果公司甚至聘请曾担任美国环保署署长的丽莎・杰克逊（Lisa Jackson）担任苹果公司环境事务副总裁，充分显示了对可持续发展的重视。可以说，企业实施可持续设计战略，不仅是出于对人类、生态环境负责的态度，也是出于对维持品牌形象和经济价值的考量。

面对当今世界，应清楚地看到我们正在经历重大的改变。全球经济呈现这样的状况：发达国家放慢了速度，发展中国家则快速前进和扩张。人类开始计划发展以电力为中心的高新能源，倡导可再生资源，并以更环保的方式开采资源。全世界都意识到并承认，如果想要有未来，就要合理地生活。我国的情况是，2015 年 1 月 1 日，《环保法修订案》正式开始施行，让我国的环保法律跟上了时代，我国由此翻开环保的新篇章。2017 年，国家开始了最严格的环保监控，关停并转了一批污染重、产能低的企业。同年，开始了“新旧动能转换”的试点工作。这些政策进一步促使企业更加注重可持续发展，并通过设计创新和科技进步为人们创造更加美好的生活。企业应主动节约能源和降低其他不可再生的资源的消耗，尽可能减少企业活动对生态的破坏，积极参与节能产品的研究和开发，积极参与对诸如地球荒漠化和地球变暖等各种现象的研究和治理。

小结：对企业而言，设计是一种资源，它协调着科技、资本和商业，生态与资源，人类以及社会。设计必须具备长远的战略眼光，而不仅仅着眼于当下的竞争。苹果前 CEO 史蒂夫・乔布斯认为“设计是一种高端艺术，不可能在低层级完成”。苹果公司在商业上的成功也证明，设计一定是从企业高层决策开始重视和推进的，这和国内很多设计部门都是低层级的小部门，形成鲜明对比。对于商业社会而言，设计最重要的意义在于引领了创新变革，通过设计找回生活的本质，利润就会随之而生。企业经营战略是一个设计与商业策略相互作用的过程，罗伯特・G・库伯曾说“好的设计，失败的市场，赢得一场战斗，但输掉一场战争”。企业若想获得创新带来的效益，必须一手抓设计，一手抓市场。设计管理是一个过程，在这个过程中，企业的各种设计活动，包括产品设计、环境设计、视觉传达设计被合理化和组织化，使各种设计既符合企业整体形象的战略，又要具有鲜明的个性。设计引领创新，把设计放在足够高的层面应当成为未来企业领导层的坚定的战略目标，而设计创新意味着巨大的风险，因此，想要让设计成为一个公司胜出的利器，高层领导往往需要更加坚强的意志力。

2.3　形象设计管理

一个人有一个人的形象，一个产品有一个产品的形象，一个品牌有一个品牌的形象，一个企业有一个企业的形象。在今天，形象是无形资产，是竞争的砝码。“形象力”就是竞争力，企业之间的竞争，已经逐步从价格、产品和服务的竞争，发展到企业知名度和影响力之间的竞争，即企业在广大消费者心目中“形象”优劣的竞争。正因为如此，近年来企业形象为越来越多的企业家所关注，企业形象塑造已经成为企业经营战略的重要组成部分。

2.3.1 企业形象设计管理

传统企业的生存与发展必须依赖资金、人才、市场和技术等因素，但在经济全球化、竞争国际化的今天，一个企业只有具备良好的知名度和美誉度，即拥有代表企业文化理念、管理、技术等综合印象的形象力，才更容易发展壮大，甚至可以跨国界呼风唤雨，如耐克、皮尔・卡丹都是凭借良好的企业形象使其产品覆盖全球。图 2-25 展示了企业进行形象设计管理的动因。所谓形象力，是指通过塑造和传播优秀企业形象而形成的一种对企业内外公众的凝聚力、吸引力、感召力和竞争力，是隐含在企业生产经营背后的一种巨大的潜在力，是企业新的生产力资源。随着市场竞争的加剧，企业形象已成为企业竞争力强弱的重要标志之一。CI 的作用就是塑造企业形象，打造企业的形象力。

2.3.1.1 CI（Corporate Identity）概述

CI 是企业识别（Corporate Identity）的简写，是 20 世纪初期社会进入工业化阶段的产物。德国的彼得・贝伦斯是世界上第一个有意识地在企业中导入 CI 的设计师。他为 AEG 公司设计了三个字母形式的 LOGO，并将其广泛应用于公司系列产品、产品包装以及使用的办公用品上，由此形成整体识别，从而开创了实施统一识别系统的先河。随后，欧美的美孚石油、3M、可口可乐等企业先后导入 CI 设计并获得了成功。欧美的 CI 侧重于 VI，即视觉传达的标准化。日本导入 CI 较欧美企业晚约一二十年，但日本将欧美以 VI 为主的 CI 扩展为 MI，BI 和 VI 三者构成的 CIS 系统（Corporate Identity System），更加侧重于明确认知企业理念和经营方针的变革，将 CI 作为一种明确认知企业理念和企业行为的活动。1988 年，中国广东的太阳神集团首先导入 CI 策划并获得成功。其后，伴随着中国经济蓬勃发展的大环境，CI 在中国获得了快速的发展。在继承欧美和日本 CI 设计的特点上，中国的 CI 在发展中也逐渐形成了自身更加富有民族文化底蕴和注重战略的特色。

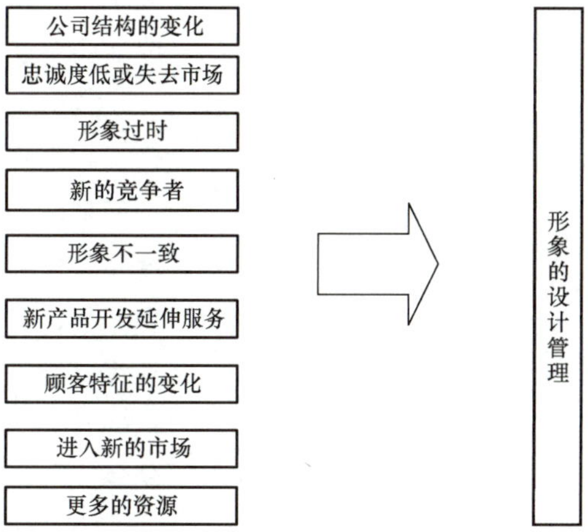

图 2-25　形象设计管理的动因

企业导入企业形象识别的目的是塑造良好的企业形象（Corporate Image）。CI 设计的起点是将构成企业形象的要素转化成统一的识别系统，然后再借助于信息传达将其准确、清晰地展示在公众面前，在信息传送者和接受者之间反复的相互作用过程（信息传递与信息回馈）中形成符合 CI 设计的企业形象。企业形象并不是一成不变的东西，随着环境的变迁、社会价值观的改变，企业必须通过再定位，调整经营理念来塑造新的企业形象。大量的企业正是因为其原有形象不能适应于日趋激烈企业形象竞争的需要，才求助于CI这一系统的手段，这也正是CI产生和发展的深厚基础。可见，“企业形象”既是CI的出发点，同时也是CI达成的目标。

在企业识别的战略思想指导下规划出的整套识别系统，称作“企业识别系统（Corporate Identity System）”，简称CIS。这说明，CI或CIS最初的表征就是：设计与展示一整套区别于其他企业、体现企业自身个性特征的标识系统，以突出企业形象，并以此达到在市场竞争中获胜的经营战略。也可以说，CIS是CI战略的实施系统，是一个可以规范、可以控制的、能够保证CI战略顺利实施的具体操作系统。也有日本学者把CIS看成是“Corporate Identity Strategy”的缩写，并译为“企业识别战略”，是对企业识别的有关要素（理念、行为、视觉）进行全面系统的策划、规范，并通过全方位、多媒体的统一传播，塑造出独特的、一贯的优良形象，以谋求社会大众认同的战略。

2.3.1.2 CI的基本构成

CI系统是由MI（Mind Identity，理念识别）、BI（Behavior Identity，行为识别）和VI（Visual Identity，视觉识别）三方面构成，见图2-26。

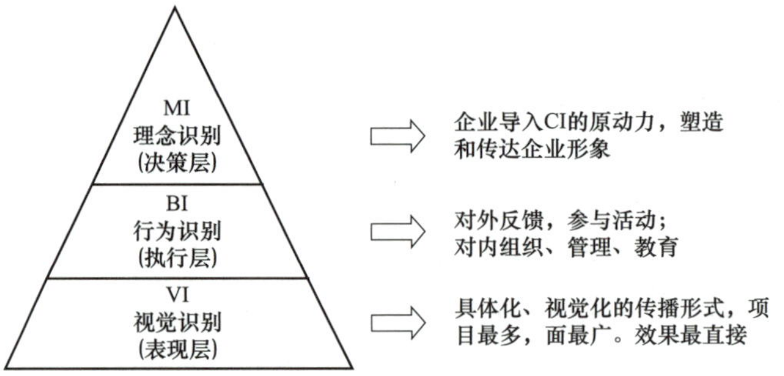

图2-26　CI的构成

（1）MI：理念识别。

它是整个CI系统的核心和原动力，因为它规划企业精神，制订经营策略、经营信条，决定企业个性特点等。从其包含的内容看，MI是CI的灵魂所在，是CI的最高决策层和策略面，能否开发完整的企业识别系统，全在于理念的建立与坚持，许多成功的企业都证明了这一点。

（2）BI：行为识别。

它是企业实际经营理念与创造企业文化的准则，对企业运作方式所作的统一规划而形成的动态识别形态。它以经营理念为基本出发点，对内是建立完善的组织制度、管理规范、职员教育、行为规范和福利制度；对外则是开拓市场调查、进行产品开发，通过社会公益文化活动、公共关系、营销活动等方式来传达企业理念，以获得社会公众对企业识别形式的认同。BI直接反映企业理念的个性和特殊性，包括对内的组织管理和教育，对外的公共关系，促销活动，资助社会性的文化活动等。

（3）VI：视觉识别。

以标志、标准字、标准色为核心展开的完整的、系统的视觉表达体系。将上述的企业理念、企业文化、服务内容、企业规范等抽象概念转换为具体符号，塑造出独特的企业形象。在 CI 设计中，VI 设计最具传播力和感染力，最容易被公众接受，具有重要意义。通过 VI 设计，企业可以在内部使员工获得认同感、归属感，加强企业凝聚力；对外则可以树立企业的整体形象，资源整合，有控制地将企业的信息传达给受众。通过视觉符码，不断强化受众的意识，从而获得认同。统一、简洁、优美的企业视觉形象设计能让公众看后产生耳目一新的印象，会不自觉地接受企业形象的渗透。因此，成功的 VI 设计对公众接受企业及其产品会产生深远的影响。

2.3.1.3 CI 的基本要素

在 CI 的具体设计过程中，所涉及的基本要素通常有以下六种。

（1）企业标志。包括代表企业整体的企业标志及商品上的商标图样。

（2）企业名称标准字。通常是指公司的正式名称。以全名表示或是省略，依企业的使用场合，来决定略称和通称的命名方式。

（3）品牌标准字。原则上是以公司所在地的官方语言来设定，足以代表公司产品的品牌。

（4）企业的标准色。用来象征公司的指定色彩，如海尔集团的海蓝色，宜家的蓝色和黄色，柯达的黄色等。通常采用 1~3 种色彩。

（5）企业标语。指对外宣传公司的特长、业务、思想等要点的短句，如海尔公司的“海尔真诚到永远”，小米公司的“小米，为发烧而生”等。

（6）专用字体。包括公司主要使用的文字、数字等专用字体，还包括主要广告和促销等对外使用的字体，并规定宣传用的字体。

在具体内容上应包括公司旗帜、徽章的设计，公司文件、信封、信纸、便条纸、名片等样式的设计，企业服装制服样式的设计，企业 MI、VI 在企业广告、包装等媒介上的传播形式等。最终要形成 CI 手册。

2.3.1.4 CI 的作用

实施 CI 有助于企业建立良好的企业形象，提高管理水平和员工素质，主动适应竞争激烈的国内外市场；有利于创造名牌产品和名牌企业；有助于提高企业所在地区的经济竞争能力，树立政府的良好形象；有助于新的经济增长点的产生等。

20 世纪 90 年代，大陆兴起 CI 热，很多新兴公司委托设计机构做了很多假大空的视觉形象设计，产生了大量“人有我有”的厚厚的设计手册，内容多公式化地套用和照搬。香港设计师靳埭强针对这种乱象，提出建立“真善美”的企业形象。所谓“真”，即“真的形象、真的本质”；所谓“善”，即“善的观念、善的行为”；所谓“美”，即“美的内在，美的外在”。此间，他为中国银行设计的 CI 系统（如图 2-27），成为公认的中国现代企业形象的经典。

图 2-27 中国银行标志

中国银行的行标设计，将外圆内方的古钱币造型与“中”字结合，是中国银行史上第一个银行标志，其后包括工商银行在内的很多大型银行的标志设计都受到这款标志的影响。

总体来说，中国企业的 CI 还处于探索之中。由于时代的局限性，目前的市场竞争机制尚不健全，企业普遍对 CI 缺乏了解，加上经济力量的限制，对这方面的需求是实用性的当务之急。当前导入的只是片面的局部的 CI，即实际上的“VI”的成分较大。另一方面，CI 理论最初是由设计界引入的，设计师可能认为 CI 中的 VI 部分才是自己所能胜任的，而其他的 MI 和 BI 部分是自己不能担负的，或至少还要经过一段学习和探索的过程。但实际上，如果产生了 MI、BI 与 VI 脱离的情况，CI 就不可能完善和彻底地实行。只有在科学认识 CI 是什么的基础上，从 VI、MI、BI 等三个方面入手，从企业的决策层抓起，结合公司品牌战略、营销公关策略和企业文化立体地来完善 CI 才能够达到效果。强调 CI 导入与管理水平的齐升并举，通过规范和系统的有效实施，把企业的理念贯穿于企业的一切活动以及员工的行为之中。只有这样，才能使 CI 战略真正获得成功，企业才能从整体上和根本上提升、改善形象。

案例 2.9 中国国际航空公司的 CI 设计

中国国际航空公司（以下简称“国航”）作为中国唯一载国旗飞行的航空公司，承担中国国家领导人出国访问专机和众多外国元首、政府首脑等的包机任务。2003 年，在面对外部市场竞争加剧，企业活力衰退的情势下，强烈的改革创新意识成为国航选择 2003 年全面导入和完善 CI 的驱动力。

国航的视觉识别（VI）系统已经比较规范。公司标志为韩美林设计的凤凰，如图 2-28 所示。在中国传统文化中，凤凰是尊贵的百鸟之王，是美丽、吉祥、华贵的象征，而且标志于有意无意之间，呈现出“贵宾”一词的英文缩写——VIP（Very Important Person），也正是体现了中国传统文化中重“礼”的道德观。公司的全称“中国国际航空公司”，是中国改革开放的总设计师邓小平手书字体，具有特殊的意义和个性化识别效果。国航的英文简称为“AIR CHINA”。上述三大要素，加上现有标准色（图 2-29），构成了国航视觉识别（VI）的核心元素。在导入 CI 的规划中，只需进一步系统规范即可，无须重新设计，因此，国航导入 CI 的重头戏，是理念识别（MI）和行为识别（BI）设计。

AIR CHINA
中国国际航空公司

图 2-28　中国国际航空公司标志设计（韩美林设计）

图 2-29　中国国际航空公司标准色

广州亚太 CI 战略研究所凭借出色的提案，获得了国航的 MI、BI 设计任务。在投标前，该研究所对国航导入的 CI 背景、方向、目标和设计重点，进行了潜心的研究和核心理念要素设计，并提出了核心理念“服务至高境界”和经营理念“爱心服务世界”的设计方案。提出以“服务”二字作为设计原点，建立和提升国航“服务品牌”形象，从而区别于同行竞争对手作为设计方向，以 MI 构建国航全新的思想价值观体系，作为创新企业文化建设的核心，为国航注入新鲜活力，提升品牌竞争力。

CI 制订的策略如下：

① 重新定位企业愿景——一家以优质服务著称的国际主流航空公司；

② 以建立和提升具有明显区别性的国航高品位服务品牌为主导方向进行 CI 设计；

③ MI、BI 和 VI 系统的完整统一，共同体现“百鸟之王”的形象个性和品牌地位；

④ 加大推广力度，给外界以全新的国航新形象概念和文化品位。

MI 的部分条文如下：

企业愿景——一家以优质服务著称的国际主流航空公司；

核心价值观——服务至高境界；

经营理念——爱心服务世界；

服务理念——“五心”服务（真心、诚心、热心、细心、耐心）；

企业精神——创新导航未来；

服务模式——共享式满意服务；

人才观——激情、活力、品质、业绩；

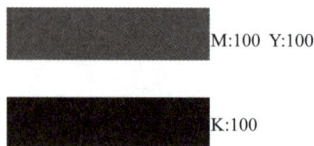

……

国航的 BI 设计的重点，突出了个人形象标准与要求，与管理相衔接的行为规范。包括服务理念、服务意识、服务模式、服务水准，要求全体成员从灵魂深入转变服务意识，建立“爱心服务”理念。

国航这套 MI、BI 设计，经过公司内部高、中层领导人士与亚太研究所经过多次研讨、修改、完善，历时近两年时间。双方在其间均投入了大量的智慧和劳动，最终获得满意成果。国航的 CI 执行部门在 CI 推导中加强对高、中层领导的 CI 培训工作，统一形象管理，加大形象宣传与品牌推广力度，与专业机构建立良好技术协作和支持关系，见图 2–30~ 图 2–32。

国航导入 CI 的效果是十分明显的。通过全面导入 CI 系统设计，对公司形象进行整合传播，取得显著效果。“凤凰标志”与“服务至高境界”“爱心服务世界”理念的组合传播，有力地提升了公司国际品牌形象和行业主导地位。CI 导入为国航的企业形象、品牌、文化建设和经济运行，带来无形的推动力。

图 2-30　中国国际航空公司客机

图 2-31　中国国际航空公司空勤制服设计

图 2-32　中国国际航空公司 CI 手册

2.3.2 品牌形象设计管理

2.3.2.1 品牌概述

品牌战略专家马塞尔·波顿（Marcel Botton）认为，“品牌就是一切。一个名字，一个 LOGO，一个设计，一栋建筑，一段声音，一种产品形态……，这些都是品牌”。市场营销学家菲利普·科特勒认为，品牌是一种名称、术语、标记、符号或图案，或是它们的相互组合，用以识别某个销售者或是某群销售者的产品或服务，并使之与竞争对手的产品或服务相区别（见图 2-33）。消费者买一个产品，获得的是产品的利益，而如果消费者买的是有品牌价值的东西，就会获得品牌价值的利益。

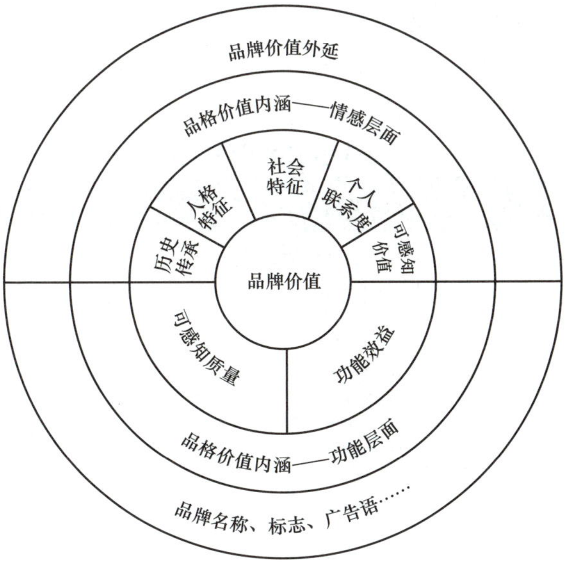

图 2-33　品牌价值图

品牌代表了企业的产品和服务，不仅向消费者传达品牌所有者的价值和责任感，还是企业开发市场、开疆拓土的利器，是企业成就百年基业的基石，也是企业表达自身文化和个性、凸显自身价值的旗帜，是企业的资产和市场竞争力。品牌竞争力是企业核心竞争力最持久的外在表现。由于充分和完全的市场竞争，只有将企业的核心竞争力转化表现为品牌竞争力，才可以保证企业的健康发展。品牌给企业带来溢价、产生增值，一个广为人知、备受尊崇的品牌是企业宝贵的无形资产。在市场中，强有力的品牌形象可以使企业在与零售商和其他市场中介机构的关系中占据有利的市场地位。

品牌竞争力包含了企业在资源、能力、技术、管理、营销、人力资源等方面的综合优势，是形成并实现企业可持续增长的动力源泉，是企业提升无形价值的主要驱动力。在科技高度发达、信息快速传播、产品同质化的今天，产品、技术及管理诀窍等容易被对手模仿，难以成为核心专长，而品牌一旦树立，则不但有价值并且不可模仿，因为品牌是一种消费者认知，是一种心理感觉，这种认知和感觉不能被轻易模仿。一个成功的品牌可以对企图推出自己同类产品的竞争对手形成进入壁垒。企业通过符合定位的品牌来突出自己的商品，使企业与其竞争对手区分开来，提升企业的品牌资本即可以提升其在市场中的竞争力。品牌不仅使企业获得较大的经济利益，其社会效益也是深远的，例如解决就业问题，增加国家税收，刺激消费等。

制造兴国、品牌强国，品牌已经成为大国之间国力对照和较量的主要载体。在国际市场上，国家品牌是一个国家的名片，也是一个国家综合实力的代表。一个国家实力强大与否，不仅要依托于制造的实际水平，还越来越依托于是否在科技、制造、生物制药等领域拥有全球顶级品牌。因此，日本前首相中曾根康弘曾说："在国际交往中，索尼是我的左脸，松下是我的右脸。"德国首相默克尔说："德国造就是我们响当当的品牌。"世界品牌实验室主席、诺贝尔经济学奖获得者罗伯特·蒙代尔 (Robert Mundell) 教授分析说，"现代经济的一个重要特征就是品牌主导，我们对于世界经济强国的了解和认识大都是从品牌开始的。政府官员应该和企业首脑一样，加强品牌策略研究，因为品牌是区域经济中鲜活的生命体，也是其核心竞争力的最直接体现"。中国尽管制造业规模和实力在国际上处于第一军团，但是在国际市场上的国家排名和综合实力还与美国、德国等发达国家存在差距，和我们国家的经济体量和人口总数不相称，见表 2-4、表 2-5。

表 2-4　部分国家的代表品牌和产业

国家	代表品牌	代表产业
美国	苹果 亚马逊 微软 IBM 麦当劳 迪士尼	信息产业 服务业
德国	大众 宝马 奔驰 万宝龙	制造 技术 啤酒业
法国	香奈儿 迪奥 路易威登	时尚 奢侈品
日本	索尼 丰田 本田 雅马哈	电器 汽车
意大利	法拉利 阿莱西 兰博基尼	时尚产业 汽车
韩国	三星 现代 起亚	数码产品 汽车
瑞士	浪琴 天梭 欧米茄 斯沃琪 百达翡丽	制表业 钟表
中国	华为 海尔 格力 联想 百度 阿里	制造业产品

表 2–5　中国企业品牌排名情况举例

年份	发布机构及名称	中国企业上榜数字	备注
2016	财富：世界 500 强	110 家，集中在金融、地产、保险、贸易	美国列第一
	福布斯：全球 100 个最有价值品牌排行榜	0	美国列第一，前 10 中 9 个为美国品牌
	Interbrand：全球最有价值品牌 100 强排行榜	2 家：华为 72，联想 99	美国列第一
	世界品牌实验室：世界品牌 500 强	36 家：茅台、青啤、中国银行等	美国 227 家，列第一
2017	财富：世界 500 强	115 家，大陆 109 家，集中在金融、地产、保险、贸易	美国列第一
	福布斯：全球 100 个最有价值品牌排行榜	仅华为以 73 亿美元列 88 位	总数美国列第一，公司苹果列第一
	Interbrand：全球最有价值品牌 100 强排行榜	2 家：华为 70，联想 100	美国列第一
	世界品牌实验室：世界品牌 500 强	37 家：腾讯、华为、五粮液、中国国航等	美国 233 家，列第一，中国列第五
2018	财富：世界 500 强	120 家：国家电网、中石化、中石油等	美国 126 家，中国第二
	福布斯：全球 100 个最有价值品牌排行榜	仅华为以 84 亿美元列 79 位	总数美国列第一，公司苹果列第一
	Interbrand：全球最有价值品牌 100 强排行榜	仅华为 68 位	美国列第一
	世界品牌实验室：世界品牌 500 强	38 家：CCTV、中石化、海尔、华为等	美国 223 家，列第一，中国列第五
2019	财富：世界 500 强	129 家：中石化、中石油、国家电网、中车、格力、小米等	中国第一，美国 121 家，列第二
	福布斯：全球 100 个最有价值品牌排行榜	仅华为以 80 亿美元列 97 位	总数美国列第一，苹果以 2055 亿美元列第一
	Interbrand：全球最有价值品牌 100 强排行榜	仅华为 74 位	美国列第一
	世界品牌实验室：世界品牌 500 强	40 家：国家电网、腾讯、长虹、徐工等	美国 208 家，列第一，中国列第五

扫二维码关注公众号，可阅览中国企业品牌排名更新情况

剑桥大学制造业研究院斯蒂芬·埃文斯教授 (Steve Evans) 说，“中国制造大而不强，必须技术和品牌两条腿走路”。从制造大国向品牌大国升级是中国崛起的必经之路，因此，我们的企业更应该加强对于品牌的思考和建设，不断增强品牌实力，提高中国品牌在国际市场上的知名度。2014 年，习近平总书记提出要实现“中国制造向中国创造转变、中国速度向中国质量转变、中国产品向中国品牌转变”；2015 年 5 月，国务院印发《中国制造 2025》，要求发挥品牌的引领作用，助推中国经济“结构性改革”一臂之力，“品牌战略”已上升为国家战略；2016 年 6 月，国务院印发《关于发挥品牌引领作用推动供需结构升级的意见》；2016 年 9 月正式发布“国家品牌计划”，11 月份正式启动，助推“中国产品向中国品牌转变”，旨在寻找、培育、塑造一批能够在

未来 30 年代表中国参加全球商业竞争和文化交流的国家级品牌，实现“中国造”的伟大复兴；2017 年 5 月，国务院批准国家发改委的提议，决定将每年的 5 月 10 日确定为“中国品牌日”。以上种种政策，必将进一步推进我国企业的创新发展和品牌建设。

2.3.2.2 品牌形象的概念

有没有优秀而鲜明的品牌形象，是衡量一个品牌成功与否的重要评价指标。每逢提及那些世界著名品牌，人们的脑海里会浮现出它们独特的品牌形象：“万宝路”（Marlboro）是西部牛仔的形象，“麦当劳”（McDonald's）是快乐、亲和的形象，“奔驰”（Mercedes-Benz）是庄重、尊贵的形象等。这些成功的品牌形象，都是品牌所有者根据其自身战略和目标消费者心理而精心设计的，能够被其消费群体认同和接受，形成消费者偏好，甚至对该品牌产生狂热的追求。

利维对品牌形象的定义从心理学的角度进行了分析。他认为，品牌形象是存在于人们心理的关于品牌的各种要素的图像和概念的集合体，主要是品牌知识及人们对品牌的总体态度。

罗诺兹和刚特曼从品牌策略的角度提出，“品牌形象是在竞争中形成的一种产品或服务差异化含义的联想的集合”。他们还列举了品牌形象操作的策略性途径：产品认知、情感或印象，信任度、态度、形象个性等。

斯兹提出，品牌应像人一样具有个性形象，这种个性形象不是单独由品牌产品的实质性内容确定的，还应该包括其他一些内容……至此，对品牌形象的认识进入到品牌的个性层次。

帕克等人提出，“品牌形象产生于营销者对品牌管理的理念中，品牌形象是一种品牌管理的方法”。他们认为任何产品或服务在理论上都可以用功能的、符号的或者经验的要素来表达形象。

尽管学术界对品牌形象的定义有很多，但就其实质内容来看，都是相近的。概括以上观点，可以说，品牌形象是消费者对某一品牌的总体印象和判断。这一印象和判断是消费者在与该品牌长期接触的过程中产生的，并通过消费者的品牌联想得到强化。企业品牌管理的最终目标，就是在目标消费者群体心目中建立起企业所希望的品牌形象。

2.3.2.3 品牌形象的作用

品牌形象不仅能使品牌产品在更大的广度和深度上吸引顾客，而且能更加有效、圆满地实现品牌的综合指标。品牌通过高质量的设计和塑造，形成良好的品牌形象，就可以提升品牌的知名度、信誉度，为企业带来丰富的经济效益与社会效益。具体来说，品牌形象的作用主要表现在以下几个方面：

（1）提升市场竞争力。

随着经济的不断发展，人们的生活水平不断提高，消费观念也发生了根本性的转变。消费者在购买商品时往往选择质量高、性能好的商品，拥有良好品牌形象的商品成为他们的首选。品牌形象不仅具有产品属性，而且具有市场营销属性。品牌形象好的产品具有较强的市场号召力。随着竞争日趋激烈，品牌形象成为企业间竞争较量的一个重要筹码，成为企业进入新市场、抵御其他竞争对手的利器。

（2）增强文化内聚力。

品牌形象是一种文化品位和文化魅力。良好的品牌形象具有强大的辐射功能，能够在潜移默化间改变公众的价值取向、提高他们的文化修养、审美趣味，以及推动社会文化的发展。对外，可以赢得公众的好感，吸引高素质的人才加盟；对内，可以增强凝聚力，调动员工的积极性、主动性、创造性。

（3）使公众对产品产生偏好。

品牌形象是树立在社会公众心中的，它能满足公众的心理需求，对公众产生深刻的影响。品牌形象一旦得到公众的认同，就会与公众建立一种亲切感，使他们对品牌产生情感。

品牌形象可以用品牌知名度和品牌美誉度两项指标来考察，其他指标还包括品牌的放映度、注意度、认知度、美丽度、传播度、忠诚度和追随度等。

2.3.2.4 品牌形象的构建

据估算，在20世纪末的美国，要为一个小品牌建立起好的品牌形象，需要花费大约3000万美元，历时5年时间。由此可见，要建立一个成功的品牌形象绝非一蹴而就的事情，这是一个需要耐心、周密计划、金钱和时间的过程。品牌是沟通企业和消费者的桥梁，而品牌所有者在建立品牌形象的过程中始终处于主导地位，通过一系列品牌规划、设计、管理、传播等活动，引导消费者对品牌形成良好印象，逐步建立起统一、持久、鲜明的品牌形象。这一过程将是相当复杂和漫长的。

（1）品牌形象的构成内容。

良好的品牌形象深深地吸引着消费者，是企业在市场竞争中的有力武器。品牌形象内容主要由两方面构成：第一方面是有形的内容，第二方面是无形的内容。

品牌形象的有形内容又称为“品牌的功能性”，即与品牌产品或服务相联系的特征，是品牌产品或服务能满足消费者功能性需求的能力。例如，洗衣机具有减轻家庭负担的能力；照相机具有留住人们美好的瞬间的能力等。这是最基本的，是生成品牌形象的基础。人们一接触品牌，便可以马上将其功能性特征与品牌形象有机结合起来，形成感性的认识。

品牌形象的无形内容主要是指品牌的独特魅力，是营销者赋予品牌的，并为消费者感知、接受的个性特征。随着社会经济的发展，商品丰富，人们的消费水平、消费需求也不断提高，人们对商品的要求不仅包括了商品本身的功能等有形表现，也把要求转向商品带来的无形感受和精神寄托。品牌形象的无形内容主要反映了人们的情感，显示了人们的身份、地位、心理等个性化要求。

（2）品牌形象的驱动要素。

1）产品或服务自身的形象。产品或服务的功能性是构成品牌形象的内容基础，产品或服务的形象从硬性表现形象有价格、速度、功能、耐用性、舒适性、应用等，从软性表现可能为青春感、高雅、体面、珍爱、豪放、贵族、魅力等。

2）产品或服务提供者的形象。产品或服务提供者形象也是驱动品牌形象的重要因素，硬性的指标包括科技能力、企业规模、资产状况、服务状况、人员素质等。利用已有的形象资源树立新的品牌形象是企业常采用的做法之一。例如，法拉利品牌的延伸品大多采用法拉利经典的红色。

3）使用者的形象。“使用者”主要是指产品或服务的消费群体，通过使用者的形象，反映品牌形象。使用者形象是驱动品牌形象的重要因素，其硬性指标包括使用者年龄、职业、收入、受教育程度等，软性指标包括生活形态、个性、气质、社会地位等。品牌形象与使用者形象的结合：一种情况是通过使用者内心对自我的认识来实现联想，另一种情况是通过使用者对自己的期望及期望的形象状态来实现。从心理学的角度讲，这两种情况往往是借助了人们对自己的评判，认为自己从属于一个群体或希望从属于一个群体就应该有这样那样的行为。

以上三者对品牌形象的影响在不同的产品特性、文化背景、人文个性等条件下是不一样的，应注意判断三者如何影响品牌形象，加强其驱动作用。

（3）建立品牌形象的步骤。

企业在建立自己品牌在消费者心中品牌形象的过程中，大致可以分为三个步骤来完成。

第 1 步，确立品牌核心价值和品牌文化。

品牌核心价值是品牌的灵魂，是贯穿品牌建设各个环节，指导品牌管理各项工作的总的方针。一切品牌活动的开展，都应当服从和服务于品牌核心价值。可以说，品牌管理就是以品牌核心价值为指导，在消费者心中建立起良好品牌形象的活动。这足以体现出品牌核心价值在品牌管理活动当中的重要地位和作用。

有些品牌直接将其核心价值通过广告等方式告知消费者，例如 IBM 的“THINK”、苹果的“Think Different”、海尔的“真诚到永远”；但也有很多优秀品牌，如微软（Microsoft）、通用汽车（GM）、迪斯尼（Disney）等，它们并没有将它们品牌的核心价值直接描述给消费者，而是通过相应的品牌传播活动，对其进行演绎或诠释，在消费者心中建立起统一、持久、鲜明的品牌形象。

品牌核心价值有（产品或服务的）功能属性、情感属性和价值属性三种类型，可以从三个角度中的任一种来定义品牌核心价值，如表 2-6 所示。

表 2–6　品牌的核心价值属性

属性	说明	举例
功能属性	强调品牌在满足消费者的基本商品需求上的独特优势，突出其品牌的核心价值	沃尔沃（Volvo）的安全性能； 宝马（BMW）的操控性能
情感属性	定义品牌核心价值，主要是基于消费者对某些事物的情感需求。这些情感需求包括：亲情、爱情、友情、事业成就感、家庭的温馨和谐、赞扬、关怀、人际关系等	水晶之恋（果冻）代表爱情； 金利来（服饰）标志着成功
价值属性	表现为品牌的追求，这种追求源自于目标消费者对生活某方面的追求。消费者可以通过消费该品牌的产品或服务，来满足或体现自己对生活的追求	通用电气（GE）表现为对未来和梦想的追求； 耐克（NIKE）代表突破自我，超越自我等

世界上的知名品牌大多拥有自己的品牌文化，文化是塑造品牌的决定性要素，品牌蕴含的文化传统和核心价值取向是决定品牌能否长久、占据市场的关键。品牌的核心价值应植根于品牌文化当中，是对品牌文化的提炼和升华。如果品牌的所有者拥有足够的远见，并能深入理解和守护品牌的核心价值，该品牌才有可能在市场上不断发展壮大。围绕这种品牌核心价值的传播，才会在消费者心中留下些许印象，不会给人“速成品牌”的感觉。品牌文化是在品牌建立过程中逐步丰富和完善起来的，它承载了品牌的使命和追求，体现了品牌对消费者的关怀，是品牌与消费者沟通的情感基础，它赋予品牌精神，将消费者对产品的需求上升到情感的高度，

赋予产品生命和活力。品牌文化的建立是一个漫长的过程，是品牌成长过程中不断发展而积淀起来的，是企业不断适应市场和消费者需求，进行广泛的交流沟通而建立起来的。品牌文化体现在品牌与消费者、市场的每一次接触中，消费者购买产品，也就认可和选择了该品牌的文化。“我消费什么，我就是什么”。今天消费者是通过那些看起来琐碎而平庸的购物活动来明确自己的身份，通过购买和使用不同的品牌，给自己贴上“我是谁”“我是什么”的标签。

现在有一种方法是用“品牌图腾”来概括和表现品牌文化。其做法是找到能代表品牌核心价值和品牌文化的事、物、人或者某个画面，向消费者描述品牌的内涵，营造出品牌具有深厚文化底蕴的效果。这也是广告片中用来诠释广告主题的一种常用手法。但不同于单个广告片的是，作为品牌图腾而出现的事、物等，将是该品牌传播活动的长期构成要素，必须保持长时间的一致和稳定。品牌图腾可以很形象、生动地向消费者传达出品牌的文化内涵，这种方式是易于被消费者接受的，也便于使消费者在受到品牌传播信息刺激时，迅速联想和回忆起品牌形象，形成持久的记忆，例如“七匹狼”品牌的彪狼，安卓系统的绿色小机器人，“万宝路”的西部牛仔形象、爱马仕品牌的马和橙色包装盒等，见图 2-34。这些品牌的形象代表是显性的，还有一种是隐性的，例如最初的圣诞老人是绿色的，变成今天这个红白相间，充满喜庆的造型是世界上最具品牌价值的公司——可口可乐一手策划实施的结果。如今，当各个商家在圣诞节通过圣诞老人形象为自己的销售做代言时，当媒体连篇累牍地报道圣诞节活动时，实际上都是在为可口可乐的品牌资产做增值。换句话说每到圣诞节，大家都在帮助可口可乐做推广，因为红衣圣诞老人的经典形象已经深入文化基因，在每个人的潜意识里得到永生。

图 2-34 爱马仕的形象代表——马（爱马仕之旅香水广告）

第 2 步，设计和组织品牌形象要素。

在确立了品牌核心价值和品牌文化要素之后，企业需要做的就是在品牌核心价值和品牌文化的统领下，设计和组织各种品牌形象要素。这些要素要能与消费者品牌联想的内容相匹配，在最大程度上控制和把握住消费者的心理活动，按照企业所设计的要素构建品牌形象。品牌所有者需要设计和组织的品牌形象要素包括：公司形象、使用者形象、产品或服务形象、消费者利益、品牌视觉识别、品牌个性等。

1）公司形象。绝大多数时候，公司形象对品牌起着担保作用，能够影响消费者对品牌的信任程度。知名企业推出一个新品牌，比消费者从未听说过的企业推出一个新品牌更容易获得成功。这是因为消费者对知名企业的背景有一定程度的了解，这些企业的形象已经存在于消费者的心中，在同等条件下，消费者更倾向于选择自己熟悉公司的品牌。所以，企业要做的就是将本企业的优势展现给目标消费群体，让消费者知道企业的技术实力、资金实力、研发实力或者专业化水平等，给消费者以可靠、值得信赖的印象。广告宣传和公益活动通常是提高公司形象的有效办法。

图 2-35 美国电影《穿普拉达的女魔》The Devil Wears Prada 剧照，2006 年出品。该剧主人公某顶级时装杂志的总编（左）和她大学刚毕业的秘书（右）就是差异明显的两类消费群体的代表

2）使用者形象。使用者形象应来源于品牌的目标消费群体。若品牌产品的目标消费群比较狭窄，那么这个群体的消费者就具有相似的年龄、职业、收入、受教育程度、生活形态、个性、气质、社会地位等，与其他群体的差异化比较明显，使用者形象也比较容易塑造，便于使消费者对号入座，见图 2-35。如果产品的目标消费群比较宽泛，行业、年龄层差异不明显，则使用者形象则较难归纳和塑造。进行品牌产品使用者形象设计时，要先对目标消费群体的情况进行调查了解，对消费者

需求、追求和想法、生活环境和生活方式、工作和情感、观念等进行综合分析，找出能代表该消费群体共性的特征，并将其提炼、浓缩，放入品牌传播的各种信息当中进行广泛传播。由于这些共性特征是目标消费群体所普遍具备或者追求的东西，比较容易得到消费者的认同和接受，与消费者拉近距离。对于那些目标消费群比较宽泛的品牌，可以将一些人们公认为美好的情感、性格特点融入品牌传播当中，增加品牌形象的亲和力。

3）产品或服务形象。产品和服务形象是与消费者接触的前沿，也是有效占领消费者心智资源，建立成功品牌形象的重要手段。企业在为品牌进行设计时，应充分了解其目标消费者群体的价值观和审美水平，按照消费者的喜好进行设计和生产。同时，品牌商品的相关设计，也须与该品牌所表达的核心价值和文化相互一致，至少不能互相冲突，见图 2-36。

案例 2.10 无印良品的品牌价值观与设计表现

图 2-36　无印良品 LOGO

无印良品是日本著名的生活方式品牌。其创始人之一的日本著名设计大师田中一光曾说“我讨厌生活习气，我们应该重视生活美学”。无印良品可以说是承载和表达日本美学最好的现代品牌之一，从最初的杂货店发展到具有世界影响力的品牌，得益于它在近 40 年的发展历程中一直秉持的“无品牌”的核心理念。站在消费者的立场，重新审视创造商品的出发点。“这样就好”“恰到好处”，无印良品的产品设计不断进行着减法，用极简的形态、简单的包装、整齐的陈列，从产品、包装、门店、广告、店面、网站等各个与消费者接触的触点上为消费者塑造自然、简约、质朴的新生活体验，以更低廉的价格，提供高品质的商品（见图 2−37）。

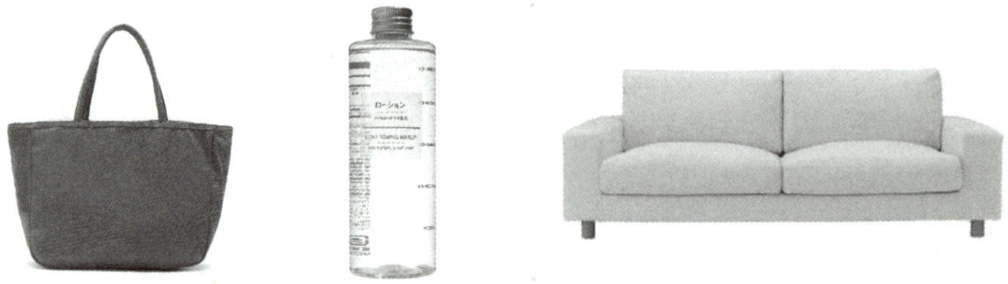

图 2-37　无印良品的设计充分体现了“无品牌”的诉求

4）消费者利益。消费者的品牌联想包括对品牌商品的使用预期，也就是消费者在使用品牌商品之前预计该品牌商品能够在多大程度上、如何满足其需求。消费者利益包括品牌商品满足其物质需求和心理需求两个方面。消费者物质需求的实现，主要是品牌商品的功能性属性对消费者利益的满足，如电冰箱的制冷功能、化妆品的美容功能、饮料的解渴功能等。而消费者心理需求则是通过品牌商品的情感属性对消费者情感、意识、心理的满足来实现的。

消费者利益的设计不宜过于夸大，脱离品牌商品的使用价值。否则就会造成品牌商品的消费者利益和消费者使用期望之间产生差距，这往往会对品牌形象造成极大伤害。然而过分保守的消费者利益不会对消费者需求产生刺激，也不利于品牌形象的成功塑造。消费者利益应在品牌商品的使用价值和消费者需求之间找到平衡点，既符合品牌商品的特性又能够满足消费者需求。

5）品牌视觉识别。品牌的视觉识别主要指的是品牌名称和 LOGO 等能让消费者直观认识的符号和图画。此外，越来越多注重设计的公司开始形成自己的产品形象家族识别特征。品牌视觉识别是品牌核心价值和品牌文化抽象化的视觉表达，它通过语言文字和图画、符号的元素诠释着品牌的内涵。

品牌视觉识别在设计上首先要做到主观与客观相结合，即一方面允许设计师发挥想象空间，设计出优美、形象的品牌名称和 LOGO，另一方面又要迎合目标受众的审美要求，为消费者所认可和接受。其次，品牌视觉识别要有自己的鲜明特色，能与其他品牌形成差异，便于目标受众记忆。最后，品牌视觉识别应保持较长时间的相对稳定。经常变换的品牌视觉识别是不容易被消费者记住的，这样也不利于消费者建立明确的品牌形象。例如，耐克红色的对钩非常醒目，见图 2-38，让人过目不忘；而麦当劳的黄色大写“M”，明视性好，像两扇敞开的大门欢迎顾客的到来，见图 2-39。

图 2-38　耐克的标志设计

图 2-39　麦当劳的标志设计

6）品牌个性。品牌如人，品牌个性是用拟人化的手法来表现出品牌独特的性格特征，其目的是让目标消费者更深刻和形象地理解品牌的核心价值，建立起有血有肉的品牌形象。品牌个性的来源是目标消费群已有的或者正在追求的“个性”。通过品牌定位来确定目标消费群，该群体中消费者具有或追求的共同的性格特征代表了这一群体成员的“个性”。例如，年轻人具有或追求洒脱、奔放、自由、热情、活力、动感等性格特征，这是该群体的普遍“个性”。小米手机将年轻人作为目标消费者，并确立了洒脱、追求、自主的品牌个性，符合该群体的普遍性格特征，确立了鲜明的品牌个性，见图 2-40。品牌个性来源于消费者，容易引起消费者的共鸣。当品牌和消费者之间存在共同语言时，品牌传播的信息将更加容易被消费者接受。品牌个性是建立品牌形象的催化剂。

图 2-40　小米 2014 春晚电视广告《我们的时代》

第 3 步，品牌沟通和传播。

品牌的沟通和传播，是营销传播的重要组成部分。企业营销传播的直接目的就是创建起一个强势品牌，推进品牌商品的销售，使企业获得持续的“超额”利润。品牌沟通和传播主要包括确定目标受众、确定传播目标、设计信息、选择传播渠道、编制传播预算、沟通效果评估及经济性 6 个步骤。

1）确定目标受众。品牌传播的目标受众不仅仅指品牌商品的最终消费者，更包括消费决策的影响者，品牌商品的购买者，购买信息的审批者等相关个人或者团体。品牌传播的目标受众决定了品牌传播的方式、时机、密度、规模等指标，是企业做出品牌传播的重要考虑因素。

2）确定传播目标。可以将消费者的购买过程分为七个阶段，即完全不知晓—知晓—熟知—喜欢—偏好—形成信念—购买，这七个阶段又可以归纳为三个大的阶段：认知、影响和行动。消费者处在不同的购买阶段对品牌信息的要求和理解程度也是不一样的，是一个从理性到感性，从具体到抽象，从认识到强化的过程，因此决定了我们应根据消费者所处的不同阶段确定品牌传播目标。比如推出一个新品牌，在上市初期，传播的主要目标应确定为让更多的目标受众知道和认知这个品牌，让消费者知道：这是什么品牌、与别的品牌有什么不同、这个品牌的特点是什么等。这个时期的品牌传播主要以功能利益宣传为主，等到消费者对品牌有一定了解后，再逐渐过渡到基于品牌情感的传播。

3）设计信息。传播信息的选择应参考消费者所处的购买阶段和消费者关于品牌联想的内容来确定，可以包括公司信息、产品与服务信息、消费者特征、消费者利益等元素。这个环节主要是解决说什么、如何说、用什么形式说和由谁来说的问题。可以通过品牌名称和品牌标志设计、包装设计、广告设计、终端卖场设计、展示设计、网站设计等多种方法和途径来对品牌形象的视觉识别特征进行统一设计，使消费者形成品牌特有的视觉识别特征。通过品牌视觉识别系统把品牌形象传递给消费者是最直接和快速的途径。

4）选择传播渠道。品牌信息的传播和沟通可以通过媒介来传播，也可以绕开媒介直接与目标受众沟通。可供选择的媒介有广播媒体、电视媒体、电子媒体、印刷媒体、网络媒体等；与目标受众的直接沟通形式有各种公关活动、捐赠赞助活动、促销活动、新闻发布会、专题研讨等。面对不同形式的传播方式、不同的传播渠道，企业应坚持适用性原则来进行品牌传播沟通。选择媒体时需考虑的因素：产品类型、能抵达的目标受众、适合性、时间要求、相对成本、内容、沟通目标、推或拉的战略、公司市场地位、竞争者选择媒体情况等。

5）编制传播预算。沟通力度取决于所传递信息的特点（如产品复杂、简单，价高、价低）、目标受众的规模、受众对信息的需要程度及愿为其支付的费用水平、同类竞争产品的数量、竞争者的沟通力度及可用资金总量。编制传播预算需要考虑企业的整体营销战略、区域营销目标等因素。确定了沟通预算的绝对水平后还要决策如何在不同产品、地区和媒体之间分配。编制预算的方法有：经验法、量入为出法、销售额百分比法、竞争对等法和目标任务法等。

6）沟通效果评估及经济性。品牌沟通和传播效果的评估应以传播的目标为依据来进行，同时应考虑单次传播活动的绝对、相对成本和时间跨度，力求客观、及时、准确。任何时候，沟通带来产品增加的单位贡献乘以增加的销售量必须超过沟通的费用支出才是合理的。

企业在做完上述三个步骤之后，建立品牌形象的一个循环过程便完成了。正如前面说过的，企业建立起成功的品牌形象是一个长期的、复杂的过程，不是一两年就能显现出明显效果的。即使在消费者心中初步建立起了一个良好的品牌形象，品牌形象也不是一劳永逸的工作，需要品牌所有者继续花精力、花时间、花资金去进一步维护和提升品牌形象，保持品牌形象的持续生命力，如图 2-41 所示。

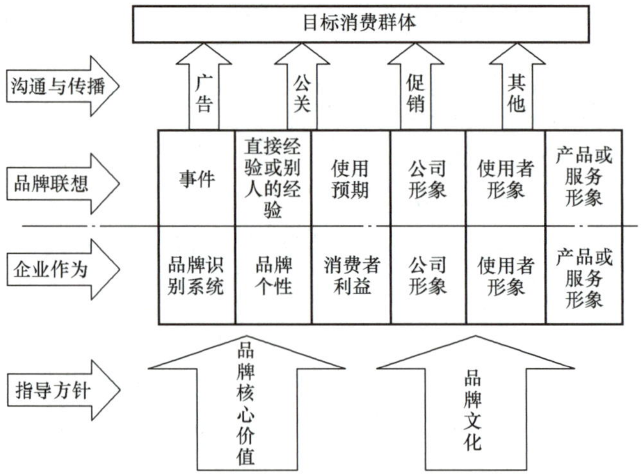

图 2-41　品牌形象建立模型

2.3.2.5 保持品牌形象的生命力

建立品牌形象是一个持续的过程，而且这个过程没有终点，只要品牌还存在，品牌形象建设就不应当停止。即使建立起了一个明确的品牌形象，它也会随着消费者喜好和需求的变化而逐渐弱化，品牌形象在消费者心中的印象也会被慢慢淡忘。这是一个品牌失去生命力的表现。因此，为了在消费者心中建立统一、明确、持久的品牌形象，让品牌生命常青，我们需要对品牌形象进行不断创新，在必要时，还要对品牌形象进行再定位。

品牌形象的创新是在保持原有品牌核心价值不变的前提下，对各种品牌管理工具的变革和创新。品牌形象创新既要保持品牌形象的一贯风格和特色，让消费者认识到这还是他们原来熟悉的那个品牌，又要让品牌形象与时俱进，赋予品牌形象新的面貌，与变化的市场环境保持同步。

可以采用以下方式对品牌形象进行创新。

（1）改变产品和服务形象。包括包装、外形、服务场所的布置等。汽车品牌的年度改型是通过改变产品形象保持品牌形象生命力的典型做法。再以包装为例，它的功能已经不仅仅是为了盛放、保护产品，增加产品的易携性，而是充当了“无声的销售员”，对产品进行说明，诱发人们的购买欲，提升产品价值，并强化品牌形象，是影响产品销售量的重要因素。技术含量不高的日常消费品，饮料、牙膏、洗发水等，经常应用改变产品包装的方式来维持消费者对产品的关注，保持和更新品牌形象，如图2-42所示，可口可乐多变的包装设计。

图 2-42 可口可乐 2009 年推出的限量版夏季罐包装设计

（2）改变沟通和传播方式。由信息化时代迈入数字化时代，市场从以商品为中心转变为以消费者为中心，品牌的沟通和传播方式进一步发生改变，人工智能、大数据、云计算、物联网、芯片等技术热潮不断掀起，随着数据资源的深度挖掘和应用，新的机会正在不断被发现和创造。日益丰富的传播媒体和传播手段为品牌的创新提供了有效的措施，也为消费者提供了一个交互体验的平台。对于传统企业而言，如果不进行数字化转型，重塑品牌形象，企业就会面临巨大风险，随时都可能死掉。海量的信息双向流动，对消费者来说，可以借助网络获得大量的信息做出自己的购买决策；对企业而言，消费者的信息变得易得，并可由此对产品和服务进行调整，但品牌也因此随时面临着被消费者解构的风险。在数字时代，企业应更好地利用企业官网、社交媒体、网络社群、贴吧、问答网站、微博、微信公众号等作为品牌传播的载体。在传统品牌中，以宜家、耐克、星巴克、宝马等为代表的企业积极进行数字化转型（见图2-43）。甚至一贯以高冷著称的奢侈品牌，如爱马仕、香奈儿、卡地亚等也积极拥抱数字化，不仅利用微信（从2016年起，进入中国市场的奢侈品牌中超过90%开通了微信公众号），甚至利用今日头条、抖音等移动平台对自己的品牌形象进行新的诠释和表达（见图2-44）。2020年初肆虐全球的新冠肺炎疫情迫使更多的品牌利用线上的渠道与消费者沟通。可以说，这场疫情对企业和品牌的数字化转型和与消费者沟通方式的转变起到了巨大的推进作用。

（3）对品牌核心价值的多角度演绎。在同一个品牌核心价值的指引下，品牌传播信息的表达方式可以是多种多样的，可以从目标消费者生活的每一个方面传达出品牌对消费者生活方式的影响。如“可口可乐”在表达其活力、奔放、热情的品牌核心价值时既运用了亲情、爱情等情感元素，又融合了奥运、足球等体育元素，从多方面演绎了“可口可乐”的品牌内涵，见图2-45。再如“七匹狼”服饰在男人“狼性”之外对“男人不止一面”的诠释等。

图2-43　星巴克积极拥抱新零售

图2-44　爱马仕中国官方网站

图2-45　可口可乐平面广告

然而，当品牌原有定位不成功或者对品牌进行延伸时，我们有可能要对品牌核心价值进行重新定位，这样品牌形象也会随之进行相应的改变。改变品牌形象是一项非常艰巨的工作，比最初建立品牌形象难度要大得多。这是因为原有品牌形象在消费者心中的印象会干扰新的品牌形象，给消费者的认知造成障碍，当然这方面成功的例子也很多，见案例2.11。

案例2.11　万宝路香烟品牌形象的变迁

万宝路香烟品牌由世界第一大烟草公司菲利普·莫里斯（Philip Morris）制造，是世界上最畅销的香烟品牌之一。20世纪20年代，一战导致的颓废致使美国女烟民数量激增。于是，1924 年，企业将万宝路的品牌定位为女士香烟向大众推广。为了附和女性的脂粉气，将广告语定为“温和如五月”；由于女烟民常抱怨白色烟嘴沾染了她们的红色唇膏，万宝路于是将烟嘴变成红色，希望通过这种人性化的设计获得女烟民的青睐；品牌名称“Marlboro”意为“Men always remember ladies because of romance only”，但销量一直不尽如人意，见图 2-46。后来，为争取更多消费者，万宝路计划选用男子汉形象作为代言人，登山者、马车夫、潜水员、伐木人……最终选用了目光深邃、皮肤粗糙、粗犷豪放的西部牛仔，见图 2-47。该新形象于 1954 年问世后，给万宝路带来了巨大财富。万宝路也非常重视品牌形象一体化与本土化的融合。20 世纪 70 年代，万宝路广告在香港播出时，高度商业化社会的观众对终日骑马游牧的牛仔没有好感。于是，在香港电视上出现了年轻洒脱的牧场主，广告词也成了“希望给你一个多彩多姿的动感世界”，以山丘、树林、海滨、沙滩、策马扬鞭等画面，伴以优美的音乐，昭示人们去创造一个自己心目中完美的“万宝路世界”。1993 年底，万宝路在中国的贺岁广告，音乐选用激昂的锣鼓声，美国牛仔换成敲锣打鼓的中国大汉，既让中国人感到亲切自然，又与万宝路其他广告中牛仔所具备的雄壮、野性、洒脱的阳刚之气相契合。此外，万宝路对体育赛事、演唱会等铺天盖地的赞助活动，别出心裁印制数千万个精美的书皮免费赠给中小学，多次成功组织探险活动，将品牌形象虚拟到电子游戏中，开发独特的万宝路服饰产品以及零售商领袖计划，西部片与广告标识的结合，对无拘无束的“美国精神”的塑造等，组成了强大的万宝路策略，俘获了消费者的心。从名不见经传的香烟品牌到全球崇尚的美国文化，万宝路在品牌形象塑造、品牌传播和促销上的做法值得借鉴。

图 2-46　万宝路早期的广告定位于淑女

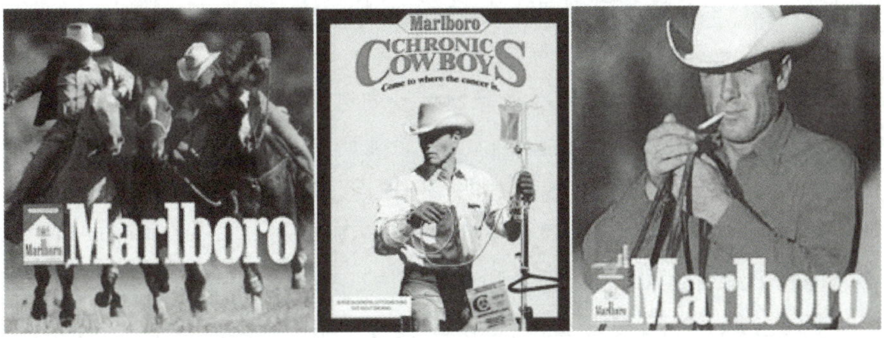

图 2-47　万宝路现在的广告代言人——牛仔

小结：利用产品和服务可以塑造品牌，提升品牌形象和价值，另一方面，企业利用品牌的价值也能提升产品和服务的魅力。建立品牌形象是一个长期、复杂的系统性工作，其涉及的面也比较广泛，需要市场营销学、组织行为学、心理学、传播学、广告学等多学科知识。这决定了品牌形象建设不是一蹴而就的事情，需要品牌所有者持续地投入大量时间、人力、资金等资源进行合理规划，缜密实施。一个健全的企业品牌管理职能，能够保证企业对内对外都传递出一种一致的、与企业品牌价值相吻合的信息，从而不断提升企业的品牌形象。

在现代企业中，设计已接近核心战略的重要位置。美国品牌专家，《品牌——让相遇难以忘怀》作者蒂姆·哈洛伦（Tim Halloran）说："最成功的品牌不仅具有于消费者之间的强大、亲密关系，而且通过重要的手段努力去培育、管理和发展这些关系。"产品形象是品牌形象最基础、最直接的载体，因此，加强对产品形象的管理是构建成功品牌的核心。

设计是把品牌价值创建支撑起来的一套系统，品牌是感性的，要通过同样感性的设计来丰富和实现，品牌的核心部分（精神和理念）必须要用设计充实起来，让所有靠近这个品牌的消费者感知得到。同时，把设计战略通过体系化的设计管理方法和流程执行，不仅仅通过设计改变产品，还要将设计上升到品牌的高度，从源头和核心部分做起。管理层要认为设计是有价值的工具，要从品牌经营角度思考设计。如果要传达品牌理念，一定是通过广义设计。品牌是感性的，要通过同样感性的设计进行实现。如果在设计方面的理解和管理不调整这样的方向，品牌创建有可能是虚晃一枪。

2.3.3 产品形象设计管理

2.3.3.1 产品形象的定义

产品形象（Products Identity，简称 PI）是产品在设计、开发、研制、流通、使用中形成统一的形象特质，是产品内在的品质形象与产品外在的视觉形象形成统一性的结果。广义上来讲，可以理解为人们对企业产品的总体认识或综合印象，其总体构成要素主要分为理念识别和视觉识别两个方面。企业的品牌、功能、设计、工艺、质量、包装、展示、广告、营销、使用、维护、服务等方面的因素都可以囊括其中，可以说人们对产品的任何感知都构成了产品形象的一部分，如图 2-48 所示。狭义的产品形象，主要指产品本身所呈现的外观形象，包括了人们从产品外部通过视觉所能感受到的所有形象，可将其分为产品形态、产品色彩和产品品质。

建立对消费者有丰富内涵的品牌形象，要以直接提供消费者使用的产品为基础，而不仅仅是通过广告宣传渠道来塑造消费者对品牌的感知和认知。因此，企业在考虑品牌形象建设时，必须以消费者需求的产品形象为核心，而不是片面强调 VI 视觉形象为企业的核心。同时企业在产品形象设计规划过程中，也必须以企业品牌形象为基础来塑造统一的产品视觉形象。实际上，企业所有经营活动都是围绕产品来进行的，产品是企业品牌形象最好的有形载体，所以产品形象必然成为企业品牌形象的一个关键的部分，产品形象的塑造对企业品牌形象的延伸和巩固会产生重要的作用。图 2-49 具体描述了企业形象、品牌形象和产品形象三者之间的关系。

产品形象系统（PIS）是企业将产品形象通过一定的视觉识别设计，予以视觉化、规范化和系统化，并通过整合性宣传，让公众产生一致的认同感和价值观的一种产品整体性经营战略。一般来说，产品视觉识别是指产品的外观，包括了人们从产品外部通过视觉所能感知到的所有形象。

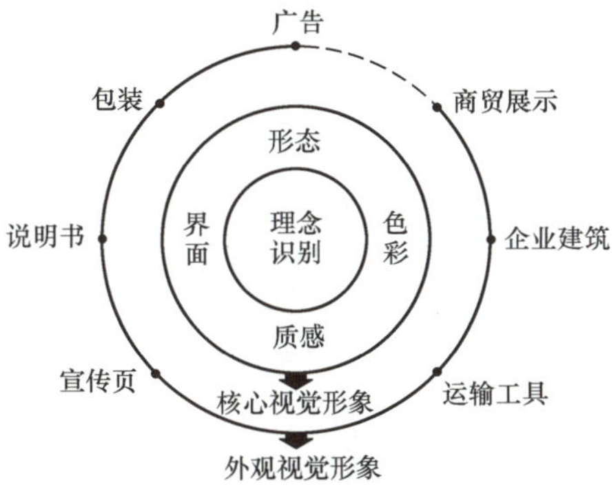

图 2-48 产品形象的总体构成

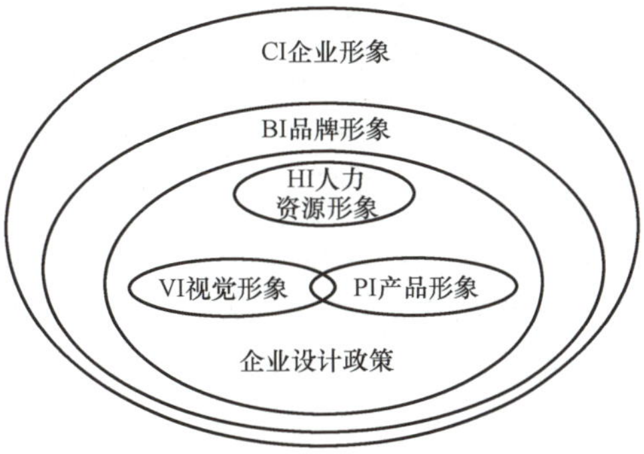

图 2-49 PI 与 CI、BI 的关系

相当多的世界著名公司将企业文化、设计风格一贯地融入其不同类型、不同型号的全线产品中，给人以独特的产品风格形象。在产品开发中强化产品整体形象识别的风格化表现，既有利于树立规范统一的企业形象，又能在展示产品品质风格的同时，传递企业的独特文化内涵，见图 2-50 所示荷兰飞利浦公司的产品形象设计。在新产品开发过程中，企业通过经营理念、行为方式等来影响产品的视觉识别特征，然后通过视觉识别来作用于具体的产品，反过来具体的产品又会影响企业的经营理念和最终 PI 的体系的建立。具体关系见图 2-51。

图 2-50 荷兰飞利浦公司以《设计中心造型》手册规定了所有以飞利浦为商标的产品在视觉上的标准

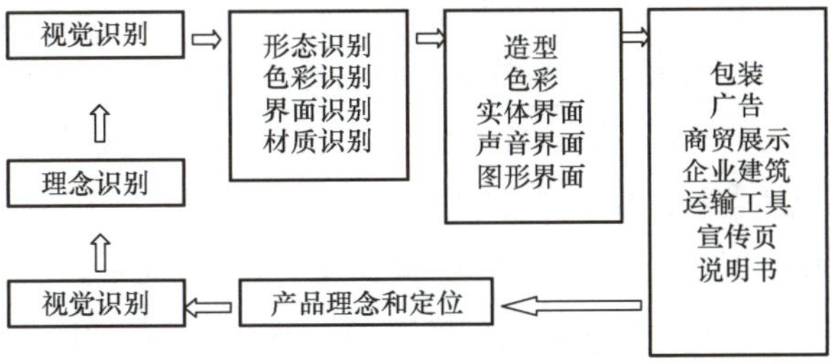

图 2-51 产品形象与新产品开发

2.3.3.2 产品形象差异化的构建

产品差异化是指企业以某种方式改变那些基本相同的产品，以使消费者相信这些产品存在差异而产生不同的偏好。具有在形成产品实体的要素上或在提供产品的过程中造成足以区别于其他同类产品以吸引购买者的特殊性，从而导致消费者的偏好和忠诚。在产品极其丰富的今天，产品同质化倾向越来越严重，产品的形象差异已经成为

产品差异化战略的重要因素之一，但差异化的产品形象并非只是实现与竞争产品的形象差异，而是要达到消费者所需要的差异性，也就是说，产品形象个性的形成，必须以消费者需求为基础。通过产品设计塑造一种性格鲜明的设计形象，在市场上树立最佳企业形象。借助产品形象不仅能把产品本身的功能、价值表达出来，更能使其与相竞争的产品区分开来。产品形象的个性化差异有助于品牌形象的识别。不仅不同企业之间的同类产品可以形成差异化的产品形象，同一企业的不同类别的产品也可以具有不同的形象特征，见图 2-52。

图 2-52　意大利阿莱西公司不同类别的产品表现出不同的个性

企业可以从以下三个方面构建差异化的产品形象：

- 从企业理念、文化及经营策略上构建产品形象的个性，这是实现产品形象差异化的理论基础；
- 从产品形态、色彩、质感和界面上形成产品的核心视觉形象的差异化；
- 从广告、包装、宣传页、商贸展示等方面形成产品外围视觉形象的差异化。

2.3.3.3 产品形象一致性的构建方法

调查发现，消费者们需要值得信任的、可靠的产品。对于积累了“可靠”“品质”口碑的产品而言，统一的外观产品能够产生连续性，将人们的信任感传递下去，强化人们对于这种产品的认知。这也是很多奢侈品保持统一风格的原因，人们对这些奢侈品的价值观会随着统一的外观风格而一直延续下去，形成思维习惯。企业旗下的多个产品视觉形象个性的相似或延续，有助于企业产品形象个性的塑造。企业设计开发产品时应该考虑企业品牌概念和形象，产品的外观应注重与企业原产品的设计相延续，保留或延续其原产品外观的某些设计元素。只有将这些抽象的、可视的品牌概念通过形态、色彩、材质等转化为产品的各种造型要素，才能使产品延续一个统一的视觉形象。尽管每次诉求的侧重点不同，但消费者认知的信息却是一致的。这种造型统一的印象使消费者一眼就能识别该商品是何厂家生产的，这时产品本身就有宣传企业品牌的作用。充分利用每项产品的统一特点，提高产品在市场上的竞争力，不仅可以带动销售，扩展市场，而且可以在消费者心目中树立一个一致的品牌，一个能被消费者认知、记忆、推崇的形象，确保企业获得长久的利润。对此通用电气公司前总裁杰克・韦尔奈（Jack Welch）有这样一句名言：“一致、坚持、简化、重复，就是这么简单。”通过统一延续的产品形象，让我们即使不看 LOGO 也将它们同其他品牌的产品区分开来（俗称“大拇指”法则，用大拇指盖住 LOGO 也能识别是什么品牌），这就是通过产品形象的一致性形成了品牌的形象。

目前，具有自主品牌的制造企业所涉及的产品领域比较广泛，创建并保持自身统一而鲜明的设计形象的难度较大，其难度主要来自以下两个方面：

其一，如何将技术繁杂不一、规格大小悬殊、使用环境各异的多种类产品统一成一种设计风格；

其二，在市场不断演变过程中，如何平衡适应潮流和保持风格的关系，达到既满足新的消费群体口味，又不失掉老客户的营销目标，保持自己的市场地位。

要解决这两个难题，可以从以下几个方面入手。

（1）自身整体要素的统一。产品外在的形象是其内在的理念或精神的反映，代表了企业的品牌形象。因此，在产品设计过程中应贯穿体现企业品牌形象特征的形式元素，这就需要研究产品的形态语言以及相应的认知反应、色彩的个性、材料肌理的感觉、产品细节的特征等，通过一系列此类的研究和探讨，形成某些共识，并将其应用到设计中，使各部分的表现尽可能协调，并与品牌的个性描述相一致。在上述所提及的特征元素的基础上，尽量使产品的每个形式元素保持协调一致，体现形式美。

（2）产品形象“家族”特征的构建。通过有效的设计管理，整合产品的概念、形态、材料、细节、大小等要素，形成“产品家族”。首先，对整体造型的处理。通过产品的三维尺度比例体现出的视觉特征（饱满或挺秀、柔和或刚直）以及轮廓线形上寻求适用于“全家族”的综合造型处理。其次，对细节造型的处理。从产品体面转角、功能控制部件（如按键、开关）等细节塑造产品的家族特征。再者，利用产品的色彩或装饰，即使造型不统一，通过色彩计划和产品表面的装饰处理也能创造出家族特征，这种方式对那些企业产品类别距离太大的状况最合适。如果在实现产品家族化过程中，能够同时具备上述三个条件，则会创造出最佳效果。

（3）系列产品形象的统一及延续性构建方法。企业在各种产品开发过程中，为了找准市场，往往为同类产品推出不同的造型来观察市场的需求。一旦某个产品出现良好的销售趋势，企业就会为这个产品制订长期的开发设计计划，同时为了适应时代的变化，要求企业设计管理的决策者做出顺应时代变革趋势的设计导引。而这种变革必须做到既不伤害既有的忠实消费者的价值观，又能对新的消费者产生吸引力，就必须在保持这种形象的基础上作出适当的变革，这样该风格的延续就成为必然。在持续性的基础上，逐步积累和丰富产品形象的个性。这种表现方式体现了在竞争中产品固有的生命周期的改良和变化。而且通过产品形象的不断延续，不仅能够增加企业效益和增加消费者对品牌的忠诚度，而且有助于品牌个性的塑造，实现系列产品的集体作战能力。系列产品形象统一及延续的实现方法之一是通过产品功能及技术的延续实现，二是通过系列产品中主要特征元素的不断重复延续。特征元素可以是产品的整体轮廓线、细节特征、色彩、装饰和材质等多种因素，在延续中可以选择其中一个或多个进行重复应用。此外，企业也可以通过建立产品视觉形象库来提供延续的素材。

不过，为了防止产品形象过度统一造成死板、单调的印象，企业会采取一定的方法和措施调整非关键设计来达到创新的效果，宝马汽车通常每 5 年更换首席设计师避免过度僵化。

案例 2.12 德国大众 GOLF 汽车造型特征的演变

20 世纪 70 年代的萧条时期，意大利设计师乔治亚罗为大众汽车设计了第一代高尔夫（GOLF），简洁实用的风格使高尔夫大受欢迎，带领大众汽车走出了低谷，并成为了一代经典。甲壳虫的产量用 50 年的时间达到了 2000 万辆大关，而高尔夫只用了 26 年。高尔夫的成功在于其基本的概念和不断地发展。第 1 阶段：1974 年到 1991 年，汽车前脸以棱角分明的盒形造型为主，圆形大灯，上进气栅包含了前车灯。第 2 阶段：1991 年到 2004 年，前车灯由圆形变成矩形和泪珠形。到了第 7 代则呈现锐利的特征，汽车整体风格趋向流线感。侧面造型特征演变主要表现在侧面轮廓线、窗线和腰线的变化上，总体趋势是主体造型越来越呈现动感时尚、简洁流畅，更加具有运动特征。前脸设计则趋向锐利化，并且采用大众汽车的家族式前脸风格，统一的设计同时可以大幅降低汽车设计制造的成本。见图 2-53~ 图 2-57。

案例 2.13 苹果公司的产品形象

在消费电子领域，美国苹果公司是一个非常注重设计创新的公司，其产品设计具有鲜明的品牌特征，突出了产品形象，代表了美国现代工业设计的最高水平。从

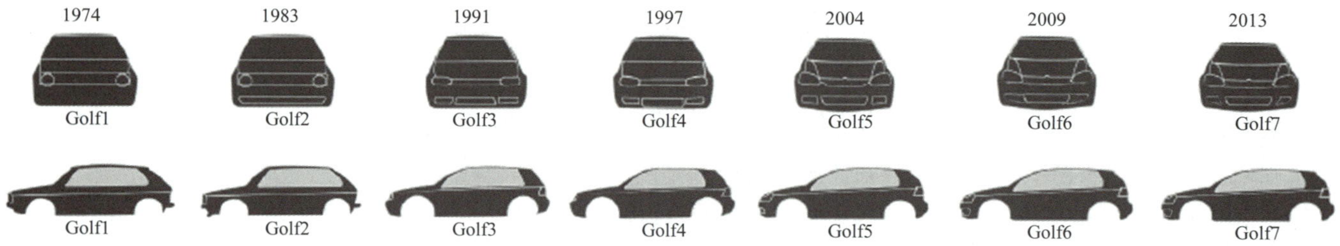

图 2-53 高尔夫前脸和侧面造型轮廓简图

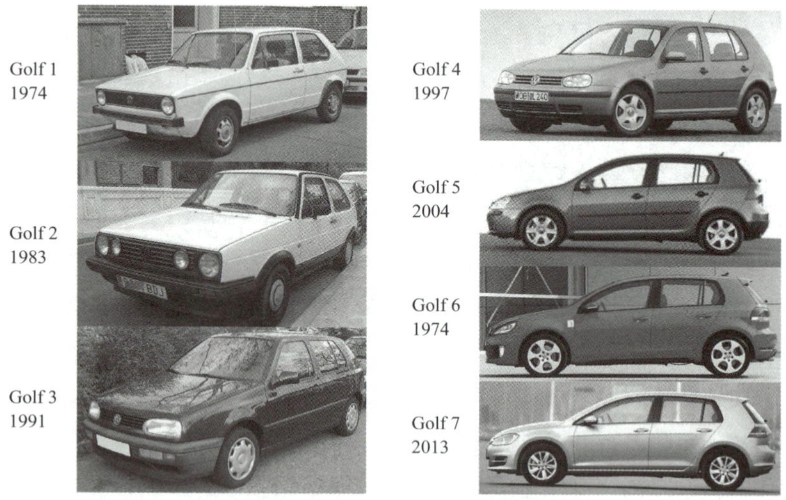

图 2-54 1~7 代高尔夫侧面线条变化

图 2-55 1~7 代高尔夫前脸照片

图 2-56　1~7 代高尔夫前脸变迁

图 2-57　1~7 代高尔夫车灯变迁

台式电脑 iMac 到笔记本 iBook 再到大容量 MP3 播放器 iPod，一般均采用独特的半透明质感的彩色或苹果白作为标志色，加上简洁的外形曲线、质感柔和的材质和操作方便的功能键等，虽然产品的品种不同，上市年限不同，但给消费者带来感觉非常接近。也就是说苹果公司不论通过什么样的产品，从台式电脑到 iPod 在设计上都是一脉相承的，所传达给消费者的信息始终是一致的，见图 2-58 和图 2-59。苹果公司的电脑外观设计摒弃了传统电脑主机与显示器分离的特点，将主机与显示器融为一体。如图 2-60 所示，2002 年的外观设计采用柔性连接件连接主机与显示器，方便了使用者放置和使用电脑，2008 年的设计则更简洁、轻便；而简约、超薄、弧形、圆角、年轻人喜欢的白色是其当下的设计风格。可见，苹果公司的电脑设计一直延续自己传统的风格，并结合市场的需求不断改进。在个人电脑市场、音乐播放器、手机等领域，苹果公司每走一步，都会受到众多消费者追捧。当一个品牌取得了大众的认可和关注后，设计就显得更加重要。苹果公司前期完成了对品牌的定位，在发展过程中不断完善自身的品牌网络，通过科技与设计的完美融合，构建了适应自身品牌发展的设计方式。这种方式紧扣时代前沿，以成熟的设计思想赢得消费者的喜爱和信赖，使公司获得了较强的竞争力，成为电子品牌设计的范例。

图 2-58　“有机风格”的苹果产品，半透明糖果感觉的色彩、圆润的曲线

图 2-59　“硬边风格”的苹果产品，富有现代高科技感

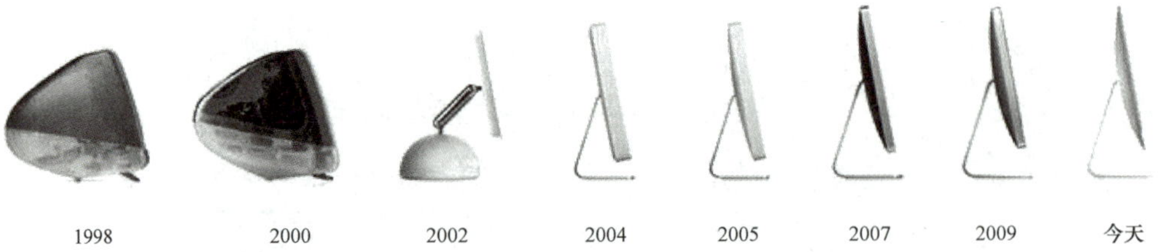

图 2-60　iMac 一体机在进化中保持造型特征的连续性

小结：在企业形象系统中，各构成要素的地位和作用是不同的，有的起决定作用，而有的则只起影响作用。可以说品牌形象是塑造企业形象的关键点，是塑造、提高企业形象的主要因素。塑造好了品牌形象，良好企业形象的塑造就有了坚实的基础。产品形象是品牌形象的基础，产品的开发实力、生产实力影响着品牌形象，尤其是品牌初创期，品牌形象从模糊变为清晰更需要产品形象的支撑。产品的设计风格是企业设计文化的外化，成为企业文化的有机组成部分。IBM 公司认为，产品设计的功能就是创建品牌形象。产品形象集中体现了企业的经营思想、价值取向、技术能力和管理水平。企业所有的经营活动都是围绕产品来进行的，产品是企业品牌形象最好的有形载体，从某种意义上可以说，企业的产品形象就是企业形象。因此，产品形象也是塑造企业形象的基础，是构成企业形象首要的、决定性因素。国内企业小米公司通过高超的设计管理为其生态链中的众多产品成功地打造了统一的 Mi-Look，获得了消费者的喜爱和国际社会的认可。

产品形象、品牌形象和企业形象唇齿相依、互相促进，企业要正确处理三者之间的关系，让三者之间形成良性互动，生产消费者信任和喜爱的产品，加深顾客对品牌形象的印象，提高顾客对企业的认同。企业想要使产品拥有市场竞争力，必须塑造自己的品牌，其唯一途径就是通过差异化的设计，使产品有特色。产品设计在市场上要将自己独特的外部形态和内部结构展示给消费者，用独特的使用价值和用途吸引消费者的兴趣和注意，从而激发消费者的情感喜爱和购买动机。设计造就品牌，但如果品牌只关注设计而不重视管理的话也不会发展壮大，用设计管理的方式来实现品牌的设计将是最合适的方式。

2.4　设计部门的管理

2.4.1 设计组织的类型

设计组织是执行设计决策的基础和保证。现代工业产品涉及范围广、技术难度大，设计工作量重，因此要有专门的设计组织从事设计研究开发工作。其理由是：

- 组织能扩大人的能力，几个人从不同的立场观点出发，就可以出现很多新的构思，大大提高人的创造性；
- 可以大大缩短达到目标所需的时间；
- 容易积累知识、经验并推广；
- 便于有效地管理。

设计组织从其形成的角度来看，可以分为两种基本类型：一类是企业内部的设计组织，另一类是独立的设计组织。

企业内部的设计组织按照性质分为固定性设计组织和临时性设计组织。固定性设计组织在新产品开发与设计期间比较频繁，而且设计对象较为固定的一些大型企业中常见。这种设计组织与企业中其他组织部门处于一种比较固定的组织结构关系，其业务的运作始终处于一个较为平稳的状态。临时性的设计组织是随着企业的设计计划的产生而产生，随着设计的进展而改变组织状态，当计划完成时，组织也随之解散。

独立的设计组织基本上是由个体设计师发展起来的，规模以数人或几十人不等，组织结构比较简单而且弹性较强。国外称这类组织为设计师事务所或设计公司，国内称为设计工作室或设计公司。

2.4.2 设计组织的结构形态

为了实现组织的任务和目的，企业必须根据自身情况和项目情况制订切实可行的组织结构形式。一般来说，扁平型组织结构和锥形组织结构是两种基本的组织结构形态。

2.4.2.1 扁平形组织结构形态

杰克·韦尔奇（Jack Welch）说，“组织扁平化不是为了节约开支，更重要的是改善了管理的功能。扁平化管理不仅是为了节约费用，更加速了沟通。”扁平化组织结构层次是管理层次较少的一种组织结构形态，组织结构呈横向扩展。其优点是组织层次少，便于信息流动，成员之间沟通方便，见图 2-61。

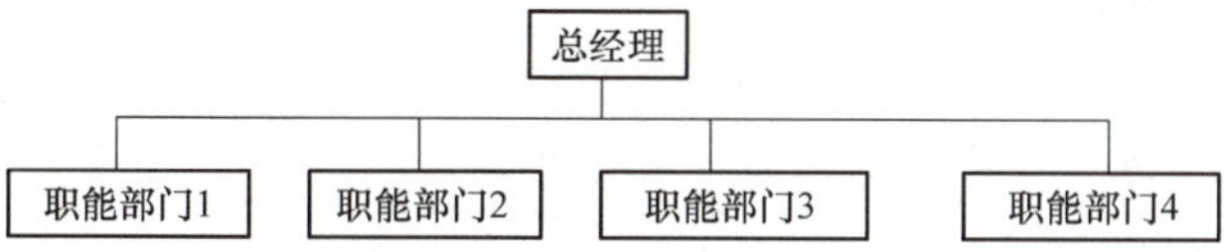

图 2-61　扁平化组织

扁平化组织架构减少了管理层级，信息的流动更顺畅和直接。设计部门可以直接与用户对话，能够对市场的变化作出及时的反应，便于建立以客户市场需求为导向的快速反应机制，提高整体的工作效率和应变能力，适应经济全球化及速度化的竞争要求。

此外，在扁平化组织架构中，较大的领导幅度使领导者对下属不可能控制得过多过死，从而有利于下属主动性和首创精神的发挥。这种组织形态比较适合规模较小的组织，是设计组织经常采用的一种组织结构形态，日本爱华工业设计中心就采用这种组织形式，如图 2-62 所示。

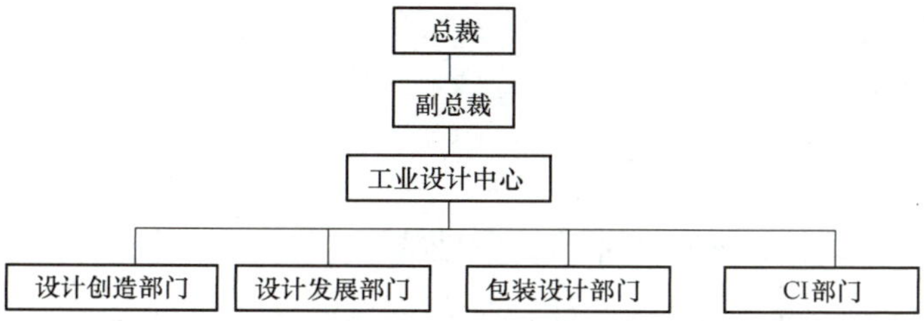

图 2-62　日本爱华工业设计中心的扁平化组织结构形态

2.4.2.2 锥形组织结构形态

锥形（金字塔形）组织形态结构层次较多，呈金字塔形状，如图 2-63 所示。其结构形态的优点与局限性刚好与扁平形组织结构相反：较小的领导幅度可以使每位领导者仔细地研究从每个下属那里得到的有限信息，并对每个下属进行详尽的指导。多层次的组织结构不仅影响了信息从基层传递到高层的速度，而且由于经过的层次太多，每次传递都被各层领导者加进了自己的理解和认识，所以可能使信息在传递过程中失真。同时，过多的领导层次可能使各层领导者感到自己在组织中的地位相对渺小，从而影响其积极性的发挥；也往往使计划的控制工作复杂化。锥形（金字塔形）组织形态结构正规化程度高，适合于规模较大，人员较多，产品复杂程度较高的企业。

2.4.3 企业对设计部门的管理

不同的企业应根据自身的情况选择合适的设计部门配置方式，通常包括以下五种形式。

2.4.3.1 研究与发展部门

优点：便于沟通，反应迅速。

缺点：非市场导向，而且顾客需求容易被忽略，对品质的控制重于开发时间，见图 2-64。

2.4.3.2 新产品委员会

优点：沟通良好，在小型项目中反应迅速。

缺点：非市场导向，顾客的需求容易被忽视，无法承担开发速率的增加，见图 2-65。

2.4.3.3 产品管理小组

优点：市场导向型开发，与分离团队无不和的问题，降低问题的传递。

缺点：在处理现有产品时忽略开发工作，忽略新构想；新产品预算可能被删减，见图 2-66。

2.4.3.4 新产品部门

优点：对新产品给予优先权，授予单一团队责任，全职致力于新产品。

缺点：开发可能脱离国内公司其他部门，市场部门不热衷于新产品转移工作，见图 2-67。

2.4.3.5 联盟管理

优点：企业运用公司全部资源鼓励项目评价，鼓励合作。

缺点：耗费人力资源，开发结束后有技术转移问题，评价自己项目时失去客观性，以构想发展为第一要务，见图 2-68。

案例 2.14 日本企业设计部门的管理模式

从 20 世纪 50 年代开始导入设计的日本企业，在探索设计管理方法的过程中针对如何有效地配置设计部门的方法形成了集中、分散、独立、委托设计机构等几种管理模式。

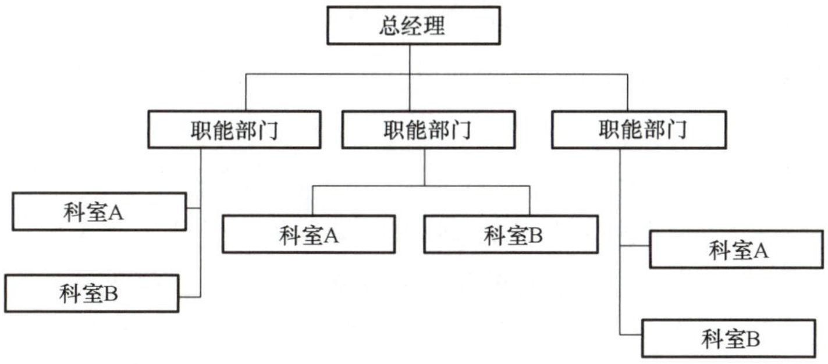

图 2-63　锥形组织结构

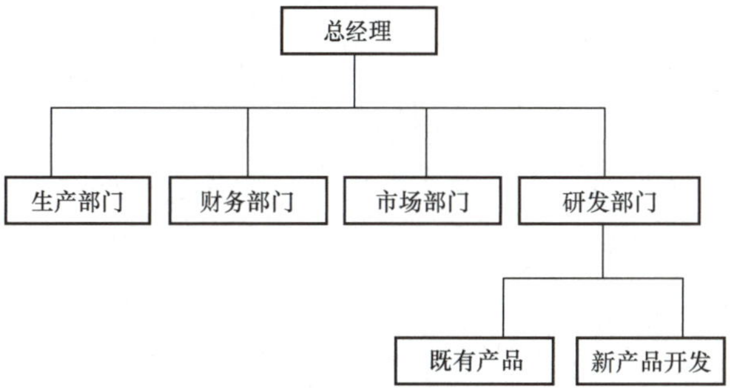

图 2-64　研究与发展部门

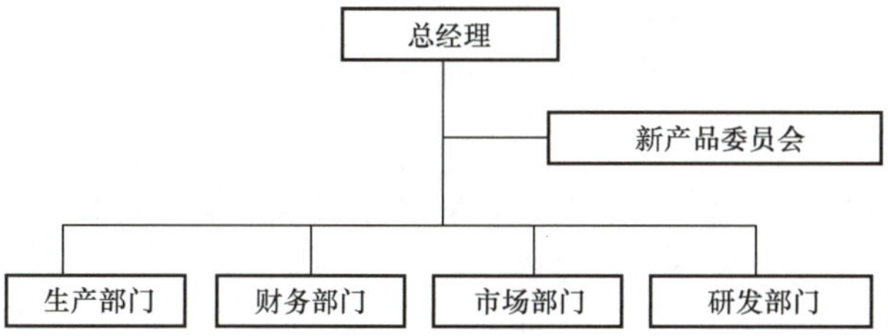

图 2-65　新产品委员会

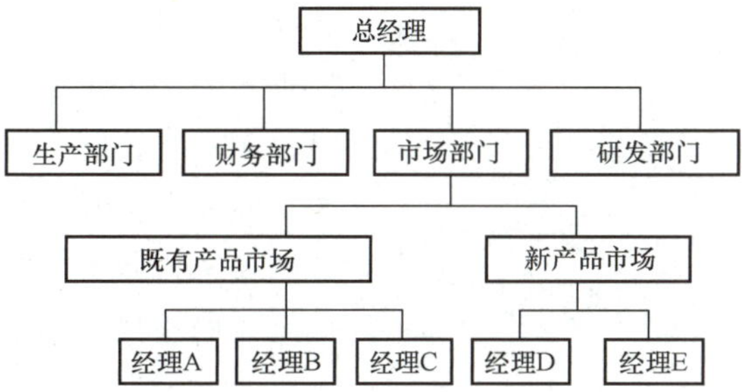

图 2-66　产品管理小组

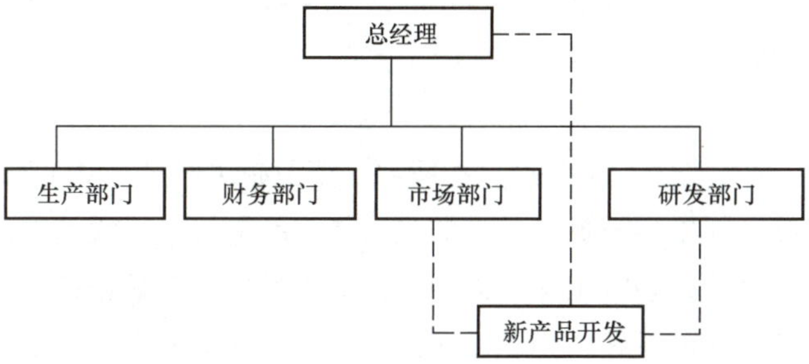

图 2-67　新产品部门

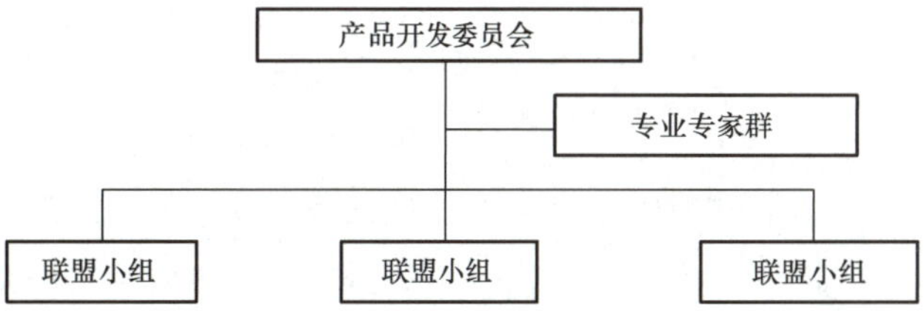

图 2-68　联盟管理

目前，采用集中管理模式的企业包括日立、东芝、佳能、索尼、丰田、日产等。集中管理是在企业内部设立设计研究所或设计中心负责整个企业的设计工作。这种模式的最大的优点是设计部门主体性强，具有独立性，特别是在品牌设计时对企业整体活动进行策划的能力强。缺点是开发现场发现的问题不能及时反映到设计中心，重新审议就会造成预算透支。

采用分散管理模式的企业包括松下、夏普和三洋等，这种模式下，设计师隶属于事业部，根据事业部的大小和事业部之间共同项目的多少，设立小规模的设计部门。为了避免这些设计部门过于分散和独立，成立综合设计中心，对设计师的录用、培训、技术研究等方面进行综合管理。这种分散设计部门完全融入到设计开发的流程之中，其优点是能够及时反馈异议，缺点是不能够像集中管理模式那样充分发挥主体性的优势。

独立模式是在企业以外成立独立结算方式的设计公司。NEC（日本电气股份有限公司）是比较有代表性的公司。这种模式的优点是可以通过子公司的设计师和其他企业的交流合作，从技术层面更为深入地了解社会发展的动向。同时，独立结算的经营方式可以让设计师认识到成本的消耗。缺点是独立的设计公司是从各个事业部得到的设计任务，所以如果事业部的主导性过强，设计公司很难把握企业整体性的设计。

委托设计机构模式是指将设计任务委托给专门的设计公司，包括委托给国内的设计公司或海外的设计公司。将设计任务委托给专业性更强的设计公司可以削减成本，企业可以将精力投入其他方面。而且在长期的合作中可以建立相互之间的信赖关系，可以将设计公司视为自己企业的一部分。在欧洲，由于产品更新换代速度较慢，除了汽车制造企业外，企业很少在企业内部设立设计部门。而日本的产品更新速度非常快，因此，日本企业大多拥有自己的设计部门，这也是造成著名设计公司欧洲多、日本少的原因。但也有调查显示，采取委托设计模式的欧洲企业在开发新产品时，花费的时间要比企业内部有设计部门的日本企业长。所以如果企业产品更新换代较快，不适合采用此种方式进行新产品开发。而且这种方式还会导致设计经验不能在企业内留存，造成知识的流失。

目前，大多数日本企业采取的是集中管理模式和分散管理模式，今后随着经营环境的不断变化，对设计部门的管理模式也会随之多样化。

2.4.4 设计部门的构成和业务内容

企业都是根据自己的实际情况设置设计部门，但不管采取何种组织形式，一般均由设计的实务部门、服务部门和管理部门组成。

2.4.4.1 实务部门

设计公司的实务部门通常包括业务进行部、产品提案部、模型制作部和 CAID（计算机辅助工业设计）部。业务进行部主要根据产品计划进行新产品的设计，现有产品的改良、新造型，以及部分改良后的改型等工作，大部分设计人员集中在该部门。产品提案部门主要是提出新技术商品化的提案，为企业预测 3~5 年后所需开发生产的商品。如运用新技术和新材料的商品化等。该部门对企业发展十分重要，备受重视。另外，设计人员在使产品形象具体化的过程中，必须用三维空间的主体来进行研究，且决定设计的最终模型必须是 1∶1 与生产的产品相同。以往企业的新产品模型、样机常委托外单位加工，现在大部分企业，尤其像汽车制造商，为了保密一般都在本企业内设置模型制作部门。随着 CAID 的普及，设计部门中也常设独立的 CAID 部门。

2.4.4.2 服务部门

设计服务部门是为设计部门提供各种信息和服务，从而使得设计实务部门更有效工作的部门。主要工作内容有：提供本企业以往生产、销售的制品、产品照片或产品样本、图纸等；收集提供其他企业产品、照片或样本；收集和提供外国产品、照片或样本；提供本企业与其他企业的不同产品品种及价格的分类；新技术情报的收集和整理；新材料的信息收集和整理；色彩管理；设计文献的收集、整理；外国设计信息的翻译；设计记录的整理；专利、实用新案、注册登记、商标等公报的整理等。

2.4.4.3 管理部门

这是使设计业务顺利推进的部门，其工作内容为：制订年度预算（如市场调研费，设备器材、资料图书购置费等），设计人员的人事管理，以及组织设计部门的会议和整理会议记录等业务。

案例 2.15 美的设计公司的组织结构

美的设计虽然说是一个参与市场竞争的独立的设计机构，但它根深蒂固的大企业背景使其 80% 的业务来自于美的集团下属的各个分公司或事业部，但它又与一般的企业内部设计中心不同，既要完成美的集团内部的设计项目，又要为其他企业提供内容广泛的设计服务。在美的的组织架构中，两个核心的委员会是重要的管理机构，其中经营管理委员会为企业最高决策机构，也是经营策略制订、管理的核心机构，该部门更侧重于对企业发展大政方针的策略性把握和评估，并不介入具体设计方案的评价和遴选。专业技术委员会全面负责产品创意、品牌传播、结构、模型等技术攻关和技术指导，负责各个部门的技术培训工作，负责公司产品设计业务的整体协调工作，负责设计项目运作流程的优化以及项目评价和管理工作，见图 2-69。

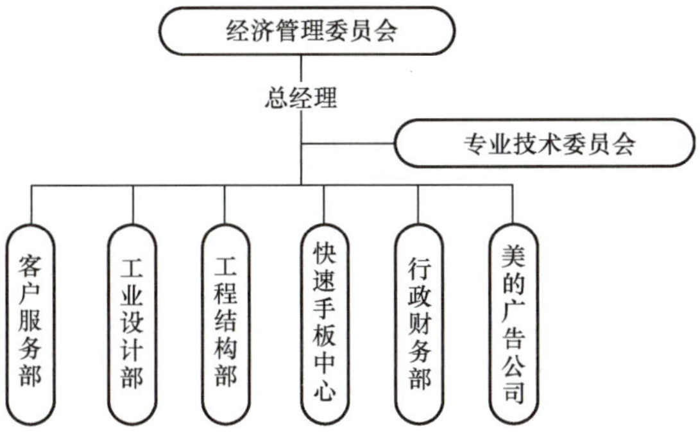

图 2-69 美的工业设计公司组织架构

案例 2.16 某地毯公司的设计组织的架构

某地毯公司为一中等规模的专业地毯设计与织造公司，具有较强的技术创新和研发能力。企业有设计师 80 余人，设计能力在全国同行业居于领先地位。设计创新委员会直接由董事长兼总经理负责领导，主要成员包括企业副总、设计总监以及外部设计顾问。设计创新委员会下设工业设计中心，由设计总监领导 30 余名设计师，主要负责地毯的纹样设计，剩余设计师分散在各个事业部中负责与不同织机的工艺对接。（见图 2-70。注：威尔顿、阿克明均为地毯织机的种类）

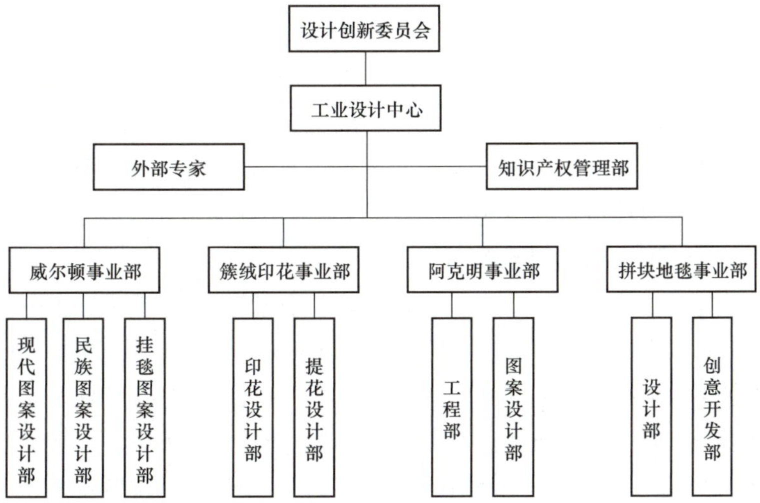

图 2-70 某地毯公司的设计组织的架构

2.4.5 设计部门的人员构成

单纯由设计师组成的设计部门容易出现同质化的问题，影响产品的多样性和评价标准，最终不利于创造力的发挥。现代设计的复杂性也要求设计不仅仅是由单一设计人员或是设计部门完成，而是应具有跨行业的背景和跨部门能力的人员共同完成，因为只有这样，才能活化设计团队，创造出用户体验更好、产业化能力更强的产品。现代企业的设计团队已在设计师之外，广泛地将工程学、心理学、社会学、市场营销学和财务专业的人才纳入设计部门，并将他们也称为设计师。这样的团队组成会从不同的经验、价值观、知识领域解决生产和消费的对立，同时也会刺激设计师在不同想法的交界点找到灵感并最大限度地发挥创造灵感。同样，随着其他不同学科的人才转入设计部门，设计专业出身的设计师也可以进入其他部门，甚至具有管理能力的设计师能够进入企业的核心管理层从而推进设计在企业内更好地发挥作用。

2.5　设计师管理

管理学大师彼得·德鲁克（Peter F. Drucker）说，21 世纪最重要的管理将是对知识员工的管理。企业的设计活动最终是通过设计师来实现的。在企业经营中，如果不考虑专门技能，设计师只是企业雇用或聘用的一员。但设计师是掌握了设计知识和专业技能的知识型人才，他们富有创造力和个性。设计在企业中受重视程度的不断提高，活动范围将不仅仅限于产品设计，也可能把企业活动的整体作为设计对象，将权限扩大到设计企业。设计师是设计资源的执行者，企业活用设计资源是通过活用设计师实现的。所以能否实现设计的经营资源化就取决于企业对设计师如何定位。如何合理活用设计人才，已经不单纯是人力资源分配的问题，也是企业经营管理方法的问题。

随着技术变得越来越复杂，设计已不单是个人的追求，而成为一种团体性的活动。管理者只有与设计团队密切配合，针对每位设计师不同的生活、教育背景，理性分析每位设计师的特点，才能与设计团队进行更默契的交流与沟通，从而激发设计团队更多不同的创意。

2.5.1 设计师的类型

设计师的组织一般有两种主要形式，一是企业以外的自由设计师或设计事务所；二是企业内部的设计师队伍，其他还有介于自由设计师和驻厂设计师之间的半自由设计师。下面将分别讨论这三种不同性质的设计师的特点及企业对其的组织和管理。

2.5.1.1　自由设计师或设计事务所

这类设计师是独立从事设计工作而不隶属于某一特定企业的设计人员，对他们的设计工作进行管理就更为重要。一方面要保证每位设计师设计的产品都与企业的目标相一致，不能各自为政，造成混乱；另一方面又要保证设计的连续性，不会由于设计师的更换而使设计脱节。对于许多中小企业来说，建立自己的设计师队伍在经济上是不合算的，也难以吸引好的设计师到小企业来工作，更适合聘用自由设计师或设计事务所进行设计。

聘用自由设计师或是与外部设计事务所合作的企业一定要明确了解这一点：自己企业的设计绝不是交给外部设计力量就万事大吉了，好的设计方案一定是来源于企业内在的充满力量的诉求，设计师只是把它挖掘和表现出来而已。成功的设计一定是共创，所以，企业内部必须设立能够管理外部创意的设计管理部门或设计管理人员。

为了便于对这类设计师进行管理，要为他们提供产品设计项目的任务书，不仅要提出产品功能要求，还要使设计师了解企业的情况，使设计工作与整个企业的视觉识别体系和企业的特征联系起来。为此企业有必要制订一套统一的设计原则，作为每一位设计师共同遵守的规则，以保证设计的协调一致。为了保证设计的连续性，最好与一些熟悉的自由设计师事务所建立较稳定的长期合作关系。这样可以使设计师对企业各方面有较深入的了解，积累经验，使设计更适合企业的生产技术和企业的目标，并建立一贯的设计风格。例如，丹麦的 B & O（Bang & Olufusen）公司的产品设计在国际设计界素负盛名，其高科技的产品设计为设计界提供无穷的启发，但公司并没有自己的专业设计部门，而是由一个设计管理小组通过精心的设计管理聘用自由设计师，建立公司自己统一的设计风格。尽管公司的产品种类繁多，并且出于不同设计师之手，但都是具有 B & O 的特质，这就是设计管理的成功之处。B & O 没有用所谓的“设计理念”来限制设计师的创意，而是用“独特的品牌内涵和产品理念”作为自由设计师的指路明灯。在 B&O 内部设计管理小组的领导下，自由设计师们总是尽可能地围绕 B&O 的核心竞争力把新的要素用独特的方式表达出来，见图 2-71。

图 2-71 丹麦 B&O 公司的产品

现在设计事务所和自由设计师与甲方合作的实践中，除了采用按项目付酬的支付方式，与销售额挂钩、从产品销售额中提取一定比例作为酬劳的方式也较为常用。通过这种方式，不仅可以使得设计师或是设计事务所与企业共同承担设计创新的风险，还可以在创新成功时实现利益共享，从而促使双方都致力于创新和开发新产品。如果产品在市场上获得成功，设计师或设计组织所获得的收益也将远远高于项目制的收费所得。

在传统公司制企业中，生产力的发展状况来自三个方面：机器，原材料和工人，而这一切的前提是资本的投入，所以对公司制而言，注册资本是最重要的生产资料。但设计属于创意产业，创意产业是一种利用脑力劳动创造财富的行业，每个人输出的是智慧，而催生智慧的却不是资本。对于设计事务所或是设计公司来说，智力成本（也就是设计师）是最重要的生产资料，但这个生产资料也是最有个性、最活跃和难以管理的。公司制设计企业发展到一定规模之后，最大的问题就是公司的集权制度和激励机制不能够满足设计师个人向更高层次发展的需求，也难以使企业中层管理者担负起应尽的责任，如果应用合伙人制度就能够有效地规避这一点。合伙制企业是指由两个或两个以上合伙人拥有公司并分享公司利润，合伙人即为公司主人或股东的组织形式。以合伙人为企业的核心竞争力，公司实行议会制管理体系，与公司制企业相比较，合伙制企业更为民主的组织机构易于提高企业核心价值的凝聚力，因为这样企业的产权属于一个集体，每个合伙人都是公司的主人，都要承担公司经营成本和风险。旗下员工通过自身的努力也都能逐渐成长为合伙人，有利于激发责任心和工作热情。世界最大的英国福斯特设计事务所就是一个成功的合伙制企业，公司 10 个合伙人掌管着 2000 人的设计团队。世界最著名的建筑师事务所 SOM 也是成功的合伙制企业。

案例 2.17 北京早晨设计公司的合伙人制度

2008 年 7 月，由著名设计师魏来创办的“北京早晨设计顾问有限公司”正式更名成为“北京早晨品牌策划事务所”。从公司转到事务所，前后历时 4 年，早晨设计完成了运营模式的根本性转变。魏来认为改制是设计企业寻求发展的必然道路，是设计行业自身的生产力发展要求和生产模式决定的。要做一家长年卓越的设计公司，就一定要依靠好的制度，培养出人才，并留住人才。在以人为本的创意产业领域就更是如此，将整个企业的生命力寄托于合伙人大会的群策群力而不是某一个人的专制独断，使企业更快更健康地发展下去，这就是早晨设计改制的根本目的。更重要的是，早晨设计为行业试水了合伙人制度。图 2-72 为早晨设计的两次分配制度示意。为早晨设计创收累计达到 100 万的任何一位设计师都有资格申请成为合伙人，开始他的自我创业。累计创收 200 万就可以晋升二级合伙人，500 万成为高级合伙人，合伙人个人与事务所的分配标准从 30% 到 50%，有计划将来让高级合伙人的分配比例到达 60%。这种制度不仅稳定了设计队伍，有明确的权利分配，还有清晰的进入门槛，让新进入的年轻设计师有了希望。

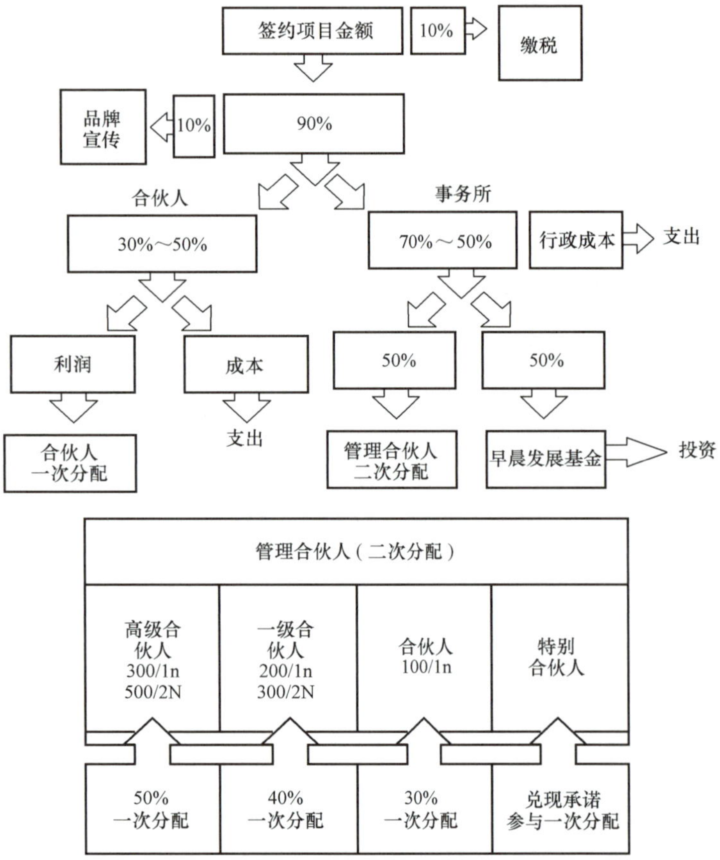

图 2-72 早晨设计的合伙人分配制度

2.5.1.2 驻厂设计师

驻厂设计师是与自由设计师相对而言的。驻厂设计师受雇于特定的企业，主要为该企业进行设计工作。目前许多国际性的大公司都有自己的设计部门，国内一些大型企业也设立了各自的工业设计机构。驻厂设计师一般对企业的各个方面都较熟悉，因而设计的产品能较好地适应企业在技术工艺等方面的要求。

为了使企业立于不败之地，有实力的企业都非常重视对驻厂设计师的继续培养。不少企业的设计部门还设专职教育人员，专门负责对在职人员定期进行再教育。这比学校教育更为重要。如果从企业的角度看设计师成长过程的话，可以归纳为以下三个阶段：

第一阶段是设计师从设计专业毕业之后进入

企业，开始接触实际具体的设计项目；

第二阶段是设计师通过设计项目的积累，逐步成为设计项目的管理者；

第三阶段是设计师成为企业的开发核心，为企业创造更高的效益。

在成长的第二个阶段里，一般都是 30~35 岁的设计师，无论从年龄还是发展空间来看，将来他们都会成为企业开发核心的中坚力量，所以对这个阶段设计师的培养是最重要的。大多数企业都希望这个阶段的设计师非常熟悉产品从开发、研究、设计、生产到销售的整个过程。虽然设计师灵活应用企业内部资源可以提高设计师的工作效率，但企业外部更广泛的学科和文化是刺激设计师灵感的重要方面。所以，企业应该给设计师提供与不同学科、不同文化以及研究机构等外部环境学习和交流的机会。

例如，日本日立、松下等大企业对刚入职的设计人员进行为期 1 年的职业训练，内容包括表现技术、企业经营宗旨、管理、车间劳动、市场销售实习及设计实务（制图、绘制草图效果图、制作模型等训练）。根据成绩安排不同岗位工作。再例如，国内如海尔等大型企业一般要求设计人员毕业后工作 3~5 年才进行独立设计，汽车等的设计则要求设计人员有 10~15 年以上的长期训练。

案例 2.18 索尼对内部设计师的管理

作为活用设计和设计师的典范，日本的索尼公司是最有代表性的企业。先进的技术和强大的设计是索尼保持独特风格的武器。1979 年索尼的创始人之一盛田绍夫任命设计师黑木靖夫领导开发的第一代 Walkman，彻底改变了人们听音乐的传统方式。随后，他又任命黑木靖夫为“商品本部”部长，确立了设计师在企业管理层的地位。获得权力的设计师也会把设计的权限扩展到设计企业。在索尼的品牌设计，以及整个产品宣传上设计师黑木靖夫都起到了重要作用。1982 年，以将技术、设计、音乐完美结合为理念，新一代最高经营者大贺典雄带领索尼开发成功了在今天最为广泛使用的音乐载体——CD。随后，大贺典雄将担任了 13 年的最高经营者职位交给了负责广告、设计及宣传部门的常务董事出井伸之。大贺典雄的选择表明，索尼此后的发展方向是用设计为已有的技术增加价值，满足不断出现的消费需求。在索尼，设计师的地位要高于工程师，索尼设计中心不仅要设计产品的外观和形状，还要开发整个产品概念，包括产品如何销售、如何推广、如何做广告等。这样索尼的设计就不仅为已有的技术增加价值，而是成为连接生产和消费这两个环节的根本要素。因此，索尼的设计工作在公司组织结构中占据中心位置，设计人员在公司的组织经营工作中也发挥着关键的作用。由此，可以总结索尼对设计进行管理的特点是，最高经营者从本人出发认可设计，从而提高设计师在企业内的地位和影响力，也认识到把设计师培养成高级管理者的重要性。

近来，也有学者大胆地提出，可以把具有管理水平的设计师调配到其他部门，使其体验不同组织的氛围。这种方式不仅可以培养设计师的协调能力，还可以更加广阔地推进设计在企业整体中的作用，将会是设计在企业内发展的趋势。

2.5.1.3 半自由设计师或设计组织

半自由设计师介于驻厂设计师与自由设计师之间。有一类半自由设计师，是在学校里的一些教师，他们既讲课传授知识，又开设设计工作室或设计公司，从事设计商务活动。他们把设计理论应用到生产实践当中，变成开发商品的实践活动，反过来应用这些实践经验进行总结和提升，进一步丰富理论。他们在一定程度上和自由设计师接近，但又与自由设计师不同，因为他们还要在学校讲课，从事设计理论研究，他们已经成为一个比较有规模和实力的设计群体，因此可以称之为校园设计师或半自由设计师。还有一些大中型企业或集团公司所属的相对独立的设计公司，它们在完成本公司设计任务之余，还可以承接社会上的设计任务（例如美的设计中心和海尔的海高），也属于半自由设计组织。

小结：与一些设计发达国家的企业相比，我国大多数企业经营者仍然认为设计是附属品，工业设计师、设计部门可有可无。而企业的经营领导层里设计师出身的管理者更是寥寥无几。正是因为这种轻视，导致我国在法制还不规范的市场竞争下，模仿品大量泛滥。这种现象持续 10 年之后，根据 20 世纪 90 年代后期的调查统计，亚洲地区生产的模仿品已经占全世界的 70%，其中中国占到了一半。直至今日，中国留给世界的印象还是“擅长模仿”和“精通加工”。中国企业的最高经营者应当认识到设计和设计师的作用，充分发挥设计师的作用是活用设计资源的第一步。

2.5.2 设计管理者

设计管理者是促进设计结果成功的决定性角色，设计管理者是公司的核心，运用设计去符合市场需求及生产要求。设计管理者是进行设计项目和设计例行行政事务管理的角色，他应该是一名协调者、激励者、传达者、翻译者和催化者，是促进设计成功的决定性角色，是公司运用设计去符合市场需要及生产要求的核心。一个好的设计管理者，应该具备敏锐的观察力与感受力。设计管理者常常是从优秀的设计师中脱颖而出的，但是，优秀的设计师不一定必然成为优秀的设计管理者，因为作为设计管理者所具备的能力结构与作为设计师的能力结构并不相同。作为设计师，理解客户要求，迅速高质提出创意是最重要的能力；而作为设计管理者，协调各方面资源，完成最终的设计创意是最重要的能力。

在第 1 章中我们了解到台湾邓成连教授将设计管理分为高层设计管理、中层设计管理、低层设计管理和设计执行管理四个层次，与这四个层次设计管理相对应的设计管理者依次为高层管理者、设计副总经理、设计经理和设计项目负责人，这 4 类设计管理人员的主要职责如下。

（1）高层设计管理是由公司高层管理者负责的设计政策管理，制订公司计划和产品计划，并使设计与公司目标相契合，确定由何人和如何管理企业的设计功能，并负责设计监督与主要设计投资的评估。在实务上，高层设计管理有时由一人作为代表或是多人组成的董事会负责设计相关事宜。

（2）中层设计管理是由设计副总经理负责的设计策略管理。主要活动包括：规划公司的设计组织与位置，策划与介绍设计管理系统，建立与维护设计标准，最好由设计副总经理负责设计策略的企划与组织，规划设计策划、组织设计资源、协调设计部门与其他功能部门的工作，或者作为公司与外部设计顾问之间沟通的渠道。

（3）低层设计管理是由设计经理负责的设计行政管理。设计经理主要负责管理设计组织内的日常设计、行政事务与企划项目的提案，设计经理必须自制设计资源（包括：人员、设备及组织内的设计系统等），他们负责提出设计项目企划，向设计师提出明确的设计规范指示，并负责日常管理中的沟通协调以及设计中的项目控制与审查。

（4）由设计项目负责人来进行设计执行管理，负责设计项目的进度控制，关注设计师的表现，并主持各种项目小组会议。

设计管理者可以理解为“懂得设计的管理者”或者“懂得管理的设计者”，两种说法虽然侧重点不同，但所要求的设计管理者应具备的素质是相同的。

第一，设计管理者必须具备拟定设计策略的能力。设计管理者必须能够从消费者角度出发，从长远的角度确定今后一段时期内公司产品的设计方向和风格，保证企业产品风格的一致性，明确企业未来的发展趋势和投资重点，同时增强消费者对品牌和公司形象的认识。

第二，设计管理者必须具备管理设计项目的能力。首先要根据公司的规章制度制订有效的内部管理模式；其次，根据设计师的不同个性灵活地调动他们的工作积极性和创造力，再次，能够协调设计部门与其他相关部门如制造、市场等部门之间的关系，合理利用企业资源，最后，能够具备监督和控制设计专案进度的能力。

第三，设计管理者必须具备选择和使用设计师的能力。设计师是一个非常独特的群体，他们的设计工作与其他工作相比自由度高、可控性差，设计管理者要保证每一位外聘设计师设计的产品都能与企业的目标保持一致，而不是各自为政，造成混乱，同时还要保持设计的连续性，不能因为设计师的更换而使设计脱节。这就需要制订一套统一的设计原则，作为每一位设计师必须共同遵守的规则来保证设计的一致性。设计管理者必须在一致性和创造性之间找到适当的平衡点，这也是设计管理者对设计师进行管理成败的关键。作为管理者必须能够促进设计团队的有效合作，充分发挥设计师的创造力和能动性。

第四，设计管理者必须具备良好的商业素养。设计管理者要根据客户对产品的体验和需要，为企业重新定位产品和服务类别，从而使客户能够体验到企业产品的连贯性和品牌内在文化的适应性。

第五，设计管理者必须具备良好的沟通能力，沟通对象包括所领导团队成员、相关职能部门、上级领导及与所服务的客户等。

小结：现代设计的复杂性决定了它必须由有组织的团队形式进行，现代设计团队不仅承担着设计任务，还是设计的策划者和组织者。应该从更高层次上认识设计本质，运作设计过程。这就要求现代设计师具备更加完善的知识结构。设计管理的最大目的是利用最少的资源和最短的时间来实现最大的经济效益。在现代社会，无论是探讨设计师的管理，还是设计组织化的问题，最高经营者的觉悟是最重要的。正如美国ZIBA设计公司总裁索拉布・沃索所说：设计管理者必须在不限制创造力发挥的前提下，发挥其指导作用，必须与设计成员进行交流而不是说教。

提高设计师的素质，注重对设计师的培养，以及聚集综合学科人才的设计部门来领导开发活动是合理管理设计资源的有效方法。在我国，大多数设有设计部门的企业只要求设计师帮助工程师做外形，并帮助市场销售做推广宣传，设计部门就像是“艺术工作室”。而且很多人认为，一般的企业没有必要设立设计部门，相关工作可以委托给专门设计公司，那里有技术更专业、经验更丰富的设计师。其实不然，企业应该在设计部门聚集不同学科的人才，把设计部门视为企划、技术、生产、流通统一的开发体。也就是把设计部门转变为开发活动的领导者，摆脱单纯思考外形、色彩、材质等基本要素的模式，转向以技术和新科技驱使设计。让设计师也同样作为技术开发的一员，用知识创造新的价值。即使是委托设计，也应该是以补充专门领域的信息和提高设计师能力为宗旨，展开与外部设计公司的合作；也可以让既有设计背景又有经营观念的设计师参与企业管理，更好地促进企业创新。

2.6 设计创新风险管理

企业界流行一种说法，“不创新是等死，创新是找死”。创新难，难在创新的风险。尽管设计人员最兴奋的就是做出“没有人做过的”创新，但最让经营管理者头疼的也是这种“没人做过的”风险。所以，青蛙公司的创始人艾斯林格（Hartmurt Esslinger）说：“在商界，对‘输’的恐惧如同一个巨大的阴影，使人对‘赢’的渴望黯然失色。”

现今，设计跟商业的联系越来越紧密，创新是设计的灵魂，它既是目的也是手段。当前，技术的差异性已经越来越小，而技术开发的代价却越来越大。工业设计是一个集成创新，采用的是现有的成熟技术，相对而言投资少、周期短、风险小，因此，相对于技术创新的高难度和高投入，工业设计向来被认为是最便宜的创新。设计创新本来是一件好事，但失败的设计创新一样会给企业带来惨重的经济损失。例如，2003 年西门子移动通信部在中国推出设计导向的“饰品”手机 Xelibri，由于缺乏足够的消费者调查和研究，想当然地进行创新，最后不得不在滞销后以大幅降价的方式清货，见图 2-73。

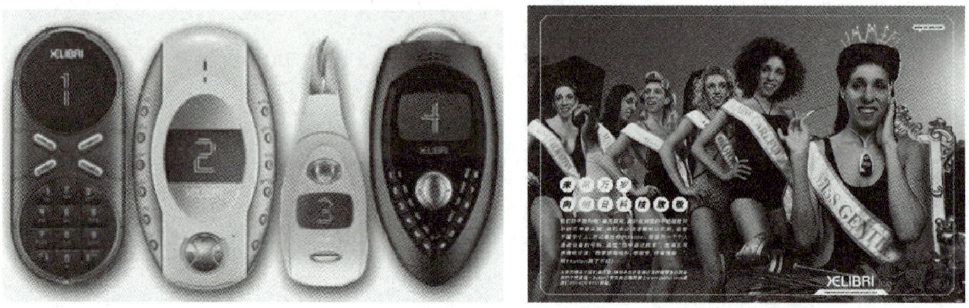

图 2-73 “饰品”手机 Xelibri

宏碁的创始人施振荣曾说过“全世界最便宜的创新就是工业设计”，但此处的“便宜”也是相对而言的。要发挥工业设计的作用，关键在于要掌握工业设计之魂——“集成技术创新”。美国苹果开发生产的 iPhone 手机，就是把现有的材料、显示、软件、芯片、娱乐等方面的技术集成在一起而设计出来的产品。融合外形设计、集成技术、文化艺术三者对商品进行创新，将移动电话、宽屏 iPod 和互联网融合在一起，全新的用户界面给消费者带来前所未有的体验。这个创新的过程共耗资 1 亿美元，仅外形设计一项就做了 33 套模具。正是因为看好这个消费者有多种需求的市场，虽然投入惊人，但由于创新合理，产品大获成功，其收益也是巨大的。商业周刊 2008 年设计大奖评选出一系列科技产品中，苹果 iPhone 手机获得通信工具类金奖。

2.6.1 设计创新风险分析

新产品开发是一个复杂的过程，从概念生成到成为商品，要经历营销、设计、研发、制造、管理、金融、商业战略等活动。该过程看似由一系列可以明确定义的流程构成，但在现实操作中却往往复杂、断断续续，充满风险与失败的例子。有时候会进入死胡同，不得不重新开始，而最终也未获成功。据哈佛商学院的克莱顿·克罗斯教授统计，每年有30000种新消费品投入市场，其中95%以失败告终，也就是说，新产品开发成功率低于5%，而营销创新的成功率也不超过11%。不冒点风险，难有革新，更无真正的创新。现实中经常有企业投入大价钱进行产品创新却以失败告终的例子。据有关资料介绍，产品设计的成本占产品成本的10%，却决定着产品制造成本的70%~80%。另一方面，在产品质量事故中，约有50%是不良设计造成的。现实不可谓不残酷，失败的原因很多，包括技术研发不成功、增加的功能过多、创新领先于时代太早，新产品价格太贵导致市场不接受等。

设计创新同样具有很强的风险性原则，失败的教训告诉我们，好的设计不一定获得好的销量，不一定获得商业成功。但设计必须接受这种风险和挑战，并管理好风险。可以说，成功设计的关键是尝试管理创新的风险。优秀的设计管理可以将设计从赌博转变成对风险的一整套控制。正是对风险的卓越的判断能力，把企业管理者、明智的个人与投机者区分开来。设计创新的风险可以概括为以下几类。

2.6.1.1 设计创新的适应性风险

创新设计的成功与否必须以消费者的满意度作为衡量的标准。企业高层通常会推行其喜爱的产品但又缺乏调研分析，如果产品的创新不是建立在消费者需求的基础上，就不容易被消费者接受并迅速推广，但产品设计本身及后期制造、营销所花费的时间成本、物质成本、机会成本等已不可挽回。有时候是产品设计没有达到预期的创意要求，这也是创新设计的风险之一。

2.6.1.2 设计创新的转换性风险

良好的设计创意在变为产品并推向市场的过程中受到材料、设备、工艺和技术等条件的制约。创新设计理念能否实现商业化大规模生产和销售也很重要。设计创新的先动者如果不能迅速将设计创新的成果转化为商品，往往会成为竞争对手的实验品和垫脚石，例如，以“求新创异”闻名于世的日本索尼公司在其早期就曾被称为“实验室里的豚鼠”，我们也将这种现象称为“设计创新先动者劣势”。因此，产品转换性与市场转换性也是创新设计的风险。以苹果公司历史上开发的Lisa电脑为例，见图2-74。该电脑是以乔布斯女儿的名字命名的，是全球首款将用户图形界面和鼠标结合起来的个人电脑，可以说，功能先进，并且设计的理念和美感都非常好，但是高达9995美元的定价，使之在IBM低廉的价格前毫无竞争力，市场接受度差。1989年，数千台Lisa电脑被抛进了犹他州的垃圾场。同样，苹果的G4 Cube也是一个出类拔萃、堪称完美的工业设计产品，但是同样由于定价过高而导致了失败。

图2-74 苹果公司的Lisa电脑

2.6.1.3 设计创新的盲目性风险

许多企业想创新，急于创新，但却未能从企业现有的产品结构层次、产品发展趋势及产品创新资源等实际情况出发，只是“为了创新而创新”，匆忙开展产品设计创新项目，缺乏选择性、针对性和目的性，以至于创新成本大于创新收益，使企业因设计创新而涉险。

2.6.2 设计创新风险防范

对风险加以管理，是人们对风险与生俱来的规避态度的要求。在创新过程中，设计师必须意识到一种责任感，如果只做到 1，那么实际上的影响将会是 100，因此有必要强化设计师的责任感。设计风险管理是以最小的代价降低设计风险的一系列程序，在进行设计创新时要从以下几点入手进行风险防范。

2.6.2.1 准确把握成功产品的标准

设计的目的是使设计对象满足用户的需求，当人们需要某种产品时，就意味着可能进行该产品的设计开发，但能否设计出来、制造出来，并带来良好的经济效益，是受多种因素制约的。“好产品”的定义必须考虑 SET（社会、经济、技术）的相关因素，在新产品设计初期，对产品概念的选择也往往以此为依据。SET 因素是在不断发展变化的，在三种因素共同作用下，现有产品和期望产品（即新产品）之间就会产生“产品机遇空缺”，识别这些产品开发机遇并找到与之相配合的技术和购买动力、抓住短暂的时间窗口进行迅速研发。如果开发出来的新产品或服务能够满足用户有意识或无意识的需求或期望，填补了产品空缺，就是成功的新产品。深入细致的客户研究是产品获得成功的基础，只有首先开展深入细致的用户研究，使产品从用户中来，到用户中去，才能设计出成功的产品。

2.6.2.2 设计创新要有明确的目的性

新产品开发过程的本质是将“技术”与“顾客需要”结合的过程。无论是面向企业内部的管理创新还是面向外部的产品创新，都需要最终接受市场的检验，因此都需要进行充分的调查和预测分析，否则就会造成创新过程中资源的浪费。要切实抓住消费者需求，真正做到以客户为中心，避免盲目创新。

2.6.2.3 要正确把握创新的“度”

面对瞬息万变的市场，企业对产品的“新”要把握合适的“度”，这个“度”包括“程度”和“速度”。就企业而言，新产品开发是一个商业化的行为，只有被市场接受和认可，才能产生效益最大化。创新要针对本企业实际情况控制程度。

颠覆式创新需要技术和时间机遇，大多数产品的创新是对现有产品的改进。如果追求完美，就要消耗大量的时间和金钱，而真正完美的产品也是不存在的。大企业的创新过程通常漫长曲折。即使设计方案在测评中胜出，得到企业管理层的支持，它依旧要通过下游的层层关卡——工程师、程序设计师、用户体验专家、团队领导者、管理者，有时甚至供应商都拥有否决权，这使得创新极易被某个部门的利益绑架。与开发全新的产品相比，在现有的产品上进行创新会相对安全一些。但是任何情况下都会出现差错，集体决策还导致公司倾向于安全的渐进式创新，而不是充满风险的突破性创新。非设计部门通常认为，只要利用现有的技术，让产品好一点点，速度快一点点，就能获得满意的市场收益。通用公司的总裁杰克·韦尔奇说，速度就是一切，它是竞争不可或缺的因素。很多创新的构想存在时间窗口，它们很快打开或是合上，速度重要，时机更重要。抓住时机，在创意和机会的交叉点起跳，就能抓住稍纵即逝的机遇。如果创新过度，不仅浪费金钱，而且贻误战机。此外，突破式创新的周期长投入大，风险高，成功后还容易被竞争对手跟随和模仿，这也是在 20 世纪日本索尼被称为“实验室里的豚鼠”的原因。因此，关于创新的“度”，海尔集团董事局主席张瑞敏曾提出过著名的“浮船法”，意思是，创新的程度只要比竞争对手略高一筹，哪怕是半筹也行，只要保持高于市场的水平，就能处于竞争对手之上，但这也导致了海尔缺少颠覆性创新的产品。图 2-75 为海尔卡萨帝全自动双滚筒变频洗衣机。

图 2-75 海尔卡萨帝全自动双滚筒变频洗衣机

2.6.2.4 重视竞争对手的创新

创新活动是一个“进化”的过程，在“进化”过程中，各创新主体相互竞争，优胜劣汰，只有最先成功完成创新活动的企业才能获取最丰厚的市场回报。因为最先完成创新活动的企业常常能利用设立专利、技术标准等手段，率先构筑起技术垄断优势。而后继完成同类创新的企业，不但没有了先机，而且在技术上还会受制于最先获得创新成功的企业，其原来预想的创新收益将会因此大打折扣。因此，加强对设计创新的保密工作，既能给消费者带来更大的惊喜，又能有效地保护企业的创新成果，减少设计创新的转换性风险。

2.6.2.5 提供适合创新的内部环境

首先，改进企业内部的管理机制。新产品开发的成败影响着企业发展，企业内部的管理机制对新产品开发的作用也至关重要。企业要想获得创新，就必须为个体创造良好的、宽松的环境和条件，提供各种资金和物资的支持。设计师群体通常是由有思想、有个性的设计师组成，与行为严谨的工程师群体相比较，他们更加擅长右脑思维，行为相对自由散漫。如果想带领他们更好地开展工作，团队管理者应该尽量做到以下几点才能为带领团队和谐地开展工作奠定基础：尊重并欣赏个体之间的差异；换位思考从而更好地理解对方；尽量用对方熟悉的术语和工具进行沟通；敞开心扉，以开放的姿态和胸怀容纳他人；设计管理者自身要具备对市场和消费者需求的洞察能力、高超的品位、出众的审美眼光和商业思维。

其次，培养企业内部的创新文化。“危机”的含义常常“危”中有“机”。创新总是充满着风险和不确定性，有可能遭遇挫折和失败，但风险又往往意味着机遇和未来，因此，组织要有科学的态度和方法促进和保证创新的效率和效果。要注意以下几点：一是要形成容忍失败、鼓励创新的企业文化和管理机制；二是组织要打造和保持自身持续的创新活力。要解放组织成员的个性，努力激发他们的活力，就要给他们提供物质的、时间的和精神的弹性和自由——这点对于从事创意性工作的人尤其明显。领导者应该认识到，休息和玩耍不仅是解压的良药，还能够解放人们压抑的想法使大脑迸发灵感的火花，使他们进入更有创造力的状态。“应该承认这样一个事实“站在窗户前做白日梦实际上可能是一种非常富有成果（尽管难以度量）的活动。”（布鲁斯:《用设计再造企业》）冥想、散步、午间休息，都是清空大脑，产生更多灵感和创意的有效方法。另外，企业要为勇于创新的员工提供“定心丸”。美国 3M 公司的“15% 法则”“私酿酒法则”和 Google 公司的“20% 时间”工作法都是允许员工拿出一定比例的工作时间自由从事自己喜欢的研究，企业不苛求创新的成功，却对成功的创新设立独特的奖酬制度。正是在宽松的环境中，诞生了许多广受市场欢迎的成功的创新产品，这种自由愉快的创新也吸引到一大批青年才俊加盟企业。三是要注意到，公司员工的创造力水平和工作效率还会受到办公环境布局、设计与管理等因素的影响。美国 IDEO 公司为了促进公司人员创意能力的提升，专门设有布景设计师，负责搭建有趣的办公空间，为员工赋予更大的自由度，从而激发更多的创造性。Google 公司充满创意的环境（见图 2-76）和高福利的工作条件令全球白领心生向往，其著名的大滑梯成为很多科技公司模仿的解压道具。四是在强调创新的同时也要加强风险教育，让员工认识到，设计不是设计师个人的自我实现的工具，而应该将公司的风险放在心上，所以，3M 一直强调的是“有纪律的创新”。

图 2-76　Google 公司的内部环境设计

再次，改变企业内部的组织架构。在德国等一些工业设计强国，设计师与公司的管理层是在同一层级的，设计部门已经成为企业架构中的上层部分。制造型的企业中，至少应该有一个直属负责产品设计团队的副总裁，如果总裁乃至整个管理层都能懂些设计就更好了。管理层必须把工业设计问题提升到企业发展战略的层面上来重新审视。CDO（首席设计官）在飞利浦、IBM 等知名企业已经成为全球设计总监的代名词。

最后，对创新经验及时进行总结。企业应利用知识管理系统对创新进行及时的评价、总结，将设计创新的整个过程进行详细记录，将新产品开发各个阶段的数据整理成数据库。增加企业的知识储备，将个人的知识和信息提升为组织的知识，以便使今后的设计人员能熟悉创新流程和环境，从过去的创新设计中汲取经验或者教训。

2.6.2.6 培养持续创新能力

产品创新，是推动企业持续发展的根本力量。只有一次创新不足以支持企业的发展，因为创新带来的竞争优势会随着竞争对手的抄袭消失。所以，一个组织必须持续创新，始终超前一步保持竞争力，减少竞争者的创新所带来的市场风险，保持旺盛的企业生命力。一般而言，当一种产品进入市场投入期时，就应该着手对新产品进行构思和研究。当原有产品进入成长期后，就要对新产品进行设计性试制。当有产品进入成熟期后，新产品就要投入市场，这是新产品投入市场的最佳时机。当老产品进入衰退期后，新产品应进入成长期，适时接替老产品，使企业保持销售旺势。如此循环，遵循“生产一代、储备一代、构思一代”的准则，企业就能做到青春永驻，也就是我们常说的“流水不腐、户枢不蠹”。我国著名家电企业海尔集团，就根据全球设计发展趋势，建立了专门的超前设计团队，整合国际著名的技术设计专家和资源，研发各项超前技术和产品设计，包括未来产品企划设计，3~5 年的产品设计企划，1~2 年的产品设计与改良等。通过开展超前设计海尔取得了丰硕的成果，使产品处于国际领先位置，引领国际设计前沿。

2.6.2.7 创建科学的设计流程

美国设计管理学会指出：凡是成功的设计，必定伴随成功的设计流程。新产品开发的流程主要有下列几个步骤：最初概念，最初方案，基础及应用研究，产品原型，工艺计划，设备计划，试制，试产，投入市场。风险控制与管理是项目管理的重要职能之一，所有的努力与工作应该是以确保项目成功实现为最终目的，所以，设计项目的风险控制与设计项目进度应该是一致的，甚至在产品计划阶段必须根据以往的经验和信息，主动把风险控制和管理的相关事宜和环节作为计划中的重要部分。尽管设计手段和数据采集技术越来越先进，但是，最好的用户研究方法还是要真正深入到用户的工作、生活环境中去，做深入的调研，才能准确把握用户的需求。企业多年来的实践形成的主流工作流程，各类决策方法、创意方法、调研方法，都是预防和管理风险的有力保证。

2.6.2.8 利用现代设计技术

现代设计技术可以极大缩短设计的时间，减少设计的风险。设计师可以用计算机来绘制各种设计图、用快速原型技术来替代油泥模型、用虚拟现实（Virtual Reality，VR）来进行仿真演示等。从虚拟现实、增强现实（Augmented Reality，AR）、混合现实（Mix Reality，简称 MR）大量的跨平台交互设计软件的推出和更新到全方位、全时段沉浸式设备的应用，都将促进工业产品更加具有交互性、开放性和共享性。同时，设计、工程分析、制造三者集成的并行化计算机辅助设计系统，方便不同专业的人员及时进行信息沟通和反馈，缩短开发周期，降低设计风险，并保证设计、制造的高质量。设计人员通过计算机系统在虚拟现实环境中进行虚拟设计，可以突破物理空间和时间的限制，用虚拟的人体模型模拟产品使用、维修情况或对产品进行虚拟的加工、装配和评价等，还可以利用数据头盔、数据手套等设备对产品进行身临其境的体验，进而避免设计缺陷。随着数据采集工作越来越容易，大数据使得模糊的因素得以清晰地显现，使设计师能够更好地了解消费者的真实想法，尊重消费者的使用习惯和心理诉求，令产品的设计定位更为精准。得益于算法的不断进步，人工智能技术突飞猛进，人工智能化设计（Artificial Intelligence Design，AID）或称智能增强设计也获得了快速发展，在处理一些较为简单的、确定性的设计类别上，甚至到达与人类设计师媲美的程度（例如 UI 设计、家具设计、箱包产品设计等），即使是在复杂产品如汽车设计领域，也取得了令人惊叹的进展。这项技术也大大缩短了设计的周期，减少设计的成本，降低设计的风险，提高设计的创新性。见图 2-77 和图 2-78。

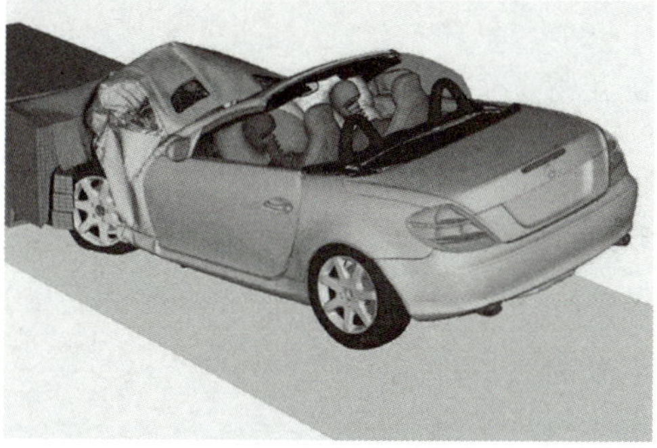

图 2-77 用计算机对汽车碰撞情形进行模拟

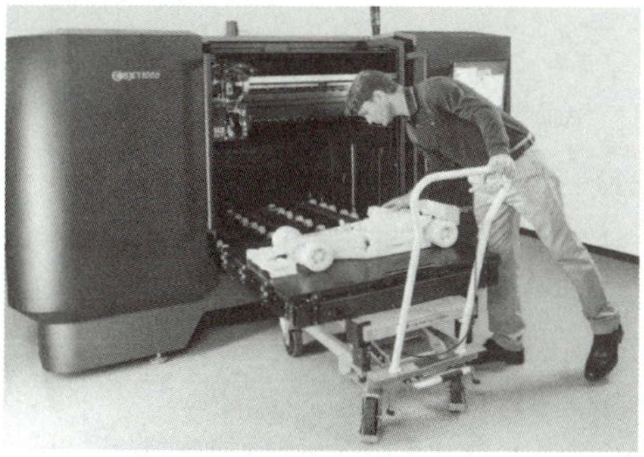

图 2-78 3D 打印技术

本 章 小 结

今天，越来越多的企业开始认识到，设计创新是加强产品甚至是整个企业竞争力的利器。设计创新是一个复杂的过程，包含一系列的工作，因此，设计创新是需要管理的，设计管理可以在各个层次整合、协调设计所需要的资源和活动，并对一系列开发策略和设计开发活动进行管理，创造出有效的产品，达到企业的目标。设计师和设计组织是企业开展设计创新的基础，要对其进行科学而富有人性化的管理，激发他们的创造力并提高设计创新的质量。

设计战略是企业战略的重要组成部分，作为企业战略的重要内容，它对提高产品开发能力，增加市场竞争力，提升企业形象起着至关重要的作用。确定正确的设计战略并成功导入和执行，不仅可以提升产品的附加值，而且可以建立良好的产品形象、品牌形象和企业形象，更重要的是增强了企业的核心竞争力，从而使企业始终保持一定的竞争优势。

商海航行，品牌为帆；品牌塑造，设计先行。企业通过综合性的设计，为消费者创造一流的产品、环境、服务和体验，从而打造一流的品牌，为企业创造巨大的利润。

设计部门中应该聚集不同学科的人才，将设计部门建设成企划、技术、生产、流通统一的开发体，也就是说，企业要把设计部门转变成开发活动的领导者，摆脱单纯从外形、色彩、材质等基本要素的设计思考模式，转向以技术和新科技驱动设计。把设计师视为技术研发人员，用知识创造新的价值。

设计在企业内的组织定位是由企业最高经营者决定的，设计管理的最大目的就是利用最少的资源和最短的时间来实现最大的经济效益，因此，最高经营者的觉悟是最重要的。促进设计师在经营战略上的发言权，提高设计部门的综合表现能力和设计战略的推进能力也是非常重要的。

风险与创新总是如影随形。设计的创新属性决定了它必然要面临若干风险，从概念的形成到成为成功的商品绝非一片坦途。设计不是设计师自我实现的工具，而是要时时考虑企业的风险，运用科学的管理和先进的技术能够有效地规避风险，提高成功率。

本 章 习 题

（1）谈谈你对设计创新、企业创新、设计管理三者之间关系的认识。

（2）什么是设计战略？设计战略有哪些类型？对成功运用设计战略的企业进行调查研究。

（3）什么是企业形象、品牌形象和产品形象？它们三者之间的关系如何？举出具有成功的形象设计管理的企业案例并加以分析说明。

（4）如何建立企业形象、品牌形象和产品形象？

（5）企业对设计部门的管理包括哪些内容？

（6）设计师有哪些类型？企业如何对设计师进行管理和培养？

（7）设计创新的风险有哪些？企业应如何防范设计创新的风险？

（8）对某企业的工业设计、设计创新、设计管理状况开展调研，写出调研报告。

（9）搜集苹果 iPhone 或三星某系列智能手机，对其产品形象设计的特征和继承性进行归纳总结。

（10）对小米公司生态链中的产品形象进行调研，概括 Mi-Look 特征，并分析总结其形成过程。

第 3 章　项目层面的设计管理

教学目标：

① 了解项目的定义、项目的特征、项目的生命周期及项目的生命周期包括哪几个阶段。

② 掌握项目管理的定义和作用。

③ 掌握设计项目的定义、作用和特点。

④ 掌握设计项目管理的程序。

⑤ 了解设计项目的组织形式。

⑥ 掌握工业设计团队的人员组成及构建高效能设计团队的方法。

⑦ 掌握一名称职的设计项目经理应该具备的素质。

⑧ 了解如何控制设计项目的进度。

⑨ 了解如何对设计项目进行管理。

3.1 项目管理概述

经济全球化及市场竞争的加剧，使得商业环境发生了根本性的变化，企业组织机构更加庞大，关系更加复杂，跨行业、跨部门的业务和工作日益增多，产品开发转向以团队为主，降低成本从而增强企业竞争力的压力也日益增大。这一切迫使企业给予经理和团队成员更大的责权，不仅需要他们实施方案，而且还需要他们管理合同、了解财务，并与客户一道高效率地工作。这一切使得组织的经营管理方式发生了根本性的变化，以项目为中心的组织管理模式更加适合组织的发展和竞争的需要，而组织是否拥有大量优秀的项目管理人员则成为企业生存、发展及参与国际竞争的关键。

3.1.1 项目的定义和特点

管理，简单来讲就是 PDCA：Plan（计划）、Do（执行）、Check（检查）、Action（调整）的循环过程，是在一定的目标条件下针对具体对象的计划、组织、协调、控制活动的总和。美国项目管理协会 PMI（Project Management Institute）给项目的定义已经越来越得到其他国家的认可：项目是一系列特殊的将被完成的任务，它是在一定条件（时间，成本，质量，范围）限制下，满足特定目标的多项相关工作的总称。由 PMI 编写的 PMBOK（Project Management Body Of Knowledge《项目管理知识体系指南》）已经成为项目管理领域最权威的教科书。

项目的特点表现为，项目以一套独特而互相联系的任务为前提，有效地利用资源，为实现一个特定的目标所作的努力，下面的特征将有助于对“项目”这个概念的理解。

（1）项目有一个明确的目标——一个期望的结果或产品。项目的目标通常按照工作范围、进度计划和成本来定义。例如，一个项目的目标可能是在 10 个月内、以 50 万人民币的预算将一种满足预先规定的性能规格的新产品投入市场，而且期望能够高质量地完成，使客户满意。

（2）项目的执行要通过完成一系列相互关联的任务，即许多不重复的任务以一定的顺序完成，以便达到项目目标。

（3）项目需要运用各种资源来执行任务。资源可能包括不同的人力、组织、设备、原材料和工具。例如，产品设计需要设计师、机构工程师等人员，并需要计算机、快速成型机等设备。

（4）项目有具体的时间或有限的寿命。它有一个开始时间和目标必须实现的到期日。项目可能是独一无二的、一次性的努力。某些项目，如设计和修建空间站，就是独一无二的，因为以前从未有人尝试过。另外一些项目，如开发一种新产品、建造一栋房屋、筹划一次婚礼等，则因其特定的需求而成为独一无二的。

（5）每个项目都有客户。客户是为达成项目而提供必要资金的实体，它可能是组织或个人，或者是由两人以上的人或组织构成的一个团队。管理项目的人员和项目团队必须成功地完成项目目标，以使顾客满意。

（6）项目包含一定的不确定性。在项目开始前，应在一定假定和估计的基础上准备一份计划，并将这些假定条件记录在案，这是非常重要的。因为它们会影响项目预算、进度计划以及工作范围的生成。项目就是基于一套独特的任务以及每项任务要耗用的时间，来估计各种资源、这些资源的能力和可得性的假定，以及与这些资源相关的成本假定，这些假定和估计结合在一起就产生了一定的不确定性，它将影响项目目标成本的实现。在项目进行之中，一些假定将会改进或被实际资料所取代。

3.1.2 项目管理

从本质上而言，项目管理就是以项目为对象，在项目确定的目标（最终目标）、成本、工期和质量约束下，对项目进行计划、组织、协调、控制等活动。项目管理的方法创立于美国 20 世纪 50 年代后期，并在一些领域得到了应用，取得了非常好的效果。

在项目管理的知识体系中，项目管理的范畴被划分为范围管理、时间管理、成本管理、质量管理、人力资源管理、沟通管理、风险管理、采购管理、综合管理等 9 大职能领域（亦称“4 硬、4 软、1 综合”，见图 3-1），这也是整个知识体系的核心所在。基本上，项目管理的每个环节都可据此展开和解释。

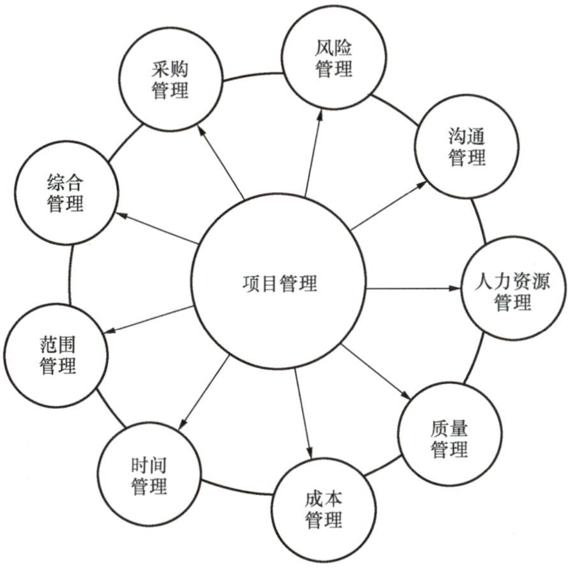

图 3-1 项目管理的 9 大知识领域

现代项目实践中，由于在项目实施过程中的重大作用，项目管理已经成为每个项目必不可缺的工作内容。可以想象，一个项目，如果没有有效的项目管理，整个组织必定一盘散沙，工作无序，控制紊乱，注定最后失败的命运。经过多年的项目实践，现代项目管理的范围不断扩大，与其他学科不断交叉渗透和互相促进，逐步形成了自己特有的知识内容，并与管理学的基本知识、项目运用领域的知识相结合，形成了项目管理学的完整的知识体系。项目管理也不再是单纯地对项目进行管理的活动，而是演变为一个崭新的学科。同时，项目管理，也对从事项目管理工作的人员也提出了越来越高的资格和素质要求，项目管理者的地位和权威也越来越得到体现和重视，项目经理逐步也成了一种职业象征。目前流行的两大项目管理认证 PMP（项目管理专业人士资格认证）、IPMP（国际项目经理资质认证），更为项目管理业者提供了一个标准学习和资格认证的平台。世界著名的美国 PMI 公司管理顾问预测：项目管理方式将成为或已成为新经济时代最具生命力的模式，成为世界各国最通用的政府、企业核心部门的管理模式。美国学者大卫・克里兰博士（David Cleland）称：未来社会，在应对全球化的市场变动中，战略管理和项目管理将起到关键性作用，项目管理将成为 21 世纪企业组织和管理的主要形式。美国著名杂志《财富》(《Fortune》) 认为：项目经理将成为 21 世纪年轻人首选的黄金职业。

3.1.3 项目的生命周期

当客户（愿意提供资金，使需求得到满足的个人或组织）识别出需求时，项目就诞生了。例如，对于一个人口不断增长的家庭来说，可能会需要一间更大的住宅；而对于一个公司而言，问题可能是它的产品与竞争对手相比存在外观陈旧、生产工艺落后等问题。客户必须首先识别需求或问题。

项目生命周期确定了项目的开端和结束。项目生命周期一般分为规划、计划、实施和完成等四个阶段，见图 3-2。

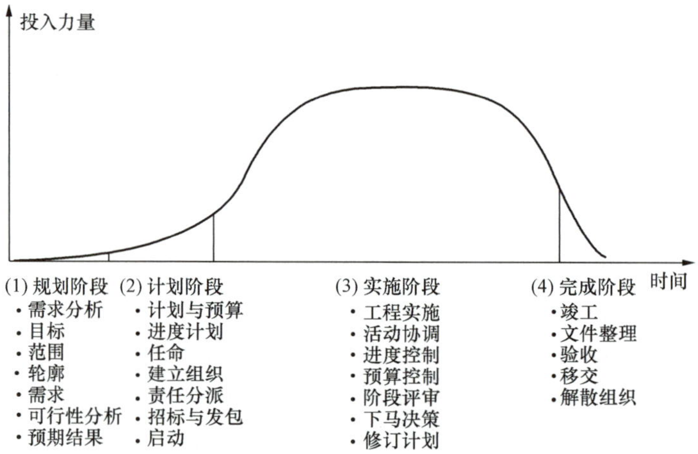

图 3-2　项目生命周期

（1）规划阶段：涉及需求、问题或是机会的，客户向个人、项目团队或是组织（承约商）征询需求建议书，以便实现已确认的需求或解决问题。

（2）计划阶段：提出解决需求或问题的方案。

（3）实施阶段：执行解决方案。

（4）完成阶段：即结束项目阶段，当项目结束时，某些后续的活动仍需执行。

项目生命周期的长度从几个星期到几个月不等，依项目内容、复杂性和规模而定。而且，并不是所有项目都必然经历项目生命周期的四个阶段。

大多数项目生命周期具有以下共同的特点。

（1）对成本和工作人员的需求最初比较少，在向后发展的过程中需要越来越多，当项目要结束时又会剧烈地减少。

（2）在项目开始时，成功的概率是最低的，风险和不确定性是最高的。随着项目逐步向前发展，成功的可能性也越来越高。

（3）项目起始阶段，项目涉及人员的能力对项目产品的最终特征和最终成本的影响力是最大的，随着项目的进行，这种影响力逐渐削弱了。这主要是由于随着项目的逐步发展，投入的成本在不断增加，而出现的错误也不断得以纠正。

项目生命周期确定的阶段的前后顺序通常会涉及一些技术转移或转让，比如设计要求、操作安排、生产设计。在下一阶段工作开始前，通常需要验收现阶段的工作成果。但是，有时候后继阶段也会在它前一阶段的工作成果通过验收之前就开始了。当然要在由此所引起的风险是在可接受的范围之内时才可以这样做。

3.1.4 项目管理的作用

按照传统的做法，当企业设定了一个项目后，参与这个项目的将包括财务部门、采购部门、人力资源等多个部门，不同部门在运作项目过程中不可避免地会产生摩擦，须进行协调，而这些无疑会增加项目的成本，影响项目实施的效率。项目管理的做法则不同。不同职能部门的成员因为某一个项目而组成团队，项目经理是项目团队的领导者，他所肩负的责任就是领导团队准时、优质地完成全部工作，在不超出预算的情况下实现项目目标。项目管理者不仅仅是项目执行者，他参与项目的需求确定、项目选择、计划直至收尾的全过程，并在时间、成本、质量、风险、合同、采购、人力资源等各个方面对项目进行全方位的管理。因此项目管理可以帮助企业处理需要跨领域解决的复杂问题，并实现更高的运营效率。实施项目管理有以下优点。

（1）合理安排项目的进度，有效使用项目资源，确保项目能够按期完成，并降低项目成本。通过项目管理中的工作分解结构 WBS（Work Breakdown Structure）、网络图和关键路径 PDM（Product Data Management）、资源平衡、资源优化等一系列项目管理方法和技术的使用，可以尽早地制订出项目的任务组成，并合理安排各项任务的先后顺序，有效安排资源的使用，特别是项目中的关键资源和重点资源，从而保证项目的顺利实施，并有效降低项目成本。如果不采用项目管理的方法，我们通常会盲目地启动一个项目，将所有资源均安排在项目中，可能会造成很多人员、任务的瓶颈，同时也会造成很多的资源闲置，这样势必会造成资源和时间的浪费。

（2）加强项目的团队合作，提高项目团队的战斗力。项目管理的方法提供了一系列的人力资源和沟通的管理方法，如人力资源的管理、激励理论、团队合作方法等。通过这些方法的使用，可以增强团队合作精神，提高项目组成员的工作士气和效率。

（3）降低项目风险，提高项目实施的成功率。项目管理中重要的一部分是风险管理，通过对项目质量、成本、时间等要素的控制可以有效降低项目的不确定因素的影响，减少项目风险，如图 3-3 所示。其实，这些工作是在传统的项目实施过程中最容易被忽略的，也是会对项目产生毁灭性后果的几个因素。有效控制项目范围，增强项目的可控性。在项目实施过程中，需求的变更是经常发生的。如果没有一种好的方法来进行控制，势必会对项目产生很多不良的影响，项目管理中要强调进行范围控制。变更控制委员会和变更控制系统的设立，能有效降低项目范围变更的影响，保证项目顺利实施。项目计划、执行状况的检查及 PDCA 工作环的应用，能够及早地发现项目实施中已经存在及隐含的问题，这样项目就能顺利执行，见图 3-4。

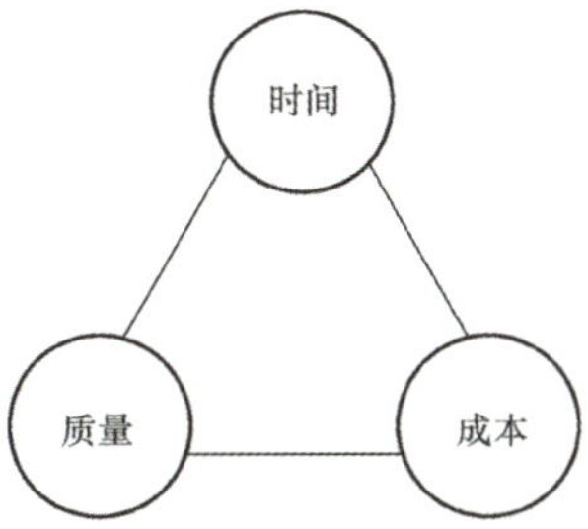

图 3-3 项目评价“铁三角”

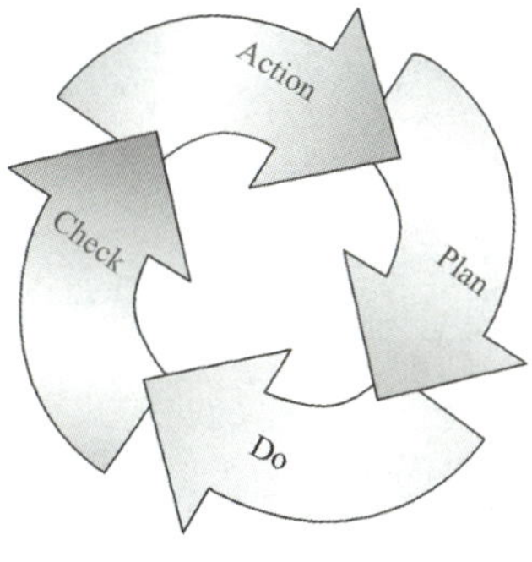

图 3-4 PDCA 工作环

（4）可以有效地进行项目的知识积累。传统的项目实施中，经常在项目实施完成时，项目就戛然而止，对于项目的实施总结，技术积累，都是一种空谈。但目前知名的跨国公司之所以能够运作很成功，除了有规范的制度外，还有一个因素就是有比较好的知识积累。项目管理中强调项目结束时，需要进行项目总结，这样就能将更多的公司项目经验，转换为公司的财富。总体来讲，项目管理可以使得项目的实施顺利，降低项目的风险性，最大限度地达到预期的目标。

3.2 设计项目管理概述

与加工制造阶段生产出的“产品”不同，设计阶段形成的“产品”属于“知识产权”的范畴，具体体现在为其提供的设计文件（图纸、3D 建模、概预算、说明书、模型、样机等）、动员的人力、花费的时间、形成“产品”的方式上都有自己的特点。因此，相应地设计项目管理运作模式也应有自己的特点。这里需要强调的是：设计不仅需要设计师发挥最大的创造力，同时也需要工程设计、资金投入、生产模具制造、质量管理、销售推广、售后服务等配合设计的工作。设计工作涉及企业中各个相关部门的协作，在设计过程中，需要工程师和市场人员及决策者不断参与，对项目的工艺性、市场反应以及预期进行校正。只有与这些相关人员保持良好的沟通和协作关系，才能很好地把握市场变化、设计潮流走向以及预测发展趋势。

3.2.1 设计项目的定义

广义上的设计项目是指，在一定的限制条件下，人类创造性活动所完成的某种特定要求的一次性任务因场合不同而含义不同，在生产经营领域有企业经营战略设计项目，在流通领域有销售网络设计项目等。狭义的设计项目是指功能型设计项目，即在一定的时间、人力、资源条件下，满足一系列特定目标，完成的具体设计任务的活动和功能的总称。例如，为了控制企业的统一形象而创建一套能全面、正确地体现企业精神、经营思想、发展战略指导性文件，或产品的外观设计、新产品开发项目、主题招贴设计、小区规划、室内设计、视觉设计等设计项目。

3.2.2 设计项目生命周期

在实践中，由于项目周期中各活动的同步性，项目生命周期的每一个阶段并非泾渭分明地串联进行，而是在不同的阶段出现显著地重叠或并列进行。例如，项目计划正在持续的同时组织活动也在进行，而实施阶段可能已经开始。不同的学者对设计项目生命周期有不同的理解和划分方式，图 3-5 为设计项目生命周期模型的一种——五阶段生命周期。

在设计项目的全部生命周期内，设计项目管理人员要不断沟通、进行设计资源配置，作出科学决策，协调时间、费用及功能等约束性目标，从而使设计项目执行的全过程处于最佳的运行状态，在较短的时间内完成设计目标。

3.2.3 设计项目管理

设计项目管理是定义设计问题，以设计项目为对象的系统管理方法，通过计划、组织、指导和控制等管理手段对设计资源进行合理配置，对设计项目全过程进行高效

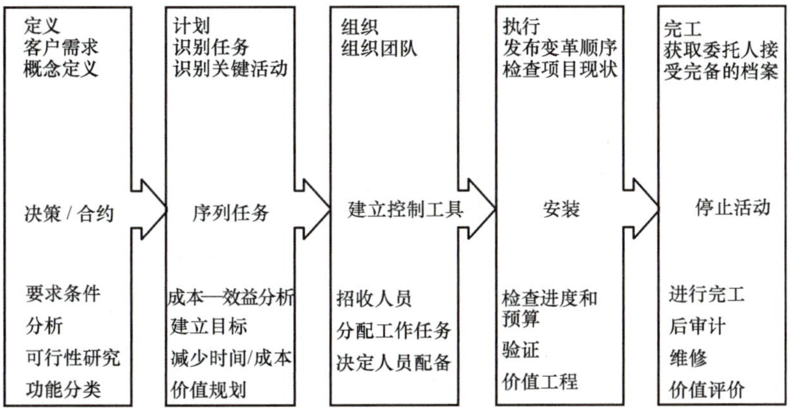

图 3-5 设计项目周期

整合，综合协调及优化。作为对具体设计项目的管理，它具有务实性及可操作性，是较低级的可操作管理。它与一般的管理不同之处是将管理的对象具体到特定的某一设计项目，但它仍是管理的一部分，所以管理的理论也对之适用。设计项目管理是围绕具体设计项目所展开的管理工作，属于低级的工程操作层面。

设计项目管理在设计项目过程中有 4 个基本任务：计划、组织、监督、控制。设计项目管理计划是在设计项目建立之后，设计项目展开之前，包括对设计前期准备工作的规划。它包括设计项目的目标设定、设计项目流程控制、设计项目时间总体规划、设计项目考核等。设计项目管理计划中的各项都极为重要，它们是以后工作展开，评估的参考依据和衡量标准。它的“质量”的好坏，直接影响着最终产品的成败。所以应进行各方面的综合思考，做出完美计划，为以后的成功打下坚实的根基。设计项目管理组织除了确定团队成员外，还包括选择组织结构。组织结构直接影响团队内部信息的传递和反馈速度，即沟通问题。设计项目管理监督包括在一定阶段进行总结、评价，并且按照进程督促员工保证设计进度。设计项目管理控制是实施阶段很重要的一点，管理者依据设计计划，将目标、进程等控制在正常范围内。

通常而言，设计项目具有以下特点：

（1）设计项目的管理对象是设计项目。这里主要强调的设计项目是一系列由临时的设计任务组成的整体任务系统，并非其中一个或几个任务。其目的是通过运用科学的设计项目管理技术，更好地实现设计项目的目标。

（2）项目管理的全过程都贯穿着系统工程的思想。设计项目管理是把设计项目视为一个完整的系统，依据系统论“整体—分解—综合”的原理，将设计项目分解为若干责任单元，由责任者分别按照要求完成，然后汇总形成最终结果。设计项目管理强调综合管理，应充分考虑到各部分的协调和控制，以保证项目总体目标的实现。

（3）设计项目管理的组织具有特殊性。主要表现在以设计项目本身作为一个单元组织，围绕设计项目来组织资源，并且涉及项目管理的组织是临时性的，在设计项目终结时这个组织的使命也就完成了，组织随之解散或接受新的任务。另外，设计项目管理的组织是柔性的，即可变的。

（4）设计项目管理职能主要是由设计项目经理执行。设计项目管理是一种基于团队管理的个人负责制，因而设计项目经理是一个关键的角色。设计项目经理与财务经理、人事经理、销售经理一样，在企业中起着重要的作用，扮演了组织者、协助者、整合者、传达沟通者及媒介者等诸多角色。

（5）设计项目管理的方式是目标管理，并且设计管理是一种多层次的目标管理。由于设计项目涉及的专业范围往往十分广泛，设计项目管理者必须综合协调好时间、费用及功能等约束性条件，在相对较短的时间内达到一个特定的成果性目标，见图 3-6。

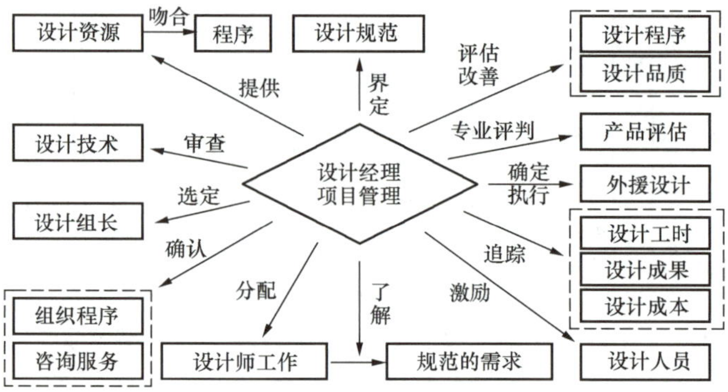

图 3-6　产品设计中的项目管理模式

3.2.4 设计项目管理程序与方法

科学严谨的流程和质量控制是设计项目成功的保证。产品设计流程和设计项目流程之间既有区别又有联系，我们可以通过以下对比探析二者之间的异同。

3.2.4.1 产品设计流程与设计项目管理流程的比照

研究产品设计流程与设计项目管理流程的关系，可以更好地对设计项目进行控制。

案例 3.1　北京某工业设计公司的产品设计流程和设计项目管理流程的对比

北京某工业设计公司主要为用户提供产品设计及相关技术服务，包括工业产品市场策划（用户与市场研究）、外观造型设计、结构设计、手板样机制作、模具开发制造和产品包装设计等，帮助客户解决从产品的外观到结构以及后期产品产业化的问题。对照其产品设计流程和设计项目管理流程，可以看出二者非常接近（见表 3–1）。

表 3–1　北京某工业设计公司产品设计流程与设计项目管理流程对比

序号	产品设计流程	设计项目管理流程		
1	前期沟通：与客户交流，明确客户的设计要求，理解客户所遇到的问题以及后期市场的期望	第一大阶段：外观设计阶段	1	双方沟通，确定针对具体项目的设计团队
2	设计前期：市场调研定位分析，了解同类产品的市场详细情况，研究使用方式等相关创新点		2	项目团队对产品的评估（包括现有产品和同类产品的设计分析、产品的整体及局部造型分析、产品色彩及市场现有同类产品分析、人机工程分析和使用环境分析），确定设计方向
3	外观设计：工业设计师进行头脑风暴，着手概念创意设计，局部调整后对方案效果具象化		3	项目小组进行产品结构化预先分析，确定设计的出发点和可行性分析
4	结构设计：对确认的 ID 外观方案进行结构设计，分析结构的可行性和合理性及模具的成本控制		4	创意草图设计，项目小组进行方案论证和初期方向确定，并进行产品造型效果图设计，提供初期造型效果图多款方案

续表

序号	产品设计流程	设计项目管理流程		
5	手板制作：验证外观和结构，保证后期模具的风险降到最低，并进行手板样机制作	第一大阶段：外观设计阶段	5	双方审核并提出修改意见，对设计方案进行优化，提供三维造型图
6	模具设计：结构验证通过后进行模具制造分析，并在开发的过程中跟进，保证模具质量		6	双方再次审核并确定最终设计方向，项目小组对设计方案进行优化，根据最终确定的产品造型进行方案细化处理
7	后期跟踪：对产品设计和生产进行后期跟踪，解决生产过程中碰到的工艺、表面处理等问题	第二大阶段：结构设计阶段	1	项目小组根据最终造型设计方案，进行壳体的结构建模及结构设计
			2	双方协调设计的具体细节和相关的功能要求，并对与所涉及的内容相关的内部部件进行建模
			3	项目小组进行机构设计的优化及完善，并进行产品结构装配分析，检查结构设计合理性
			4	乙方提供整套结构设计图档，包括产品 3D 结构电子文档（Pro/E 格式），产品结构装配电子文档（CAD 格式），产品零件清单（XLS 格式）

通过以上对比可以看出：设计项目流程和产品设计流程基本上是同步发展的。从设计管理的角度来看，没有任何一个设计流程是“放之四海而皆准”的。不同的企业针对同一类产品，由于其在行业中所处地位的不同，所采用的设计流程和设计策略是不同的，即使同一个企业针对不同的产品线的设计，流程也不尽相同，同一个企业，同种产品，在其产品生命周期的不同阶段，设计流程也不一样。因此说：要对某个企业提供一个普适且十分有效的设计流程非常困难，真正有效的设计程序应该是柔性的。

产品设计流程划分为设计计划阶段、设计构思阶段、方案设计及深化阶段、转化阶段等 4 个阶段。可以将这 4 个阶段的流程及主要工作内容与一般项目的执行程序及内容进行一下对比，如图 3-7 所示。

经过以上对比发现两者的阶段过程虽然有小部分差异，但大体而言是相似的。设计冻结对客户而言是项目的终止，而设计公司应把项目自我评估与审查结束后，视为项目的结束。因此，就产品设计流程而言，其程序阶段与项目管理的执行过程是相接近的。所以说项目管理的方法适用于设计项目，通过对设计流程进行项目管理，使其更加理性和科学，缩短了设计时间，提高了设计质量。

3.2.4.2 设计项目的建立

一个设计项目的展开，是以设计项目的建立为前提。设计项目的建立与否由产品的可行性研究结果决定。产品可行性研究要涉及广泛、评估准确。产品可行性研究主要包括以下要点：市场前景评估、技术的可行性、加工工艺可行性、成本问题、综合评估。在设计项目实际操作中，常常将设计项目划分为设计项目规划阶段、设计项目实施阶段和设计项目评估阶段三个阶段，每一阶段都有其工作重点。

3.2.4.3 设计项目规划阶段

设计项目建立后，进入规划阶段。首先应组建团队，设计管理者要具备设计和管理两方面的知识。从战略、企业的角度全盘考虑问题，是设计管理者必备的素质。同

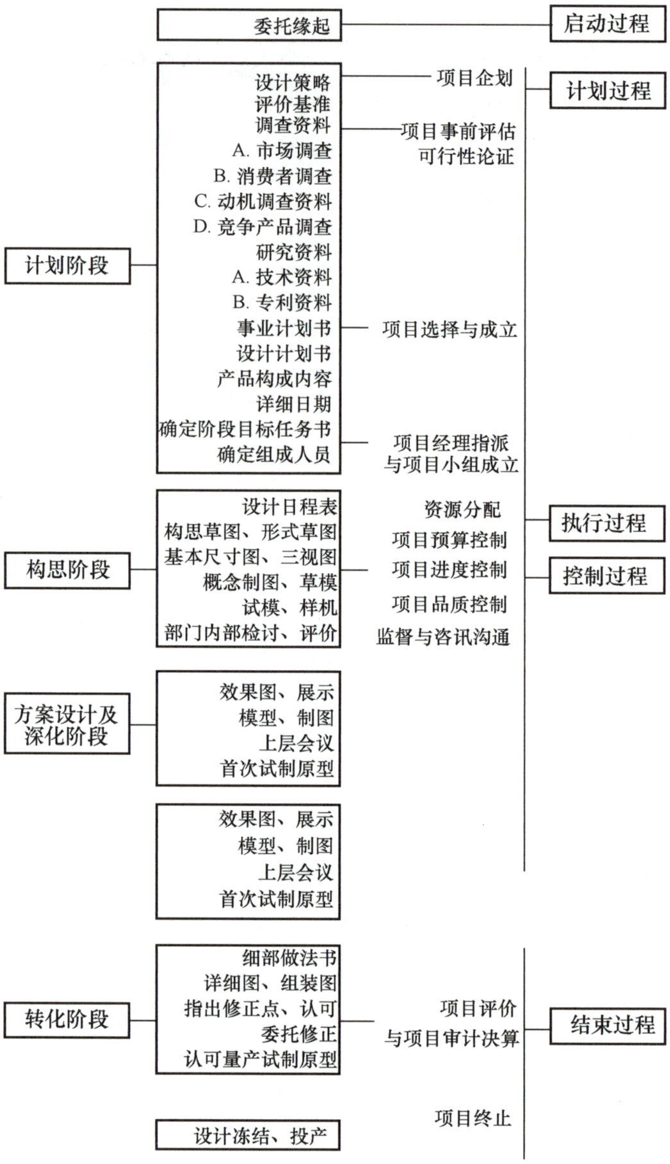

图 3-7　产品设计流程与一般项目管理的执行过程及主要内容比较

时要考虑团队成员的利益处理。要以人为中心，多与成员沟通，最大限度调动成员的积极性。成员的选择，除了关注他们过去的功绩外，更要注重他们的核心优势。一个优秀的团队应该是集不同人的优势于一体的团队。设计管理者的重要任务之一是将各有所长的人安排在适合他们的工作上，充分发挥他们的核心优势。一个概念要成为商品，需要通过很多人的通力合作才能成型。这种合作要求成员纠正以前那种自命不凡的个人主义。工业设计的严谨性和科学性也决定了不允许设计师有太强的个性发挥。

在设计项目规划阶段，要重点处理以下四个方面的规划：设计项目目标、设计项目流程、设计项目总体时间和绩效考核。

（1）设计项目目标的规划。

设计项目目标的设定是整个设计项目的核心部分，它引导整个设计项目进行的方向。目标的设定要把握以下两点：

第一，目标的设定要既严密又灵活。足够的严密性能确保产品具有竞争力，但在目标实施过程的细节部分，又要具有灵活性，过度严密会导致产品丧失整体性而束缚住团队。另一方面，目标过分松散会缺乏现实的竞争力，在实施阶段容易使团队迷失方向。

第二，目标的设定要符合阶段性原则。在制订了设计项目的总体目标后，要将它按设计过程的不同阶段进行细分。阶段性的目标更具体又具备可操作性。工业设计项目一般来讲分为设计输入阶段、草图阶段、效果图阶段和手板阶段等，规划时需要制订阶段性目标。

（2）设计项目流程规划。

“凡事预则立，不预则废”。设计流程图的建立与执行能保证设计过程有依据地高效运行，让管理者能更好更清楚地分配任务，并进行总体规划，同时有利于成员更明确自己的职责及整个设计的工作分配。良好的设计程序可以很好地安排设计师的工作，使之处于思考状态，一步一步地工作，而不至于对工作感到无处下手，减少设计师在工作程序的事务上花费心思，让他们把更多的精力用到设计上，这对团队是很重要很珍贵的。不论是驻厂设计部门还是专业的设计公司，均有适合自身的设计项目流程，尽管各有特点，但大致流程比较接近，以下是几种设计项目流程，如图 3-8 ~ 图 3-11 所示。

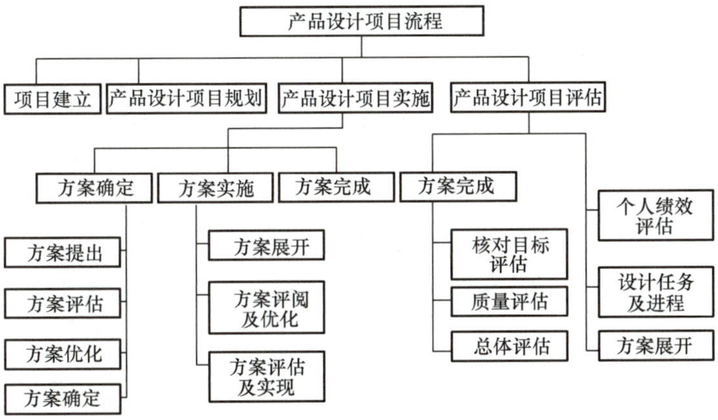

图 3-8 产品设计项目流程

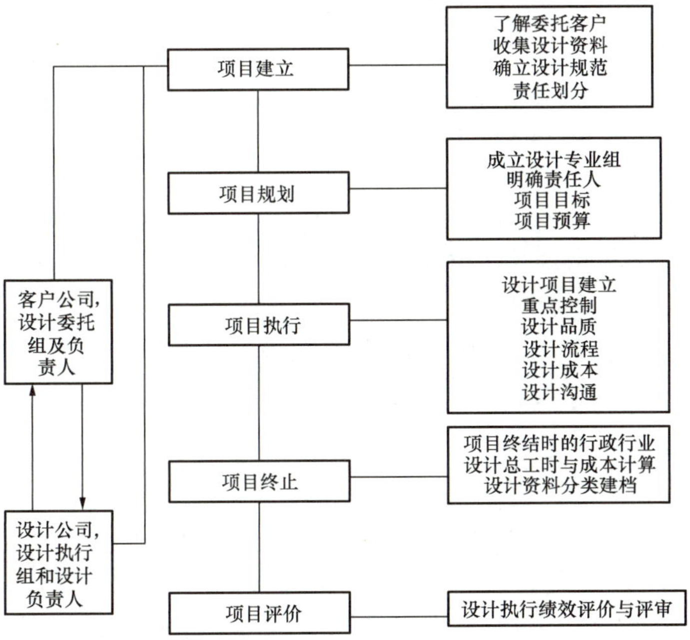

图 3-9 设计项目管理流程

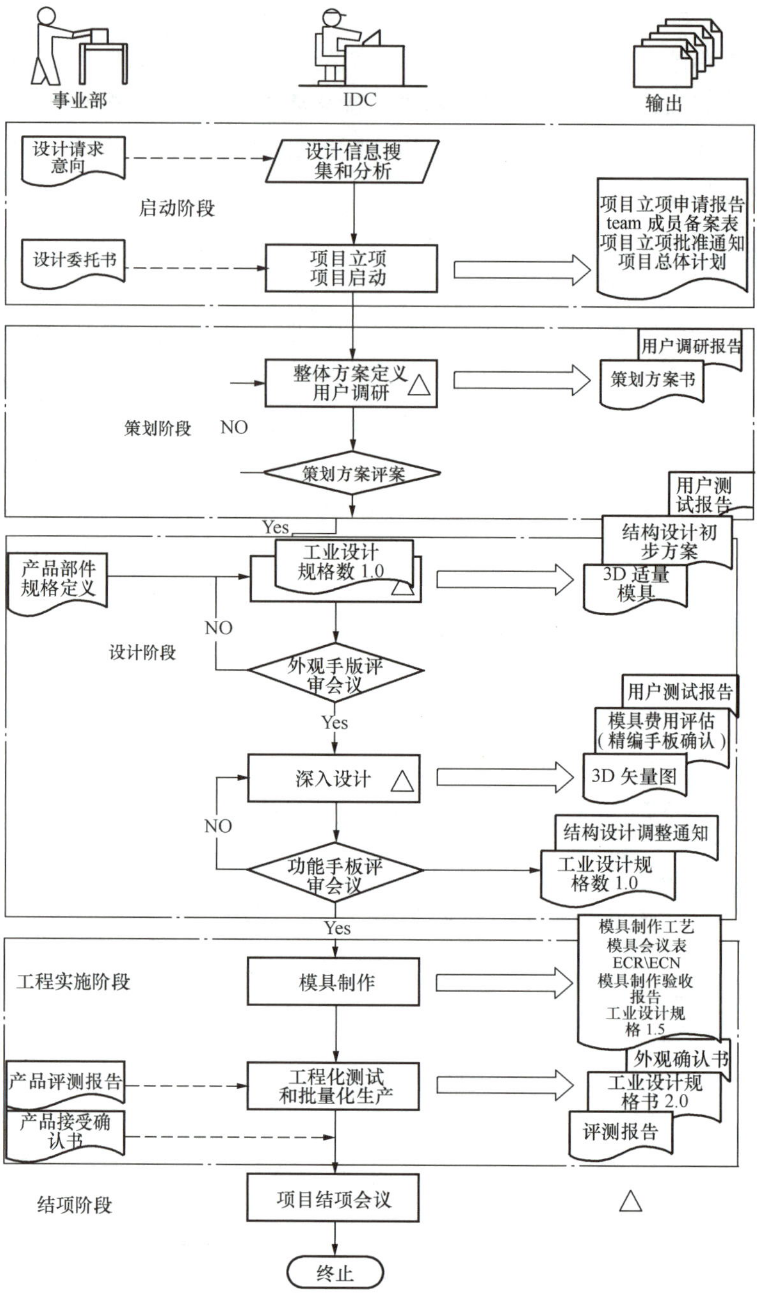

图 3-10　台湾某企业的简要设计项目流程

（引自刘瑞芬 . 设计程序与设计管理 . 北京：清华大学出版社，2006.）

（3）设计项目总体时间规划。

设计实践的分配要根据总进度时间安排、主要阶段时间安排、详细阶段时间安排三个层次上进行恰当的把握（见表 3-2）。时间安排不能制订得太死，要有一定的时间容差，来调整任务。

（4）绩效考核规划。

绩效管理既是战略管理的一个重要构成要素，又是人力资源管理的重要环节，作为一种衡量、评价、影响员工工作表现的系统，不但可以揭示员工工作的有效性及未来工作的潜能，而且对企业的生产率和竞争力、企业人事决策、培训开发、管理沟通等方面有重大的影响。各种理论和实践都显示，绩效管理实施越好，员工积极性越

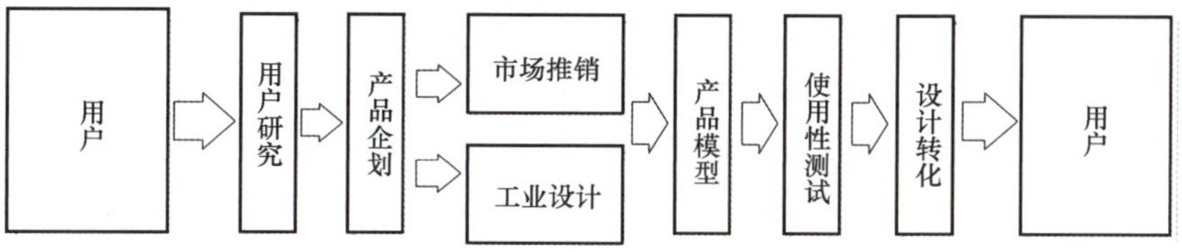

（a）产品设计总流程，体现来源于用户、服务于用户的设计理念

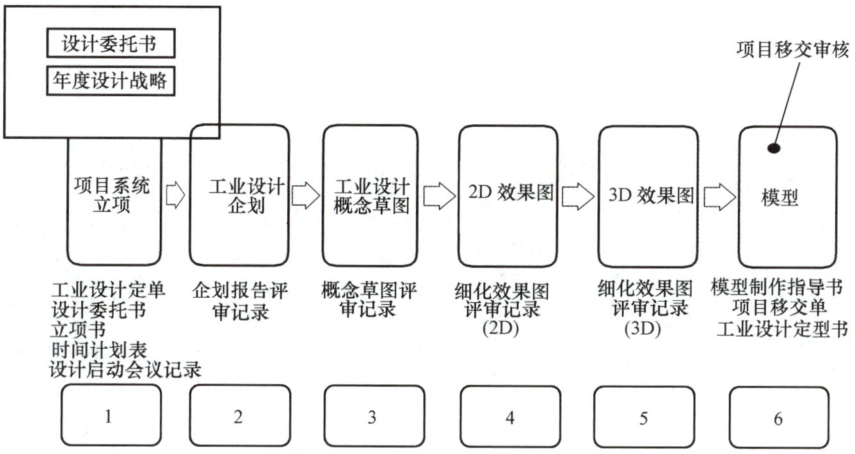

（b）工业设计项目流程

图 3-11 国内某知名家电企业的设计项目流程

表 3-2 设计项目总体时间规划

设计程序 \ 时间			6 月								7 月													
			23	24	25	26	27	28	29	30	1	2	3	4	5	6	7	8	9	10	11	12	13	14
设计项目实施阶段	方案确定	方案构思及提出																						
		方案评估																						
		方案优化																						
		方案确定																						
	方案实施	设计展开（草图）																						
		设计评估及优化																						
		设计评估及实现																						
设计项目评估阶段	产品评估	核心目标评估																						
		质量评估																						
		总体评估																						
	项目管理评估	个人绩效评估																						
		任务及进程评估																						
		其他评估																						
总时间																								

高，组织生产力也就越高。好的绩效管理可以使部门工作顺畅，员工工作目标明确，处于良好的激励状态。在团队工作中，考核者应进行尽可能客观公正的考评。客观的设计评价是关系到设计师积极性的重要条件，只有客观评价，才能体现设计的真正价值，使设计师乐于创新和积极创新。所以考核表的考核指标应尽量量化，成为硬指标。但有的指标就只能采用非量化的软指标。这样也便于以后考核。当然考核也要有效、及时、定期进行。表 3-3 和表 3-4 分别为工业设计项目组以及组员的绩效考核表示例，该示例来自康佳 V700 手机造型项目。

表 3-3　工业设计项目组绩效考核表

考核点 阶段	时间 25%			质量 50%			数量 15%		参与人数 10%
	延时 −5 −2.5 −1	按时 0	超前 −5 ±2.5 ±1	低于 −10 −5 −2.5 −1	达到 0	高于 ±10 ±5 ±2.5 ±1	总数 7.5% ±3	入选数 7.5% ±3	±2
设计输入 10%		2.5			5		1.5		1
草图 50%　粗草 30%		7.5			15				
草图 50%　精草 20%		5			10				
效果图 20%		5			10				
手板 15%									
项目级的工作流畅度 2%	长　较长　一般　较好　好								
项目级内设计师工作满意度 3%	很不满意　不太满意　一般　比较满意　很满意								
总结									

表 3-4　工业设计项目组组员考核表

考核点 阶段	有否参与 10%	按时完成要求 10%	被采用量 40%	在各阶段中所起的作用 40%	合计	注
调研与定位 10%	1	1 0.5 0	4 3 2 1 0	4 3 2 1 0		
草图 50%　粗草 30%	3	3 1.5 0	12 9 6 3 0	12 9 6 3 0		
草图 50%　精草 20%	2	2 1 0	8 6 4 2 0	8 6 4 2 0		
效果图 20%	2	2 1 0	8 6 4 2 0	8 6 4 2 0		
手板 20%	2	2 1 0	8 6 4 2 0	8 6 4 2 0		
总分						
总结						

好的管理制度并不能替代优秀管理者的作用，所以管理者应当承担起绩效管理的责任，对员工的绩效作出客观公正的、定性与定量相结合的评价。绩效管理是一个连续积累、不断创新的过程，效果达成贵在坚持。好的绩效管理需要不断在实践中修改完善，使其与人力资源管理形成有机的结合，成为企业文化的组成部分，营造出协调和谐的管理氛围。

在绩效考评后，一般要进行绩效反馈。绩效反馈的沟通包括三个步骤：面谈准备、实施面谈和面谈效果评价。绩效沟通不能仅仅看作是反馈评价结果，绩效沟通是设计主管和设计师共同探讨，提高设计师绩效的又一个机会。绩效沟通既是对前期工作的回顾，也是对未来工作改进点的探讨和目标制订。设计主管与下属正式的绩效沟通至少每季度一次，对设计师该季度的绩效情况进行回顾和展望。研发工业设计师由于其专业特点和工作特性，往往个性较强，思维活跃，特立独行，不愿主动找领导沟通，在有效沟通上或多或少会存在一些障碍。针对从事研发的工业设计师，选择正确的沟通过程非常重要。好的沟通技巧易使员工敞开心扉，发现工作中存在的不足，并提出改进的良好建议，对部门工作的提升具有很好的参考价值，见图 3-12。（PBC 为 Personal Business Committee，“个人事业承诺”的缩写）

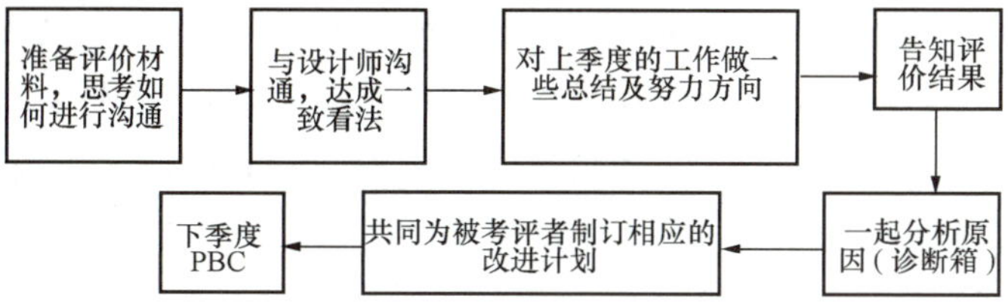

图 3-12 工业设计项目绩效考核反馈

3.2.4.4 设计项目实施阶段管理

在设计项目具体实施的过程中，为了保证设计项目完成的质量，有三项工作必须引起项目领导者的高度重视。

（1）沟通。在设计团队中，管理者与员工、员工与员工之间，就设计项目的目标、进程等进行沟通。这样不仅让员工更了解设计项目，也让管理者更了解员工的思想、意见、需要等，有利于统一团队的思想和行动，增强凝聚力和战斗力。

（2）评估。任何决策都是经过思考—修改—思考—修改……反复进行来完成的，而进行的纽带就是评估，尤其是在设计对象的概念生成阶段、概念选择阶段及概念实施阶段显得更为重要。经过不断评估，设计更加靠近目标，转化为产品。评估是要不断进行的，贯穿于设计过程的各方面，且可以采用正式或非正式等多种形式。

（3）控制。在设计项目规划阶段，已制订了详细的设计目标、流程图及时间规划表，它为实施阶段提供了参考依据。所以要对实施阶段进行严格的控制。控制工作要想做得好，评估工作是不可忽视的。依据规划，经过评估，不断优化完善产品，使设计不脱离预定轨道。当然，原来的规划不是一成不变的，通过对过程的控制，会不断完善设计项目的目标及进程等有关规划。

3.2.4.5 设计项目评估阶段

在设计项目评估阶段，重点进行两方面的评估工作：产品评估和设计项目管理评估。既要对产品进行评价，也要对过程进行总结。从管理学的角度来讲，知识工作者的工作难以像管理体力工人那样有套严格的流程和评价标准，外行很难明白他们能做什么，甚至连他们自己都不知道。所以往往都是由团队里熟悉一切工作的技术权威进行评估，可以是一个，有时也可以分别是多个，总之对所要评价的工作是具备权威性的。

（1）产品评估。设计项目规划的目标对同一评估标准起到一定的导向作用。应针对目标看产品是否达到当初想要的标准。另外也不能忽略两个重要的综合评价原则，一是该产品设计对使用者、特定人群及社会有何意义；二是该产品的市场前景如何，对其有何意义。针对两大原则，设计团队可以展开更细节的讨论，如环保性、文化内涵等。

（2）设计项目管理评估。每一次设计都是一种经历，设计项目管理评估就是进行经验总结，这对团队、个人都很有帮助。评估内容包括个人绩效评估、设计项目任务及进度评估，管理者绩效评估等。这是对整个团队精神面貌的一个总体评价，具有重大意义。

案例 3.2 PDCA 企业应用：飞利浦建立创意标准流程

飞利浦设计中心把新产品设计流程分为五个阶段的循环，这个生产创意的循环与 PDCA 循环相似，包括：启动、分析、概念、完成和评估。设计中心编写了产品开发手册，详细而明确地描述每个阶段要达成的目的、该找谁来一起参与任务、为什么参与任务与应注意的重点，用什么方法检查计划以及检查的标准是什么等。在全球化的工作团队中，彼此讲的语言不一样，必须依赖严谨的流程来建立管理的共识，通过这五个步骤的循环来规范和改善创意。

（1）启动阶段（Initiation）：创造价值定位。

产品设计的“启动阶段”，产品的造型、对象、美学都尚未成形，最主要的工作是为新产品“定义价值”。首先，召开一次启动会议（kickoff meeting），包括事业部经理、产品经理、营销业务人员、研发部门和终端的驻点营销人员都必须与会，若项目规模很大，供货商和经销商也会一起参加。启动会议规划书中，对产品“价值”的定义是模糊的，比如面对怎样的市场，运用什么样的科技，竞争对手在市场上的现状如何，品牌宗旨可能把这项产品带到哪里……这些高层次的大方向，都要在本阶段讨论完成。

（2）分析（Analysis）：了解市场风险。

主要进行策略性的分析，与启动阶段的数据合并在一起，包含市场策略、产品策略、从草图到新产品上架之间的所有风险分析。这个阶段已不再是某些模糊的概念，包括对设计部门的人力调配（需要哪些背景的设计师），以及产品经理要考虑的预算、价格、竞争对手推出新产品的状况，销售策略（例行性产品和针对特定节假日的产品，在包装、营销、广告文案、产品设计、色系上都差别很大）都必须考虑。一旦渠道、营销手法不同，设计也要跟着变化。在启动阶段平行起跑的各部门，在分析阶段时要不断确认策略在逻辑上的可行性。比如突然得知竞争者即将要推出一项划时代的新产品，而此时飞利浦推出产品会不会被模糊焦点？如果判断的结果是风险太大，就退回上一个阶段。

（3）概念（Concept）：跨部门创意交流。

设计部门这时进入创意开展的流程，这个阶段不仅仅是设计单位，包括工程师、产品经理、营销人员，所有单位都要开展。营销的“概念”是指建立贩卖的模型，考虑比策略面更具体的执行问题。比如针对父亲节设计的刮胡刀，特殊包装可能比一般刮胡刀更大，对运输会不会有影响？架上应该怎么陈列？能提供哪些附加礼品的选择？设计单位在概念阶段可能有很多想法，产品设计的某些变化对设计师来说只是一个创意，但对整体营销流程，却是逻辑思考的问题。营销人员必须想到更换部分的存货，是否每一家店都要囤积所有颜色的存货？把可能的贩卖方式演练一次，如果不可行，必须赶快回报给设计师。不论是销售、设计、材料……每一个部门都不断有新概念在进行，只有互相提意见、给回馈，才能确定概念的可行性，这也是为什么在启动阶段，必须召集所有单位同时开跑的原因。创意工程必须平行启动，而非线性进行，一开始平行起跑，所有人在中间互相会合的地方，就是每一个检核的节点。

（4）完成（Finalization）：找出品牌 DNA。

在完成阶段，各部门已经确定什么可行、什么不可行，只待把所有可行的东西付诸实现，大约与 PDCA 的“Do”阶段类似。从设计部门来讲，在完成阶段除了执行以外，还包含很多回推、重复检验的过程。这些检验的基准点，是飞利浦的品牌宣言“sense and simplicity（合理与简单）”。举例来说，设计部门必须做到当消费者拿起飞利浦的剃须刀，即使把 Logo 遮住，他们还能看出这是飞利浦，而不是其他品牌的，这款剃须刀才能说是带着飞利浦的 DNA，见图 3-13。在完成阶段，所有设计师的 idea 都必须经过评分，来决定它的可行性。这个评分表共有 30 题左右，每题以 0 ~ 5 分计算，题目包括产品属性、美学导向、人机工程界面、材料应用与品牌宗旨的对应度几个大项。最后由设计师小组填表，一个 idea 必须达到总平均 4 分以上，才有资格做出精致的 3D 模型，在下一个“评估阶段”交付消费者测试。

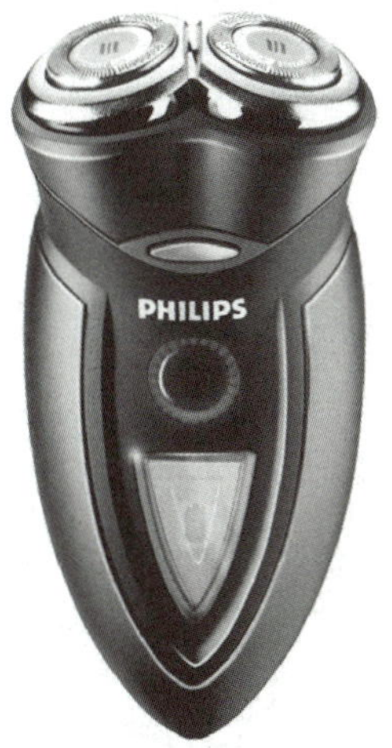

图 3-13　飞利浦蛋形剃须刀

采用评分表检验的方式，是飞利浦设计中心不断优化得出的方法，透过它过滤出的产品设计，八九不离十都符合飞利浦的诉求。美学有一半是工程，一半是艺术，它不会是颜色非黑即白这种可量化的元素，很多时候是一种氛围，一种感觉。以剃须刀为例，即使飞利浦剃须刀的每一代产品都不一样，但消费者就是会知道它是飞利浦，不是其他品牌的产品。氛围难以讲述及量化，所以用评分表的方式，来判断新设计是否符合飞利浦的品牌 DNA。

（5）评估（Evaluation）：检核与行动。

在新产品设计经过完成阶段，PDCA 的过程仍然还需要经过最后评估——消费者测试。对应不同产品，飞利浦用不同的测试方法，包括实境模拟（拟卖场的产品陈列方式，也有人应对）、问卷调查、消费者试用后给建议，不论哪种方式测试，目的都在评估前几步骤的结果。

因为即使在启动、分析、概念、完成的阶段都有专业依据，但毕竟都还是飞利浦内部的意见，放到真正的消费者手上去检验，还是有答案超出预料之外的可能。比方说，有消费者在测试的时候因为手汗让剃须刀滑掉了，虽然只有一个受测者发生这个现象，但它应该属于设计上的瑕疵，就必须退回完成阶段更改概念阶段的材料使用。如果发现消费者偏好和一开始的消费者标本资料库有取样误差，那就更得回推到启动阶段，考虑是否重新开启新的消费者标本数据计划。值得一提的是，每一个阶段都必须准备备案。有突发状况，就马上启用备案，绝对不能在某个阶段卡住。

飞利浦的产品设计流程和 PDCA 循环的精神一致，每个阶段都包含着除错工程，以确保新产品是正确答案。不过也有到最后的评估阶段，才发现做出来的东西不是正确答案，只好丢到垃圾桶里的结果；也有竞争品牌突然推出革命性产品的状况，不管在研发的时候做得多细致，最后还是什么都会发生。但是没有这种不断除错，精益求精的循环过程，那成功将不可复制，失败也不可避免。

此外，为了使设计标准化、体系化，飞利浦制订了《关于工业设计式样的手册》，包括所有相关设计规范、标准、要素、总体形象、视觉符号标准等，公司设计人员人手一册。手册中制订的标准，不完全是设计本身的标准，因此，对于设计标准，公司内一共有四个部门分别交叉管理，这四个部门分别是市场部门、专利、商标管理部门、标准化部门和设计中心（即设计部门）。

案例 3.3 星巴克的“创意地下铁”

星巴克（Starbucks）的崛起和全球扩张中，设计与美学起到了极为重要的作用。星巴克发展出一套整体设计策略，让设计主题能够保持品牌价值的一致性，并用设计帮忙传达服务经验的一致性。其中几个重要的方法包括：提供详细的设计规范供内、外部设计师参考，星巴克的“创意地下铁”（Global Creative Processway，即设计作业流程，注：此处 Processway 为生造词，可以理解为作业流程）以及完整的电子化流程管理系统，并让设计师可以得到其他的企业内部资源。

星巴克的“创意地下铁”是一套完整的创意与设计流程，其流程管理的概念，很像地下铁地图，这套流程整合了设计师、作家、客户与经理人。系统包括红、蓝两条线，红色主线主要管理创意与设计，由“概念高地”途经“市区”，最终到达“生产特区”，途经 12 个“车站”（重要流程）后，进入生产阶段。这 12 个车站分别是 1：Prepare for Kickoff，2：Kickoff Meeting，3：Concept Junction，4：Presentation Station，5：1st Copy/Layout，6：2nd Copy/Layout，7：Due to Prepress，8：Final Estimate，9：Final Layout，10：Final Prepress，11：Print Ready Station，12：End of Line。蓝色副线管理设计作品的重印和复制等工作，所有的就只有头尾两站的快速直通车，见图 3-14。

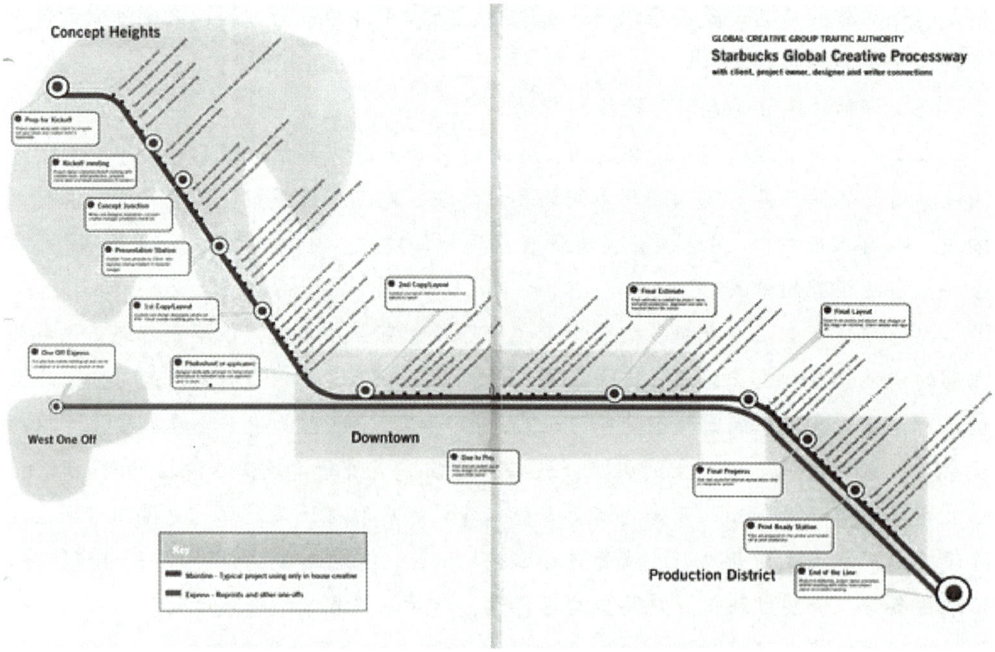

图 3-14　星巴克的“创意地下铁”

在星巴克设计的背后，全球创意小组则是星巴克最重要的设计创意团队，该团队几乎主导星巴克全部的设计，包括广告和营销元素（店面和家具除外）。在这个 100 多人的团队中，设计师占了 1/2。星巴克的设计师要在第一线的店内工作，从使用者的角度了解星巴克的空间、商品与服务，同样他们也被要求从企业老板的角度来思考，也就是带着商业敏感度的设计思考。因此，星巴克强调雇用具有商业及策略思考的设计师，同样地，这也意味着经理人要开始学习美学与设计的基础，这是美学经济带来的改变。

案例 3.4 谷歌公司的设计冲刺法

创新方向的选择实际上是一个战略问题，很多失败的产品是因为概念形成阶段就出现了偏差。设计冲刺法源于谷歌，是设计思考和敏捷开发的实践版，几乎被应用于谷歌的所有项目，也成功地帮助谷歌投资的数百家初创公司起步。该方法是一套用于解决棘手难题的五天式流程，通过五天的设计冲刺，帮助人们在众多难题中集中、快速地解决最难的问题，并确定解决问题的方向是正确的。该方法经过无数次的试验，最终以更完满的形式被各大公司采用来解决各种难题，如 IBM、海尔等。

初创公司每天都面临着生死诀别，差一步就会堕入万丈深渊，而设计冲刺会帮助企业在付出昂贵的代价之前就能“未卜先知”，了解他们的成品以及用户的反馈。但即使是惨痛的经历也能为人们带来回报，因为利用该方法仅用五天时间就找到关键性的不足，而又不需要为此承担栽跟头的后果。图 3–15 所示的设计冲刺流程图，展现了设计流程在一周五个工作日每天的进程和目标：星期一，描述问题，选出集中解决的着力点；星期二，列出备选方案；星期三，选出最佳方案，并转换为可测试的猜想；星期四，制作真实原型；星期五：进行真人测试。

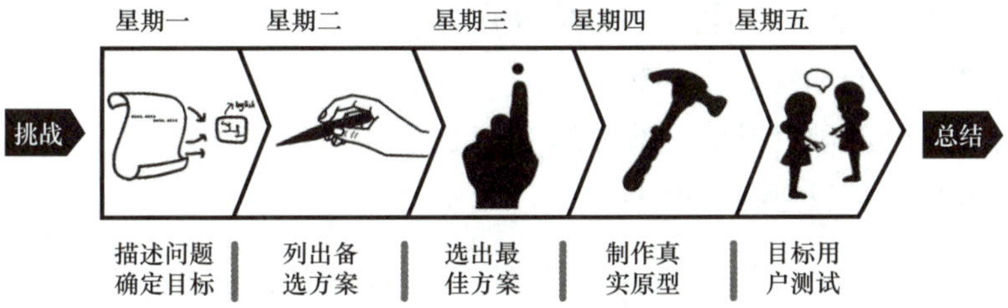

图 3-15 设计冲刺流程图

貌似简单的背后却蕴藏着无数的细节：如何开始冲刺？应该在哪个重要环节着重施力？怎样筛选团队人员？怎样确保最优方案？如何进行会议和讨论？还有最重要的，怎样鉴定结果是好是坏？评价的标准是什么？为保证数据的可靠性，应精心筛选五位用户，通过对小型数据的分析，也可以帮助人们确定未来产品的市场反馈。因为这些用户是精心挑选出来的，他们是代表产品未来市场的受众，他们的真实反映对应的正是未来市场的用户反馈。通过对用户使用原型产品的观察与访谈，确定最终结果。这将告诉操作者下一步是什么。如果失败，将意味着需要从头开始，但却避免了栽更严重的跟头；如果成功，操作者就确定之前的方向是正确的，并一直走下去。从流程图中可以看出，设计冲刺省去研发和上市过程，直接从创意过渡到市场反馈，极大减轻了新产品上市的风险。这样的优势难以让企业不去实践。

无论是企业创新项目还是升级优化产品，制订营销策略还是评估新商机的可行性，无论是小型初创公司还是拥有百年历史的跨国公司，设计冲刺法都成功应用并取得了不俗的效果。几乎没有什么问题是不能用设计冲刺来解决的。因为它逼迫使用这个方法的人们去关注最紧迫的任务，并让他们通过一个成品的外观来获得反馈。该方法最终并不能呈现一个完美无缺、现成可用的产品，但是会促使使用者快速取得进展，并确定他们走的道路是正确的。

3.3 设计项目团队管理

随着人们生活水平和生活品位的提高，消费者对于产品的要求也越来越高。要想使设计的产品满足不同的消费群体，没有广泛而深入的设计思维是不可能的。仅仅靠个人的能力很难准确把握消费者的心理。对设计项目团队进行有效的管理，通过团队合作、利用不同设计师的体验和理解，从不同的侧面进行分析和设计，能够使设计出好产品的可能性大大增强。

3.3.1 设计项目组织形式

项目组织的组成方式，因其组成原因、目标及人员的不同而有所不同。例如，为新技术而开发组成的项目则可能归于工程部门管辖，为新产品上市而组成的项目，则可能由市场部经理作为项目负责人，其组成依照其组成方式及与原行政母组织结构的关系而有不同形态。

3.3.1.1 个人型项目组织（图 3–16）

3.3.1.2 单一功能型组织下的项目小组（图 3–17）

3.3.1.3 混合多功能组织下的项目小组群（图 3–18）

3.3.1.4 完全独立的项目中心（图 3–19）

3.3.1.5 半独立的项目中心（图 3–20）

3.3.1.6 临时性的项目组织（图 3–21）

3.3.1.7 矩阵型项目组织（图 3–22）

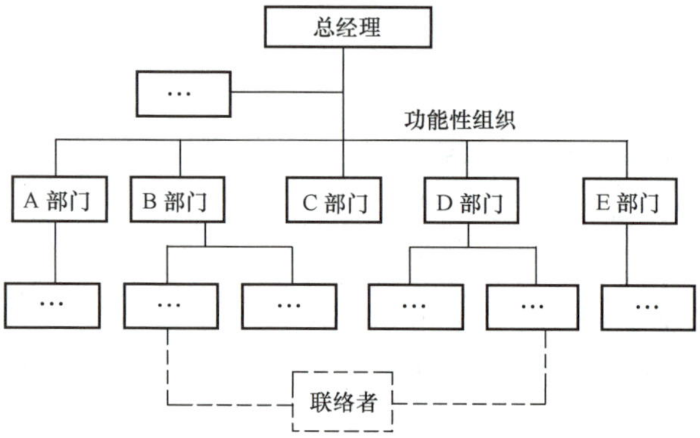

图 3-16　个人型项目组织

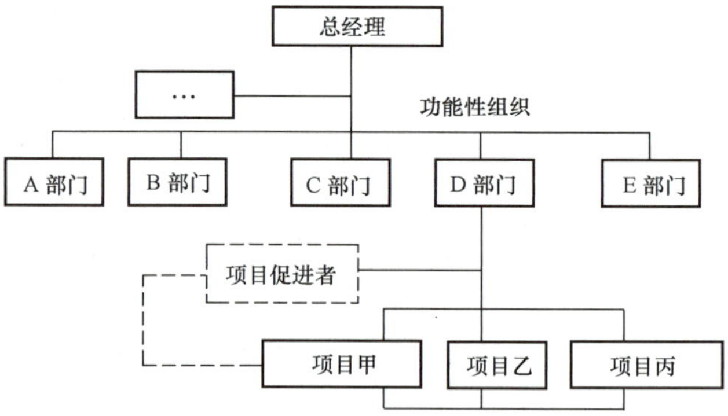

图 3-17　单一功能型组织下的专案小组

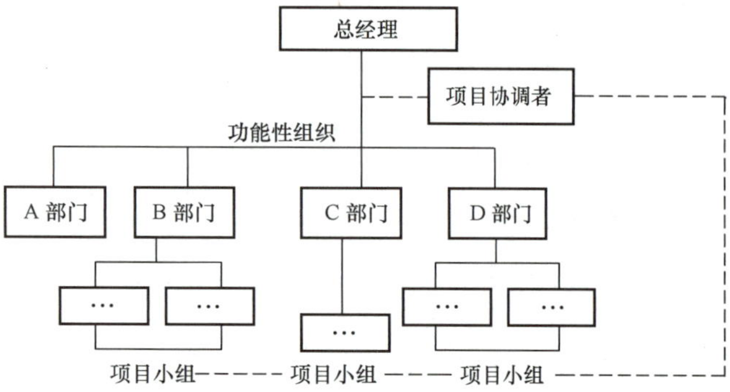

图 3-18　混合多功能组织下的项目小组

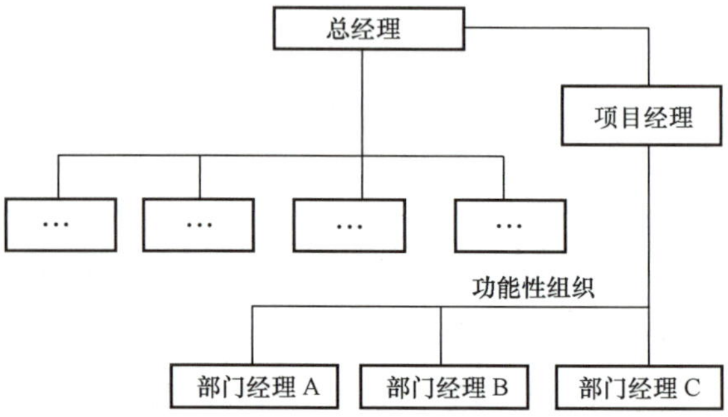

图 3-19　完全独立的项目中心

企业面临的项目组成的问题可能并非只有一个，而可能是同一时期面临多个不同的项目，需要能够具有快速组成的各种项目小组，小组成员基本上由各组借调。矩阵型设计组织是一种复杂的组织结构形态，它是由纵横两套系统交叉形成的复合型系统，横向的是职能组织部门，纵向的是为完成某个专门的任务组成的项目系统。设计组织内无上下、左右从属关系，也没有固定的设计人员，组织根据项目组成，接受项目则组成适合这一项目的设计小组。在项目的进展过程中，根据工作需要可以从各职能部门抽调人员参加。在这些人员完成了项目中与自己有关的工作后，回到原来的部门。项目结束，全体人员解散，新的项目一来，再重新组织设计人员。因此，这种组织是以项目为主导的，具有临时性。这种组织中除了总经理不同职能的纵向的权限和责任的流程外，还有项目负责人项目开发权限和责任的横向的流程，组织的成员要接受总经理和项目负责人的双重领导。

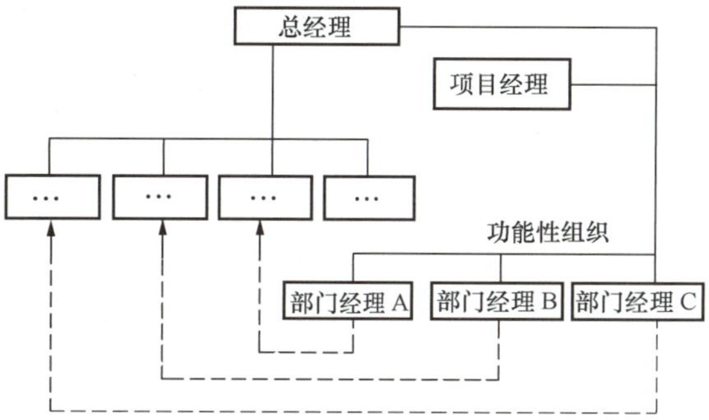

图 3-20　半独立的项目中心

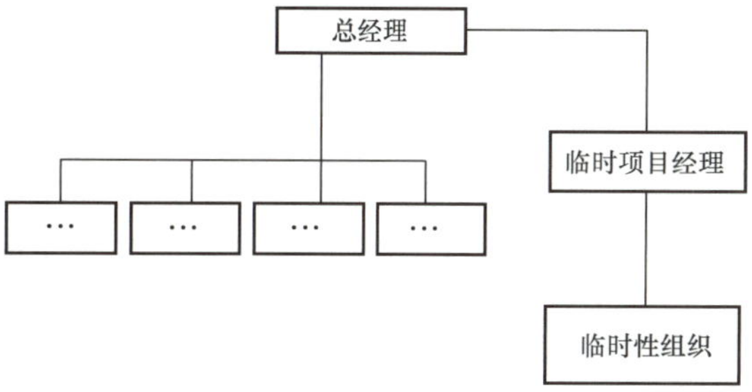

图 3-21　临时性项目组织

3.3.2 设计团队

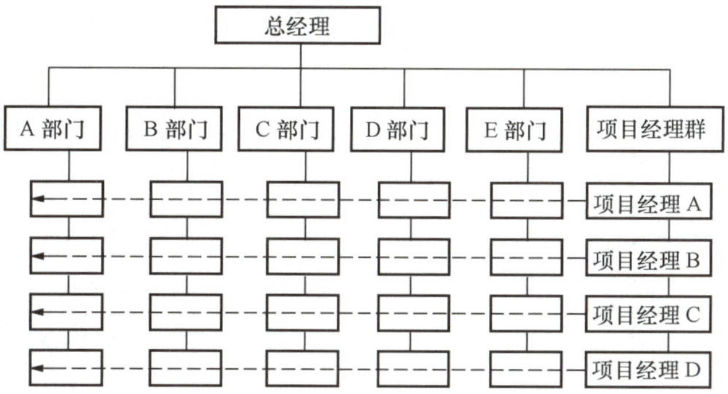

图 3-22　矩阵型项目组织

现代设计的复杂性决定了现代设计必须由有组织的团队形式进行，设计团队不仅承担着设计任务，还是设计的策划者和组织者。构建与设计任务性质相适应的设计组织形式，加强组织内部成员间、组织与企业其他职能部门之间、组织与客户及外协部门间的联系和沟通，组成高效的设计团队来对新产品进行开发。团队应该由不同的、合适领域的人员组成。

寻找合适的、个性相容的、技巧互补的成员，组成一个能够在最短的时间内创造出最好成果的工作团队，这也是一个相当重要的、有意义的挑战。现如今，团队合作对于设计项目的顺利完成有着不可替代的重要意义和优势。一个项目可以被分解成若干清晰、明确的任务分配给团队中合适的成员，每个成员所承担的责任应该是相当的，能够使每个人都按时完成任务（因为有些成员需要别的成员的任务结果才能开始自己的工作）。团队成员之间互相商讨、彼此协作、促进、支持，寻找一个多赢的方式，对工作出色的团队成员予以肯定和鼓励，都能够激发项目团队的工作积极性。

3.3.2.1 设计项目团队

一个新产品的诞生需要经过多个阶段，从创意产生到将创意转化为可以操作的具体程序，从纸上谈兵到模型建立，从模型到实际的产品，其中的每一个环节都需要具有不同专长的队员来把握，靠一个人的能力无法完成。因此，当今设计项目的复杂性和艰巨性决定了设计项目必须由多职能的团队成员共同参与才能完成。只有通过团队合作的形式，集不同领域的人员的才智为一体，才能完成当今学科综合性强、复杂艰巨的设计项目。因此，当代的工业设计越来越需要团队合作。只有通过团队的合作，才能不断地壮大自己，形成规模效应，吸收更多的优秀设计师加盟，这样将来就可以设计出更优秀的、满足客户需求的产品。事实也证明，一个获得授权的多职能团队执行设计项目更容易获得成功。

但是根据一般的管理理论，在工作中只要存在团队的工作方式，成员间就不可避免地存在矛盾和冲突。为了能有效地解决由冲突带来的负面影响，高质量地完成设计项目，就必须对设计团队进行切实有效的管理。新产品的开发，往往由很多不同部门的人员共同协作，组成项目团队进行开发。由于现代设计的复杂性决定了参与新产品开发的人员构成也不是由单纯的设计师组成，而是需要设计、制造、营销等多个部门的人员共同参与。一个难度适中的产品的开发项目团队的构成如图 3-23 所示。

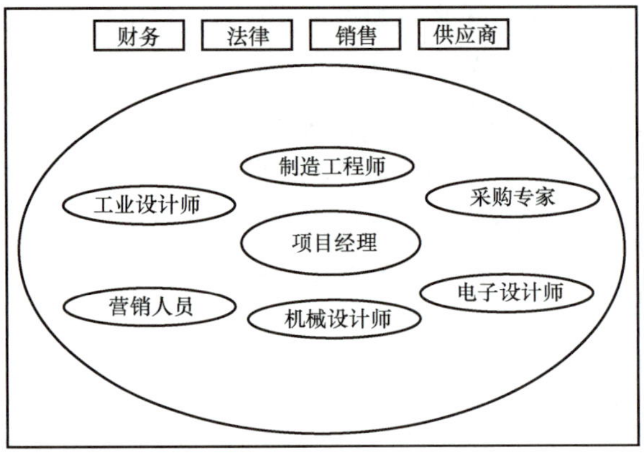

图 3-23　项目团队主要人员组成

（1）工业设计师：国际工业设计协会对工业设计师的定义是“受过专门训练、具有技术知识、经验和鉴赏能力的人，他能决定工业生产过程中产品的材料、结构、机构、形状、色彩和表面修饰等，设计师可能还要具备解决包装、广告、展览和市场等问题的技术知识和经验，见表 3-5。”在国外，设计师已经从造型专家向着起到与整个企业各部门有机联系的协调师的方向发展，从专业人员向企业总管理者或具备两者素质的人才方向发展。单纯将设计师理解成“画家”或者“美工”的说法是片面的。

表 3–5　设计师参与整个设计阶段的程度

客户事务	5%	实施计划	4%	广告与宣传	48%
销售	7%	销售计划	11%	生产管理	2%
设备建设	1%	设计实践	58%	产品策划	90%
市场研究	61%	基本设计	82%		

（2）工程结构设计师：如机械、电子、模具等技术工程师。

（3）工程制造人员。制造部门的人员由设计和运作制造人员负责，此外，采购人员、安装人员也属于广义的制造人员。

（4）营销人员：市场营销人员长年活动在市场一线与消费者打交道，他们掌握了大量消费者需求信息，是企业与消费者之间的沟通者和交流者，他们能敏感地了解顾客需求，识别产品机会，因此，现在的企业进行新产品研发时往往对他们的意见和要求高度重视。他们对新产品价格的确定、新产品的测试、试销往往都会起重要的作用。在一些小型企业中，市场营销人员对新产品开发项目起决定性作用。

对大多数团队而言，需要做以下工作。

（1）领导：领导者应该带领团队按照产品远景规划努力工作，该规划应该具有一个符合所有目标的整体理念，鼓舞团队士气。

（2）团队建设：关心成员，促进成员之间的合作，解决矛盾和问题。

（3）确保进度：审查、监督、控制项目进度。

（4）实施：提供有价值的专业意见，开展产品开发工作。

（5）交流：促进团队内部及团队和企业其他部门之间的交流。

（6）订约：把任务分包给供应商，或者公司的其他部门。

（7）行政工作：制订项目进度表，制订计划，确定资金来源，维护数据库，进行必要的文书工作。

3.3.2.2 设计师

包括工业设计师在内的设计师是知识资本的拥有者，这部分知识资产或者说人力资本是企业资本中容易流失的部分。而且，这些无形资产潜藏在设计师个人的头脑中，很难估计和计算，因此，对这部分资产的管理成为了企业管理的重点和难点，需要有针对性地采取措施。为设计师创造一个宽松、自由、便于交流沟通的氛围将有利于设计工作展开，比如，专门的工作室、头脑风暴室、资料室等，在时机、环境允许的条件下，在工作时间等方面可以自由和弹性化管理。此外，对设计师的管理要注意做到以人为本，尊重人性，激励其创新精神和主动性的发挥，项目经理和设计师之间要进行多渠道的沟通，管理者要使得设计师理解决策，定期与其进行评价和探讨，吸收他们的意见和建议，这也是知识经济时代管理的一种趋势。

对设计师进行管理的目的不仅是为了设计活动的正常进行，更重要的是设计师能够充分发挥创造能力。重视设计的企业往往把设计部门建设成从企业内外获取信息的网状组织的中心，从信息、资金、机构、工作方式、环境等方面形成有利于创造的自由度和灵活空间，同时完成对设计人才的选择和培养，以及设计人才的观念更新和再教育。也正是如此，很多设计管理者认为，设计人员一定要参与新产品开发的全过程。另一方面，现代设计师不单单是任务的执行者，更是设计的策划和组织者，因此应该从更高层次上认识设计本质，运作设计过程。这就要求设计师具备更加完善的知识结构，除了良好的美学素养外，还应具备社会学、经济学、管理学和工程学方面的相关知识，建立系统化、工程化的思维方式，才能科学地开展工作，有效地组织设计。

近年来，随着设计在企业中的地位不断提高，设计师在企业里扮演越来越多元化的角色，他们既管理设计的流程，也如同研究人员一样致力于消费者研究，部分设计师开始进入企业决策层，美国企业设计基金会（Corporate Design Foundation）创始人彼得·罗伦斯（Peter Lawrence）表示“与三年前比较起来，拥有设计副总裁（VP of design）这一岗位的公司多了很多”。创意设计在所有行业受到重视，许多设计人才也被提拔进入公司高层，IBM、惠普、琼森等公司都在这几年设立了设计副总裁这一职位，更不用说像耐克、苹果计算机这些本来就极端重视设计的公司了。毋庸置疑的是，学校给了设计师们作为设计人员所应具备的一切，但当他们进入现代企业并在其中领导设计团队开展工作时，仍然感到自己在学校所学的知识存在很大的不足——对于产品线的运作，商业汇报的诀窍，如何使自己的部门计划与整体收益目标吻合，设计的产品该如何与品牌或收益发生关系，诸如此类的种种问题，他们几乎一无所知。因为在设计学院，没有人会教他们公司财务或管理学之类的东西。尽管创意、热情和灵感的重要性无可替代，但由于任何公司的设计团队都无法避免来自其他部门的压力，设计师需要冷静下来，懂得把议题拆解、分析，并且用数据来说话，因此领头的设计师们仍然需要具备基础的商业管理知识。现代设计师也要明了管理的语言和技术，以达到和高阶主管级人员成功互动的目的。当然，对于多数企业的设计师而言，向外寻求管理技能方面的培训仍然是比较好的选择，诸如设计管理研究所（DMI）这样的组织都有提供培训服务。如果设计师不熟悉一般的管理理论，那么他将无法了解其他专业的发展，同时相互合作通常需要具备管理的知识和技术。设计师应该从经理人的角度思考，考虑自己及公司运作的有限顺序及资源所在。

3.3.2.3 设计项目经理

因为设计事务管理需要有工业设计方面的专业知识，所以一般的设计项目经理是由经验丰富的设计师提升的。Oakley 曾在《组成与管理设计小组》一文中提出设计项目经理必须具备多种能力以处理设计项目的变化和复杂性。

项目经理是项目管理人员中拥有最高责任和权利的领导者，他对项目进行全面负责和管理，是项目管理的中坚，在整个项目活动中占有很重要的地位。项目经理的主要工作包括：从设计的角度调查新产品的需求，分配设计发展期间的时间与预算，尽最大可能活用既有的设计资源，制订选择适当设计师的标准，寻求设计师并对设计师作设计简报，为介入设计的不同团体建立与控制良好的沟通网络，鼓励设计团队成员的积极表现，达到设计小组的目标，控制与组织设计团队的活动，协助成员了解自身的角色与预期的贡献，运用技巧缓解成员间的意见与不良竞争，每一设计阶段设计工作项目的要求，设计阶段的检查点与审查（包括参与审查的人员与层级），审查时对决策标准的把握，选择支援方式与协助的标准、工作记录与监督的方式，负责协调直至产品上线。

选好项目经理及其他管理人员并赋予充分的权利责任对项目管理是非常关键的。项目经理应确保全部工作在预算范围内按时优质地完成，从而使客户满意。他通过对项目的计划、组织和控制领导项目团队、协调团队成员的活动，使他们成为一个和谐的整体，适时履行其各自的工作从而顺利完成项目。通常要求项目经理具备领导能力、人员开发能力、人际交往能力、化解危机的能力和解决问题的能力。表 3-6 为我们展示了项目经理与职能经理之间的异同。

表 3–6　项目经理与职能经理角色的比较

比较项目	项目经理	职能经理
扮演角色	“帅”/为工作找到适当的人去完成	“将”/直接指导他人完成任务
知识结构	通才/具有丰富经验和广博知识的通才	专才/是某一技术专业领域的专家
管理方式	目标管理	过程管理
工作方法	系统的方法	分析的方法
工作手段	个人实力/责大权小	职位实力、责权对等
主要任务	规定项目任务，何时开始、何时到达最终目标，整个过程的经费	规定谁负责任务，技术工作如何完成，完成任务的经费

项目经理一般情况下不需要参与具体的设计而是主要运用独特的能力去协调各种流程、项目、预算、保护团队成员、解决纠纷等。只有当设计人员时间不够等情况，

需要和项目经理一起合作、收集反馈的时候，项目管理人员才具体参与到设计工作当中。项目经理有义务让设计师更有效率地工作，他们应该视设计师和工程师为资源并尽可能地使这些资源发挥的作用最大化。项目经理接到其他各个部门人员的需求，经过取舍后，尽可能地以项目工程师和设计师的立场思考问题。在创作过程中，成员之间不可避免地会产生矛盾和冲突，项目经理必须果断、利落地解决这些矛盾冲突，以避免影响团队的整体目标，把遇到的困难和冲突公开化，并加以妥善解决帮助团队重新前进。理想的项目经理能够创造一个融洽的工作环境，使得市场人员、分析人员、设计师、测试人员等各个项目成员和谐地发挥各自最大的能力和作用。表 3-7 给出了传统经理与设计项目经理的特征对比，表 3-8 所示为各界对设计项目经理胜任条件的看法。

表 3–7　传统项目经理与设计项目经理比较

传统项目经理	设计项目经理
高度发展技术与分析能力	具备处理纷争冲突的附加能力
由经验获取知识	由结构性更新方式获取知识
期望一致的工作	具备非预期时间的适应力
由标准程序引导决策	非常多的个别决策
追求稳定的人际关系	容忍暂时性团队
期望理性的行为	接受不同的追求方式
工作导向	目标导向
强调物理性的活动	与反应相适应的活动
以个人追求解决问题	鼓励以团队方式解决问题

表 3–8　各界对设计项目经理条件的看法

背景	科班出身
	相关科系毕业，了解此行业
	一年以上经验，了解整个设计过程
	四五年实务经验
	经验丰富可为设计咨询的人
能力	沟通能力强
	沟通与陈述问题的能力、说服力
	懂得看资料、具备资料分析能力
	量化管理时间与工时，管理能力
	预测可能发生的问题与设计结果
特质	个人修为好
	容忍尝试错误，接纳设计师的想法

3.3.2.4 构建高效能的设计团队

高效能的设计团队具有如下特点。

（1）共同的目标。每个组织都有自己的目标，设计团队也不例外。设计团队的目标就是通过团队成员的协作，完成设计任务，为公众和社会创造满足人们情感需求和功能需求的产品并为企业创造效益。这一目标是团队的共同憧憬在客观环境中的具体化，并随着环境的变化而有相应的调整，但每个成员都能够了解它、认同它，都认为共同目标包容了个人目标，充分体现了个人的意志与利益，并且具有足够的吸引力，能够引发团队成员的激情。

（2）合理分工与协作。工业设计师很重要的一种素质就是合作精神。在明确设计团队共同目标的前提下，团队的每个成员都应该明确自己的角色、权力、任务、职责及各个成员之间的相互关系。在团队建立初期，团队成员共同花一定的时间来明确目标和成员间的相互关系，就可以在以后合作过程中少花许多时间和精力去处理各种误解。图 3-24 所示为一个团队的组织架构，从中我们可以看到其不同的职责分工、隶属关系及交流沟通情况。

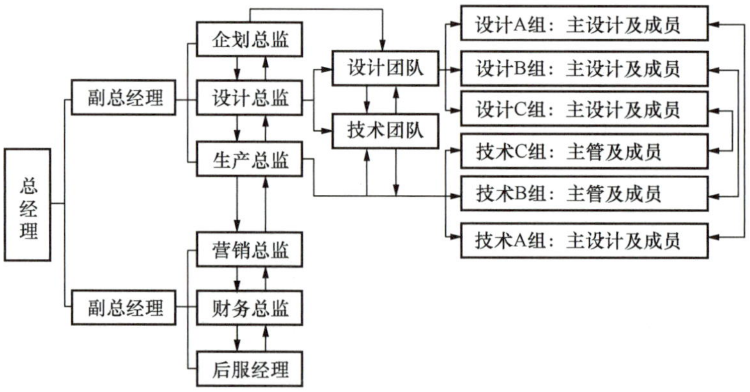

图 3-24　某成衣设计团队组织架构

（3）高度的凝聚力。凝聚力是指成员在团队内的团结与吸引力、向心力，也是维持设计团队正常运转的所有成员之间的相互吸引力。如果团队规模越小，那么彼此交往与作用的机会就越多，就越容易产生凝聚力；经常性的沟通可以提高团队的凝聚力；团队的目标压力越大，越可以增强团队的凝聚力。一些研究还表明，设计团队在设计和开发一个项目时，核心团队成员不宜超过 8 人，理想的人数是 5 ~ 7 人。另外，团队凝聚力随团队成员需求满足而加强，因此，在形成一个设计团队时，团队的领导需要最大限度地满足团队成员的各种需要并为其提供保障。

（4）团队成员之间相互信任。在一个高效能的团队里，成员相互关心，承认彼此存在的差异，信任其他人所做和所要做的事情。在团队成立之初就应当建立团队成员之间的信任感，通过委任、公开交流、自由交换意见来推进彼此之间的信任。

（5）有效的沟通。对于设计团队来说，高效率的沟通更是保持整个团队的活力及激发创新思维的有效方式。现代设计团队拥有先进的信息技术系统与通信网络，可以为团队的高效沟通提供物质保证。团队拥有全方位的、各种各样的、正式和非正式的信息沟通渠道，能保证沟通直接而高效。

现在，工业设计部门的活动已扩大到企业内各部门，工业产品不是只靠工业设计部门就能完成的，必须与其他部门协作才行，为此，设计管理工作除了设计部门的管理外，为了能够在其他部门也贯彻设计战略，达到企业的目标，与其他部门的沟通、协作、协调工作就显得十分重要。具体地说，要注意搞好与人事部门、规划部门、技术部门、生产部门、经营部门、外协单位等的协调，除了设计管理部门的专职人员要有很强的设计能力，设计人员本身也要有一定的协调能力。

（6）选对团队领导人。在创新型设计中，设计团队的领军人物常常起着决定性的作用。团队领导的精神气质、人格魅力、事业进取心都对团队有着举足轻重的影响，应与整个团队融合在一起，站在团队成员的角度看待问题，始终以积极的心态带领团队向明确的目标努力。

产品开发是一个动态的过程，团队本身也应该是充满活力的。随着产品定义逐渐明确，必须尽快补充所需要的新的团队成员。除了驻厂设计师外，还可以聘用足够的产品开发所需不同领域的核心团队成员。除此之外，一些零件生产或供应商虽然不隶属于公司，却也经常是团队整体不可缺少的一个组成部分。小企业常常没有能力雇佣产品开发需要的所有人员，他们一般都依靠临时聘请外面的设计公司或设计顾问公司来帮助他们开发产品，例如 OXO 公司开发 Good Grips 削皮器时聘请了灵巧设计公司（Smart Design），甚至发展成合伙人。因此，对侧重于技术的小公司来说，如果雇佣全职的设计师比较困难，完全可以通过雇佣设计公司或自由设计师解决设计问题。但企业如果侧重于开发以用户为中心的新产品，则至少应该聘用一个设计师，因为设计师不但能够依靠其专业知识与外部的设计公司沟通，也往往善于与用户进行交流。此外设计师还可以为企业技术的应用和再发展带来一种全新的视角和着眼点。

3.3.2.5 虚拟设计团队（Virtual Design Team）

虚拟团队是由一些跨地区、跨组织的，通过通信和信息技术的联结、试图完成组织共同任务的成员组成，他们虽然分散于不同的时间、空间和组织边界，但他们一起工作完成任务。虚拟团队可视为以下各个方面的结合体。

- 现代通信技术；
- 有效的信任和系统教育；
- 超越 50 英尺（15.24 米）之外进行运作、通过电子沟通进行协作。

综合相关的研究，发现虚拟团队存在以下 4 方面的特征。

- 团队成员具有共同的目标；
- 团队成员地理位置的离散性；
- 采用电子沟通方式；
- 宽泛型的组织边界。

虚拟设计团队是由一群来自于不同设计组织的工作者构建而成的临时型工作团体，在现在企业全球化高度竞争与通信、网络科技发达的时代，为了能够完成跨越距离、时区和组织界限的设计项目，越来越多的设计组织都以虚拟设计团队的方式来达成，这种趋势也正成为现代设计组织的重要结构形式。虚拟设计团队的设计成员可能来自于相同或者不同的组织，成员间在时间协调性和工作地域集中性方面不具备传统团队的特点，特别是不能以面对面的方式来解决团队所必须完成的任务，但其成员可以借助现代发达的通信网络与资讯科技的协助，将拥有共同目标的工作者整合在一起，建立一种没有时间观念、没有空间隔阂的新工作概念，形成具备快速反应外在环境变动的未来型组织形态。虚拟设计团队的成员在团队组成前可能从没有合作过，且一旦完成特定的共同目标后，团队随之解散。

虚拟设计组织可以提供以下解决方案。

（1）设计解决方案：从二维到三维的创新设计工具，完成产品的概念、外观、总体、结构和零部件设计等，通过对设计标准、设计文档和经验知识管理及共享的平台，实现并行设计、异地协同设计，提高企业的设计效率和快速响应市场的能力。

（2）工艺解决方案：建立企业制造资源、工艺标准和典型工艺库，重视对 CAD 的图形和数据及各种工艺知识和工艺经验的使用，能够提高工艺编制和工装设计的效率，生成各种材料清单和工艺汇总数据，缩短工艺准备的时间周期。

（3）制造解决方案：提供各种数控机床的自动编程工具，各种数控机床网络的通信和连接，以及订单、计划、车间生产调度、制造执行、库存和采购等管理平台，提高对车间加工的计划和监控能力，提高制造资源的利用率和加工效率。

（4）协同管理解决方案：方便管理企业产品设计制造过程中的图档、文档、业务数据、经验，能够实现即时交流和沟通的数据，实现各种数据在部门内部和不同部门之间的共享和协同，实现流程管理的协同，实现不同类型的数据混合管理的协同，保证企业知识管理全面、有效。

由于全球化的发展，机动性高、可跨时区、跨地域的设计团队可以快速完成组织交付的任务，进行高效的知识分享、信息传递以及设计成员能力的评价和团队绩效的评价，在信息全球化的发展下，虚拟设计团队将有越来越广泛的应用空间。国内以同天控股、太火鸟科技为代表的企业也在工业设计网络服务平台和工业设计项目管理软件化方面开展了大量的工作。

案例 3.5 太火鸟公司基于 SaaS 模式的设计交易与产品设计服务平台

SaaS（Software as a Service，软件即服务）模式是一种创新的软件应用模式，具有成本低、易维护、效率高、使用便捷的优点。SaaS 既是企业信息化建设模式的趋势之一，也为企业管理提供了新的思维模式。

北京太火鸟科技有限公司自主研发的 B2B 工业设计和产品创新 SaaS 服务平台，依托人工智能、大数据以及云计算等，能够实现工业设计产业从获客、转化、生产、交付全流程的数字化、智能化研发和实践。自 2015 年投入运行以来，已有超过 2000 家设计企业入驻，在产品创新集群、营销及智能分发、设计“孵化器”和“加速器”运营方面取得了显著的成绩，见图 3-25。

图 3-25　太火鸟工业设计和产品创新 Saas 平台的服务流程

此外，太火鸟公司还研发了设计项目管理系统铟果 D³INGO 产品创新协作管理工具，这是一个专门服务于设计项目的全流程、多维度、可视化的系统，能够实现需求分析、产品定义、虚拟团队、项目管理、远程协作等全流程服务，并提供设计素材、创新案例、行业趋势、创意云盘、设计日历等，从而有效提升生产效率，降低人力成本。

3.4 设计项目进度管理

项目进度管理又称项目时间管理，它是为了确保项目按时完成所开展的一系列管理活动与过程，项目的时间管理是在项目确定之后，为实现项目目标、生成项目产出物和完成项目范围计划所规定的各项任务所开展的管理活动。通过确定、调整任务的工序和工期，合理分配资源，提高工作效率，确保项目按时优质地完成。

3.4.1 制订合理的计划

计划决定着需要做什么、谁去做、花多长时间去做、花多大费用去做。投入一定的时间来做一个考虑周全的计划，对任何项目的成功都是很重要的。很多项目超出了预算、延误了时间，或仅仅达到了部分技术上的要求，都是因为在项目开始前没有制订一个可行的计划。先作计划，然后再执行计划，这是很重要的，否则，必将导致混乱与挫折，增大项目失败的风险。

"按时、保质地完成项目"大概是每一位项目经理最希望做到的，一个绩效良好的设计项目团队很有必要管理好时间。但工期拖延的情况却时常发生。因而合理地安排项目时间是项目管理中一项关键内容，它的目的是保证按时完成项目、合理分配资源、发挥最佳工作效率，主要工作包括定义项目活动、任务、活动排序、每项活动的合理工期估算、制订项目完整的进度计划、资源共享分配、监控项目进度等内容。

设计计划主要是指对设计项目时间上的合理安排。设计项目时间安排不合理或时间不足，将导致设计质量下降；不能按照计划完成任务将导致设计成本的增加，甚至贻误战机，失去市场。因此，在设计规划书中必须针对所要设计对象的具体特点、设计流程各个阶段的特征和难易程度、项目团队的技术和资源情况，依据以往的经验，科学地分配各阶段的工作时间，制订详细的计划。同时，应当让即将参与设计项目的人员参与设计计划的制订，这一点非常重要，因为只有他们才是最知道该做哪些具体细节活动，而且通过参与项目的工作计划，可以让他们对按计划执行项目更具责任感，见图3-26。

项目流程图可以让团队成员更加明确自己的职责及在整个设计中的工作分配，同时良好的设计程序也可以使设计师更好地安排自己的工作。

设计项目规划是预测设计项目未来，确定设计要达到的目标，估计会碰到的问题，并提出实现目标、解决问题的有效方案、方针、措施和手段的过程。只有详细地规划，才能避免在项目进行中可能出现的问题，使设计项目能顺利进行。项目规划对设计项目起到计划和指导的作用，应该尽可能涵盖设计项目中的各个方面，规划书的写作要科学、认真、实事求是。设计项目规划书的内容没有

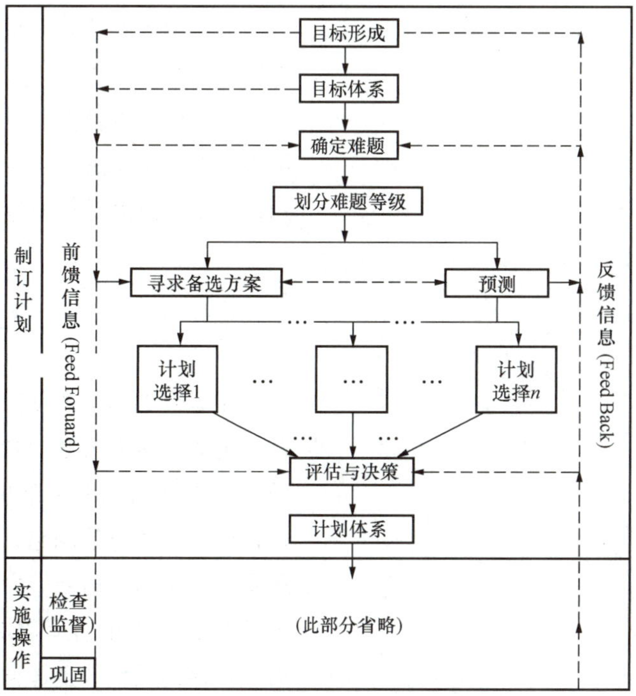

图3-26 制订计划基本结构

固定的模式，英国学者 Topalian 认为，设计规划书的内容主要包括阐明所从事的设计项目的具体内容和需要达到什么样的设计结果两个方面。Oakley 则认为应把设计规划书分为产品规划和工程规划两个部分。产品规划是对产品特点、消费对象和成本等方面的界定，工程规划则包括设计进展和完成的时间、计划和设计资源等方面的具体规定。目前所使用的设计项目规划书通常包括设计目标、设计计划和设计要求三个方面的内容。

在建立设计规划并制订设计计划后，设计项目工作就可以开始了。由项目经理领导设计团队执行设计计划，并依据计划开展各种活动和工作。随着项目的推进，项目活动的节奏开始加快，投入的资源也在不断增多。在此阶段开展必要的组织与控制，协调设计行为与各个部门之间的关系，确保项目活动范围、时间进度、设计质量和资金等按计划行事。项目控制过程是执行项目的重要且必要的组成部分，是管理项目的一种积极主动的方法。

3.4.2 进度控制

为了保证项目的进度，就要在设计项目执行过程中对进度进行控制，进度控制的层级及工作内容如下所示。

（1）总进度控制，主要是指项目总负责人对项目设计中各里程碑时间的进度控制，项目总负责人通过检查、设计例会、进度分析会和小组工作汇报会等方式掌握和控制设计项目总进度，并将每个设计人员的设计进度计划和实际完成情况通过进度图表示出来，让项目组所有成员都了解整个项目的设计进度和自己在整个项目组中的进度情况，这样就给项目组成员无形的压力，进而转化为相互竞争的设计动力，充分激发设计人员的积极性和自觉性，增强设计人员的进度计划意识，为这个设计项目的进度控制提供保障。

（2）主进度控制，是指项目小组对项目设计中每一个设计事件的进度控制。通过设计小组长对小组设计工作的监督、检查来对设计主进度进行控制。

（3）详细进度控制，是指设计人员对设计进度计划的控制，详细进度控制是保证主进度控制和总进度控制的基础。一般通过设计人员根据个人设计进度计划，对自己的设计工作进度进行自检和自控的方式进行。

3.5 设计知识管理

在当今这种“改变”才是常态的世界里，“知识”成为企业组织能持续保持自身竞争优势的重要关键。知识决定竞争力，决定一个产业甚至一个国家经济的兴衰。正如管理大师马克斯·韦伯（Max Weber）所说：“新经济版图不在科技里，亦非在晶片，或是全球电信网络，而是在人的思想领域”。由此可见，21 世纪是一个以知识为版图、以学习为拓展能力的新世纪。知识管理是当下的热门话题之一，它已为许多知识型企业所采用。所谓知识管理，主要是指管理知识的识别、获取、开发、传播、使用、保存到更新的全过程，管理对象是知识共享和知识创新，重点是解决信息超载和知识匮乏的问题，充分发挥显性知识和隐性知识的交互作用；重视存在于用户和知识之间的密切联系。通过知识管理，用现代化的工具建立开放和信任的企业内部环境、改变组织内员工的工作状态和行为，使人、过程和技术完美地结合起来，使组织机构中与信息有关的成分，变成能为企业带来价值、优势和利益的知识财富集合。

3.5.1 面向设计领域的知识管理系统

在知识架构中，知识分为两个层次：外显性知识（Explicit Knowledge，即可以诉诸文字、传授给他人的知识）和内显性知识（Tacit Knowledge，即隐藏在人脑中无法轻易描述的技能、判断和直觉）。工业设计类组织的业务活动的实质是知识的创新，设计组织是知识高度创新型组织。实践证明，对于知识高度创新型组织的管理是非常困难的。

设计是一种高智能和经验性的创造性劳动，资深设计师在多年的设计生涯中经历过大量的设计案例，积累了关于设计流程、材料、生产技术、团队配合等丰富的技巧，如何将这些隐藏在设计师头脑中经验性的、无条理的、混沌的内显性知识整理、归纳成可被别的设计师理解、接收和继承的外显性知识，让每个设计师独有的经验为团队分享，让具备知识的人和需要知识的人结合起来，让设计能够在一定程度上依赖设计的程序而不是过分依赖某一位设计师，这就要求现代设计必须建立一套科学的知识管理系统。

当今，随着设计行业的蓬勃发展，设计公司之间的竞争呈现白热化的趋势，工业设计的盈利法则也在传统的 TQCS（Time、Quality、Cost、Service，即时间、质量、成本、服务）四个要素之上增加了两个要素，即 I/K（Information/Knowledge，即信息 / 知识）。只有打破知识分享的障碍，建立良好的机制，才能增强团队的战斗力，满足市场对设计公司的服务品质和响应速度越来越高的要求。以嘉蓝图设计公司为例，他们在 2007 年开始实施设计知识管理，实施前后的对比表明，不仅项目的一次成功率由 68% 提升到 85%，同时促使企业内部形成了积极分享、主动沟通的氛围，使企业成长为快速学习型组织，从而能更好地应对挑战。今天，信息技术的发展不仅使知识更新的速度大大加快，也为企业内的知识管理提供了技术基础。在企业内部建立一套服务于产品创新设计的知识管理系统，使之成为企业进行数字化、网络化、协同化、虚拟化和智能化设计与管理的平台，在提高企业的产品设计质量和增强企业快速、持续的创新设计能力方面，都将具有十分重要的意义，也是当今企业能获得优秀设计的关键。

3.5.2 设计知识管理系统的层级

设计项目管理中的知识管理主要在以下三个层面上进行。

3.5.2.1 设计项目综合层面的知识管理

知识管理需要信息技术的支持，但并非仅仅依靠 Internet 系统、数据库，还需要企业文化和管理手段的密切结合。综合流程为：建立企业内网、构成企业内部通信和协作平台，引入业务集成系统，如项目管理系统（PM）、企业资源系统（ERP）等，建立设计、生产、销售、财务、人力资源等各个环节的集成管理，对知识进行分类、评估、开发、共享的管理以及知识库的建立与更新。

3.5.2.2 设计项目团队层面的知识管理

由于设计项目的一次性和独特性，项目团队通常也存在一次性、临时性的特点，团队成员拥有不同的背景、知识、技能、经验，因此，团队成员之间的交流尤为重要。在团队成立后，首要问题是推动团队成员以多种方式开展交流，发现内显性知识。如可以采用一些轻松的非正式沟通方式，如聚餐、出游、网络社区或论坛等，加强团队内部的沟通，促进知识的共享和创新。

3.5.2.3 设计项目组织层面知识管理

在项目层面上，非常适合用流程管理来规范知识的收集、分析和录入知识库工作，并使得区域性的知识在更加广泛的范围内应用。首先，对知识库录入工作进行规范和培训，将真正有价值的经验和信息输入。可以通过建立专门的经验、知识审核与分析委员会的方法对项目或个人申报的创新经验和技巧进行审查和选择从而保证其正确性。其次，建立检索工具，实现不同项目间知识的共享。当一个项目的成员遇到难题后，可以登录知识库进行搜索，如果没有搜索到结果，则项目在解决该问题后，可将解决方案提交知识库，对知识库进行完善，这样就形成了一个积累和传承知识的有效机制。

今天，在设计项目管理的过程中，设计组织面临着更多的机遇和挑战。把握住项目发展过程中的知识积累，充分挖掘自身知识资源的潜力，是设计组织必须面对的问题。在项目管理中实施知识管理，依靠知识来提高项目管理的水平，才能面对知识经济的挑战，才能在时代的浪潮中立于不败之地。

案例 3.6 信息化时代的设计项目管理利器——Thinkine 设计管理系统

信息是知识的基础。设计管理信息资源的开发和信息资源的充分利用，可吸取项目的正反面经验和教训，许多有价值的组织信息、管理信息、经济信息、技术信息和法规信息将有助于项目决策期多种可能方案的选择，有利于项目实施期的项目目标过程控制，也有利于设计项目开发后的运行。

各种设计项目管理带来的数据流向如果依赖传统的散状存储方式，信息难以得到精确的计算和统计，不利于设计项目管理的集成化和高效率。设计管理信息化有利于提高设计管理的经济效益和社会效益，以达到设计管理增值的目的。

信息技术在工程管理中的开发和应用的意义在于：

1）“信息存储数字化和存储集中”有利于项目信息的检索和查询，有利于数据和文件版本的统一，并有利于项目的文档管理；

2）“信息传输的数字化”可提高数据传输的抗干扰能力，使数据传输不受距离限制并可提高数据传输的保真度和保密性；

3）“信息透明度提高”以及“信息流扁平化”有利于项目各参与方之间的信息交流和协同工作；

4）项目身份识别信息系统中，依据设定身份与项目中的身份定义一致，实现定制化的项目角色，其权限责任与实际相符，便于项目网络化运行；

5）“移动互联网”有助于实现随时随地的信息处理，不再局限于某一地，便于项目快速高效进行。

由广东同天公司控股的同创动力研发的 Thinkine，是用于设计管理信息化的专业化软件，主要解决设计项目信息管理中存在的过程信息不集中、散乱，以及复盘、数据汇总和管理困难等问题，Thinkine 整个系统架构基于 PMBOK（Project Management Body Of Knowledge）组织，分为：整合管理、灵感库知识管理、时间管理、成本管理、质量管理、人力资源管理、沟通管理、客户管理八个模块（见图 3–27）。

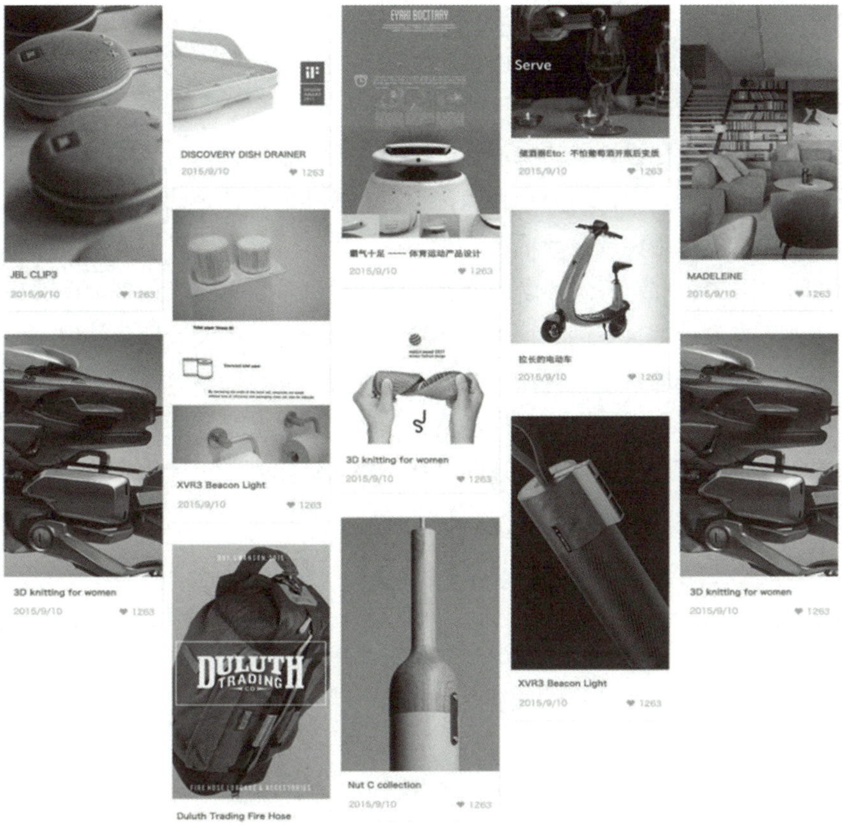

图 3-27 项目图片知识共享

形成设计项目云端设计管理信息门户（Project Information Portal，简称 PIP），如图 3–28、图 3–29 所示。

Thinkine 将信息技术应用于设计管理，可以帮助用户实现完成以下目标：① 信息云存储数字化和存储集中；② 信息传输的数字化；③ 透明度提高，信息流扁平化；④ 项目身份识别与权责电子身份化；⑤ 信息获取便捷，移动互联网化。

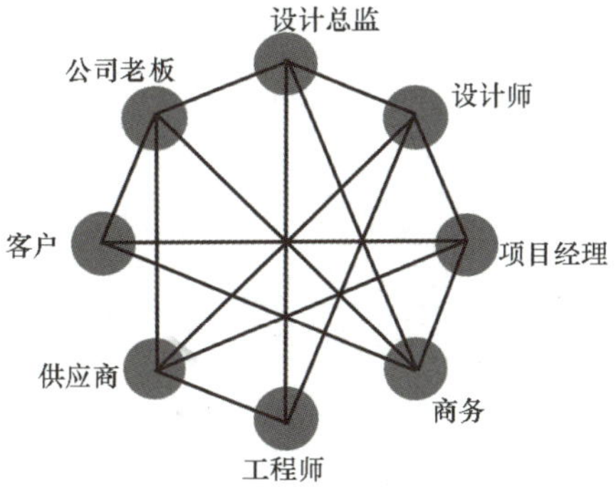

图 3-28 传统方式——点对点信息交流

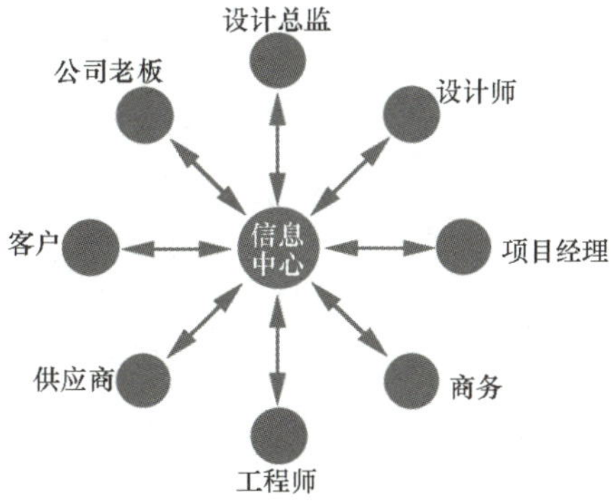

图 3-29 PIP 方式——信息集中存储并共享

本 章 小 结

产品的设计与开发作为企业制订生产经营发展规划的重中之重，已经成为企业生存发展的必然趋势，可以说，市场竞争归根到底就是产品和设计的竞争，成功的产品设计开发和有效的设计项目管理流程是企业克敌制胜的法宝。特别是新产品的开发是一个创新、复杂、多变的过程，需要大量的资金、实物资源及企业内不同部门的人员参与，因此，除了运用一般的管理原则和方法外，还必须引入设计项目管理这一至关重要的理念。

设计项目管理要把设计战略和设计过程转化成设计成果，为了达到这一目标，必须安排和协调相关的人力、物力和资源，构建高效能的设计团队，保证在预定的时间和成本预算内高质量地完成设计项目。

“利用流程，复制成功”。科学的产品设计和设计项目管理流程是设计项目成功的基础，企业应在设计项目案例的积累中不断总结适合自己的设计项目管理流程，并形成良好的设计知识管理系统，对设计知识进行挖掘、总结和积累，通过知识共享赢得竞争优势，从而不断提高设计创新的质量和效率。人工智能、大数据、云技术在设计领域的应用进一步更新了设计的方法和工具，极大地提升了设计的效能。

本 章 习 题

（1）名词解释：项目、项目管理、项目的生命周期、设计项目、项目经理、项目团队。

（2）项目的特征是什么？

（3）项目管理的作用是什么？

（4）设计项目的组织形式有哪些？

（5）说明工业设计团队的人员组成及构建高效能设计团队的方法。

（6）一名称职的设计项目经理应该具备哪些素质？

（7）如何控制设计项目的进度？

（8）如何对设计项目进行评审？

（9）如何对设计知识进行管理？

（10）访问一家企业或一家设计公司，调研其设计项目管理相关实务，并写出调研报告。

第4章 设 计 评 估

教学目标：

①掌握评估、设计评估的基本概念。
②了解设计评估在企业设计活动中的角色。
③掌握设计评估的要项和范围。
④了解设计评估的层级。
⑤掌握设计项目评估各阶段的内容及作用。
⑥如何对委外项目进行评估。
⑦了解对设计评估人员素质的要求。

设计评估，也称为设计稽核或设计审计，它的产生和发展是设计本身步入科学化、规范化的产物，通过对设计的评估或稽核的方式，对设计的产出及过程进行规范和约束，提高设计的成功概率，推进设计更好地发展。

4.1 设 计 评 估 概 述

4.1.1 评估

《汉语大词典》对评估一词的解释是，根据预定的准则，去衡量方案已有的或将来的效果，以决定其可行性，供选择或改进的参考。

一般企业组织主要的功能领域通常包括：设计、研发、销售、制造、财务和人力资源，企业的经营目标不外乎是品质、创新、创造力及新产品开发。事实上，各组织皆存在“沉默设计”（Gorb，1990），因此，各功能领域在业务执行过程中皆有相当程度的设计涉入。例如，设计可以引发研发部门对相关新产品进行潜在消费者需求的调研；对于市场功能领域而言，市场资讯所衍生的概念，必须借助设计师将其做出具体化的实现；对于制造功能领域而言，更是必须依赖设计来提高制造上的组装效率与经济性；在财务功能领域上，企业则是常借助设计来增加产品与服务附加值及减少产品成本；在销售功能上，可借助附加值高的产品的设计来刺激消费者的购买意愿；就人力资源而言，设计师的聘用及员工对设计的高度认知，可使企业全体人员在设计的环境中不断创新。由此可知，企业组织除了必须了解“设计”的功效外，更须推动设计与组织各层级密切的合作，并落实执行与达成任务，从而提高企业的竞争力，为企业创造更高的利润。因此，如果能够有效地运用设计及管理设计，并清楚地理解设计对所有组织功能及活动的关系，必然能够因为善于利用设计更好地实现企业目标。

4.1.2 企业评估的种类

落实并执行评估工作是企业发展及增进创新绩效不可或缺的重要工作。评估的主要目的是针对某项重要议题进行检视，其定义强调有独立性、定期性、客观性等特点，同时评估的执行也必须落实事后建议，跟踪督促及矫正，如此才能算比较完备的评估。

企业内的评估可分为财务评估、管理评估、品质评估、环境评估、营销评估等，各种评估的内容如表 4-1 所示。

表 4–1　不同评估的类型

形态类型	内容
财务评估	检查企业会计、财务及其他业务，作为管理当局提供服务基础的独立评核工作
管理评估	对管理系统进行独立、客观地检视，并提出检查结果及意见
品质评估	对品质履行的客观检视
环境评估	针对环境方针、环境目的、环境目标及环境管理计划等环境相关议题所进行的检视
营销评估	公司或事业单位对其行销环境、目标、策略及活动做出全面、系统、独立及定期的检查

4.1.3 设计评估

设计评估的产生和发展，是设计本身发展和成熟乃至可持续、规范的产物，是设计发展到高一阶段的标志。它通过评估的方式，对自身的发展进行规范和约束，以利于更好的发展。

Turner（1985）认为“设计评估”的目的是针对设计活动进行的客观性的检查，并进一步强调设计评估并非只是事后检讨或改进的会议，而是一个正式化、文件化及计划性的调查。

British Standard Institute（1995）则将设计评估定义为“设计活动的系统性独立检查”，并指出一般设计评估的执行目的，如下：

- 确立设计活动在组织内部被有效地计划与执行；
- 确保设计活动在组织内遵守所有协议；
- 确定设计输入符合具体的要求。

Topalian（1983）指出设计评估为工业或商业组织中，对设计相关业务正式及广泛检查的活动。另外，Enterprise Ireland（1999）将设计评估解释为对新产品开发、设计系统、设计过程及设计管理相关议题作确实的检视及严格的评估。

综上所述，可以将设计评估定义为“对设计相关业务进行客观检视以及意见表达，并于事后进行落实及改进”。

4.1.4 设计评估的作用

设计评估的对象可以分为企业层级、部门层级、设计项目层级、委外设计项目等，见图 4-1。设计评估的重点包括检讨资源运用及达成的回收，检查资源是否适应于所涉及的任务；企业在设计的管理上，必须执行每半年或一年的定期评估，评估企业组织应用设计的效能、设计项目的成果，提出改进意见。

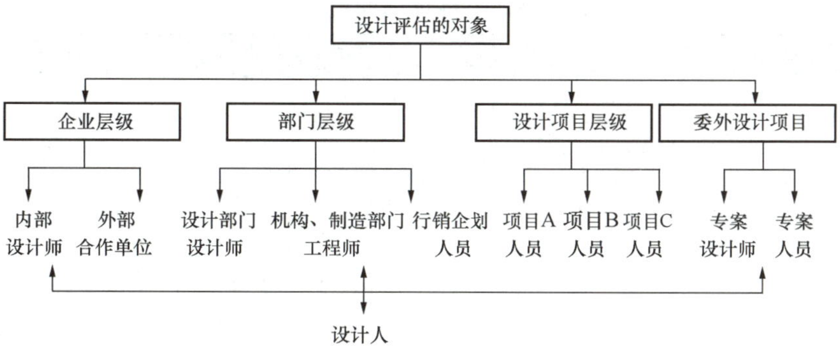

图 4-1 设计评估的对象示意

进行设计评估的时机可以选择：

- 配合公司策略或设计策略的变化；
- 配合定期的策略计划；
- 检讨设计政策的落实；
- 检讨设计的管理；
- 项目前期及项目后期。

在设计相关活动的执行过程中，企业可借助定期的设计评估来检视设计相关活动的运作状况与落实度。

企业应该重视以下几个方面：

- 设计开发各个阶段的评估；
- 各设计开发阶段的适当检查、查证与确认活动评估；
- 设计开发职责与权限的评估。

设计评估的主题范围包括：

- 设计政策评估；
- 设计人员评估；
- 设计设备评估；
- 工作环境评估；
- 设计管理系统评估；
- 设计规则与程序评估；
- 设计标准评估；
- 设计财务评估；
- 设计部门评估。

设计及开发阶段期间设计评估的范围与内容、设计评估要项与范围见表 4-2 和表 4-3。

表 4–2 设计及开发阶段期间设计评估范围与内容

评估范围	评估内容
设计开发各阶段评估	设计计划完整性； 设计与开发阶段落实度； 量试阶段正确性
设计开发阶段审查、 查证及确认评估	设计开发审查的计划、执行与记录； 设计开发查证与后续跟催措施； 设计开发确认； 设计开发变更
设计及开发职责与权限评估	职责与权限的界定

表 4–3 设计评估要项与范围

要项	范围
设计政策评估	企业设计目标与策略； 公司对设计活动的认知与地位
设计活动评估	设计进行活动的范围、时间及地点； 设计活动对公司的重要性
产品设计评估	对于产品所设定的目标、目的及表现的适合性； 产品设计对公司销售及财务的重要性； 使用的材料及组件，审美、式样、制造、装配、包装及售后服务
设计服务评估	设计活动的组织与控制所提供的协助与支援； 内外部顾问对目标对象的教育； 设计相关事务的资讯服务
视觉识别评估	企业识别要素（符号、标准字及标准色等）与识别系统使用的规定； 整体的视觉识别及企业形象的评估调查
设计机能目标对象的评估	包括设计内外的其他有关团体的设计机能目标对象
涉及设计活动人员的评估	人员范围（设计专家、公司内部及外部）资格、机能及经验； 征求与甄选程序； 非设计专业人员的设计训练，及设计专业人员的商业训练； 外部顾问资源
设计设备评估	设备的范围及品质，所需空间及可得到的支援等
工作环境评估	内外部环境的普检（室内、建筑、景观、区域及舒适性）
设计管理系统评估 设计规则与程序评估	设计管理命令链——计划、监督、组织及控制方法； 设计趋势及技术发展； 领导及决策本质； 设计管理及一般管理间的关系
企业设计标准评估	设计项目提案的成立与设计师的甄选——档案、控制及评估系统； 在公司内部及外部发表设计成果； 内部自定或外在规定的品质标准范围； 标准的建档及传达； 标准的发展与检讨
设计财务评估	设计活动的资本及运作预算； 实际用在设计工作的广告预算比例； 投资设计中设计的位阶； 设计投资的理想层级及分配
设计部门评估	设计的审核及目标； 设计在公司内的地位与其他部门的关系与互动； 设计从事的活动及提供的技能、服务、设备与外部顾问企业的贡献

资料来源：Topalian（1983）。

4.1.5 设计评估的执行步骤

一般评估工作的执行可以分为以下四个步骤。

第一步，评估前进行相关的准备工作，包括以下几个方面：

评估项目的确定；确认评估的范围；评估前资料的收集；拟订评估工作计划；分配评估工作。

第二步，评估小组对公司相关业务进行初步调查，并根据初步调查的发现进一步执行深入调查，以了解问题的症结。

第三步，评估小组将评估报告与评估建议提供给高级管理人员或被评估单位，以掌控工作执行的状况与缺失。

第四步，受评估单位对于评估的结果与建议，应根据评估结果报告执行事后的追踪与矫正，以提升后续公司业务执行的效能。

也有的学者将设计评估划分为五个阶段，作为设计评估执行时的参考依据，见图 4-2。

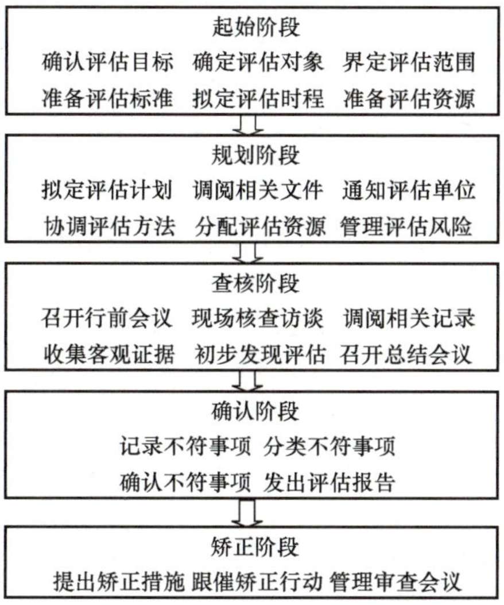

图 4-2　设计评估执行步骤

4.1.6 设计评估报告

评估小组与设计评估执行后，应将设计评估的结果做进一步的分类整理，并客观地陈述于设计评估报告中，以有效反映设计相关活动的问题与现况。设计人员在制作评估报告时，应进一步整理评估报告与相关的评估证据，并在评估报告中提出改善与建议。表 4-4 为设计评估报告表单示例。

表 4–4　设计评估报告示例

设计评估报告	
通知单位：	编号：
副本收件人：	日期：
评估对象：□企业层面　□部门层面　□项目层面　□个人层面　□配合单位　□委外单位	
评估构面：□规划构面　□组织构面　□执行构面　□监督构面　□评估构面	
评估要项：	
设计评估细节与内容：	

4.1.7 设计评估的人力需求

一般评估人员的职责主要在于调查、检视和评估企业内各方面业务的执行，评估人员的能力是企业执行评估绩效的关键，因此，评估人员应具备以下能力：独立能力、表达能力、判断能力与撰写能力。

就设计的角度而言，设计评估人员除了应该具备以上能力外，也许要对设计相关活动或设计程序、设计管理有充分的了解。因此，将设计评估人力需求区分为评估技术需求，人格特质需求和设计知识需求三个方面，见表 4-5。

表 4–5　设计评估人力需求

能力需求	需求项目	项目说明
评估技术需求	良好的评估训练； 表达能力； 判断能力； 撰写能力	完备的设计评估训练以达到评估效率； 完整明确的表达能力有助于评估过程的沟通； 良好的判断能力有助于评估过程中信息的筛选； 撰写简洁明确的评估报告
人格特质需求	独立性； 逻辑性； 细腻性； 冷静的心智； 开放的心胸	能独立于设计评估工作； 系统性逻辑推理有助于设计评估工作的完成； 细心方可找出设计评估过程的问题； 冷静的心智有助于对事实的判断； 公正、公允的态度方可实现设计评估的公正性
设计知识需求	设计程序； 设计管理； 设计相关知识	对设计程序的掌握有助于设计评估的执行； 完备的设计管理知识便于掌控相关评估议题； 充分的设计相关知识有助于设计评估议题的把握

4.2　设计项目的评估

一个项目无论其规模大小，均要投入一定的时间、资金、人力、物力，另一方面，夭折、中断、失败的项目也不在少数，尤其是新产品开发项目，成功的概率极低，大约为 15% ~ 20%。因此，如何在项目实施中有效地管理风险、控制风险，已成为项目实施成功的必要条件。风险总是和效益并存的。只有正确地识别风险、分析风险、规避风险，才能确保每一个项目的顺利实施和成功完成，才能给企业带来更多的效益。

4.2.1 设计项目风险分析

新产品开发项目主要包括以下风险因素：

- 市场调研信息失准；
- 项目决策方法不科学；
- 项目存在近期内不能克服的技术关键；
- 项目在技术上根本不可行；
- 项目在技术上并不先进；
- 完成该项目的研究试验需要过多的超过预期设想的人、财、物；
- 项目技术路线或方案有误；
- 项目组织不合理或项目之间存在冲突；
- 别人早已开发或发生专利冲突；
- 项目达不到预期指标或标准；
- 项目中试失败；
- 新产品设计不合理；
- 项目技术生命周期过短或被其他技术代替；

- 容易被他人仿制或扩散；
- 生产该产品的设备不适应，设备调整费用过高，需要大量添置新设备，或需要重新设计制造新的设备；
- 批量生产的产品质量低；
- 因生产该产品而影响其他产品的生产；
- 缺乏用于生产该新产品的原材料或零配件来源；
- 大批量生产费用过高；
- 产品生命周期过短；
- 利润少或难以在寿命周期内回收全部费用；
- 市场需求不足或需求变化；
- 竞争对手太多；
- 新开拓市场困难或开拓费用过高；
- 因销售新产品而丧失原有销售渠道或协作关系；
- 新产品不符合国家产业政策；
- 发生法律抵触；
- 受到进口产品冲击；
- 市场面窄或季节性强。

为了减少和降低设计项目，尤其是新产品开发项目的风险，对设计项目进行评估是必不可少的控制手段。

4.2.2 设计项目评估

设计项目是项目管理中的一种，在对设计项目实施评估中，符合项目管理评估中的一般方法和原则，同时设计项目评估也有其自身特点所决定的独特性。由于设计的目的是满足人们的需求，这些需求不仅表现在物质方面，同时表现在精神方面，因此，项目的评估要关注产品的美学功能和社会功能等无形价值。另外，在项目的开发中往往会伴随着许多创新因素，特别是设计程序、工艺流程等，都是企业的无形价值，因此，要预先制订相关的评估标准，以便对设计中的各细节予以评价。

ISO9000 标准对设计评估的定义是，为了确保所涉及的对象的适宜性、充分性、有效性和效率，已达到所设定目标而实施的活动。ISO8402 对设计评估的定义为：为了评价设计满足质量要求的能力，识别问题，若有问题提出解决办法，对设计评估所做的综合的、有系统的并形成文件的检查。设计可以在设计过程的任何阶段进行，在任何情况下该过程完成后都应该进行设计评估。

由于产品特点不同，设计阶段及设计评估内容、要求和方式也不尽相同，不可能提出一个各企业、各种产品通用的提纲。ISO9001：1994 对设计评估活动，提出了按照具体的设计阶段和产品应考虑的内容，包括以下项目。

- 与满足客户需求和使客户满意有关的项目；
- 与产品规范要求有关的项目；
- 与过程规范要求有关的项目。

英国设计管理专家 Barry Thrner 在其《设计评估》一文中，主要根据产品设计程序归纳出工业设计项目管理评估的四个阶段——需求评估、前期评估、中期评估和后期评估。这种评估体系相对较为简洁而完整，但却忽视了设计项目后评估。本书将设计项目的评估分为设计项目前评估、设计过程中进行的评估和设计项目后评估，各阶段评估内容及作用见表 4-6。

表 4–6　设计项目各阶段评估的内容及作用

阶段名称	评估内容	作用
设计项目前进行的评审	（1）市场评估，包括：①设计项目的消费对象；②设计项目的价格水平与潜在消费者收入状况；③替代产品的发展趋势。 （2）产品与技术评估。 （3）设计项目的规模评估。 （4）设计项目的风险评估	在投资决策（执行）前对设计项目进行的可行性研究报告进行评价，目的是确定设计项目是否可以立项，并站在项目的起点，应用技术经济分析的方法来预测和评价项目未来的效益，以确定对项目的投资是否可行，对控制设计投入、调整设计方向、提高设计效益有着设计本身不能替代的作用
设计项目过程中的评审	设计项目进行过程中的评估是指在设计进行过程中对解决问题的方案进行比较、评定，由此确定各方案的价值，判断优劣，以便筛选出最佳方案。此处的“方案”的实质是设计中所遇问题的解答，可是构思形态的原理、结构、造型等，也可以是实体形态的零部件图或总成图，或是模型、样机或产品。设计评估的主要形式是设计	（1）有效地保证设计质量。 （2）克服设计人员考虑问题的知识和经验的局限性、主观片面性及过度追求质量保证而造成的“质量过剩（设计至善论）”，及时纠正不能满足设计项目目标要求的缺陷和盲目增加成本的做法，从而提高设计效率，降低设计成本，在较短的时间内完成项目目标。 （3）集中材料、工艺、设备、检验、供应、销售、财务等各部门的人员，对所开发的产品，进行多角度、多方面的充分论证，找出不足，提出解决方案，达到集思广益的目的，同时可以补充设计人员的知识和经验的不足，扩大其视野和增加其知识，为项目设计水平的提高创造条件
设计项目后进行的评审	站在设计完成的时间点上，一方面检查和总结项目的实施过程，找出问题，分析原因；另一方面，要以此次为时点和基点，预测该设计的未来发展。设计项目前进行的评估和设计项目完成后进行的评估的基本原则和方法内容大致相同，主要区别是后者不过是对前者预期结果的检验；设计项目前进行的评估的主要判别标准是该设计要求获得的收益或收益率，而项目结束后的评估的判别标准侧重是项目前评估的结论，主要采用对比的方法	检验设计投资效果，改进投资管理，总结经验教训，完善产品设计项目评估与决策，为未来同类设计项目提供借鉴，把今后的失误减少到最低，提高设计投资效益

目前由于设计管理理论与实践还处在不断发展之中，各个企业对设计评估的具体操作各有不同，有的企业会在草图、效果图、三维建模、外观模型等阶段分别在设计部门和整个企业两个层面上组织不同的专业人员进行评估，而有的仅在模型三维建模和模型阶段进行评估。不论实际中如何确定评估的节点，设计评估都是设计项目控制的一部分，是设计控制的一个重要手段，其目的在于确定设计结果是否和设计要求相一致，以及在进入下一个阶段前是否应进行相应的改变。

风险控制与管理是项目管理的重要职能之一，所有的努力与工作应该是确保项目成功地实现目标为最终目的，所以，设计项目的目标与设计项目进度应该是一致的，甚至在产品计划阶段必须根据以往的经验和信息，主动把风险控制和管理的相关事宜和环节作为计划中的重要部分。同时，设计评估是一项复杂的、涉及面广的技术工作。积极有效地组织专家、评委和不同职能部门的人员参加，客观地对设计进行检查、评估和确定，从而确保设计项目的品质。

4.2.3 设计项目评估人员

在选定具体设计项目评估人员的过程中，首先要确定评估的负责人，他要在设计评估活动中起到组织和协调作用。理想的负责人最好不要与被评估的项目有直接的联系，这样容易取得较为客观的评价结论。项目评估参与人员的主体应该是工程师，他们中间包括工业设计师、结构工程师、制造生产工程师，还有一部分参与人员来自其他相关部门，如销售、质检及成本核算等。有些公司有时甚至会邀请企业内看似与设计不相关的人员以及客户参与评估。各类参与人员在设计评估阶段所承担的责任见表 4-7。

表 4–7　各类参与人员在设计评估阶段所承担的责任

参与人员	承担责任
总负责人	负责主持会议后编写评估报告
设计工程师	提供有关设计资料
可行性评估人员	对设计项目进行评估
质量控制人员	保证必要的测试手段能正常进行
生产设计师	确保设计具有成本低、生产时间短的特点
操作者或消费者代表	确保设计在操作、安装和维护等方面的便利性
产品安全	检查设计是否达到安全标准
包装设计	确保包装安全性
材料工程师	确保所选用的材料满足产品功能的需要
成本核算	确保所有预算项目达到预算目标
工业设计师	评价设计在操作、成本、美学和人机工程学等方面是否达到预定的设计目标
市场人员	评价设计是否达到市场和顾客等方面的需求

案例 4.1 意大利阿莱西公司的成功公式

意大利阿莱西公司（Alessi）是世界知名的家居用品设计制造商，以“意大利风格的工厂”全球闻名，老板阿尔贝托·阿莱西（Albert Alessi）对如何面对风险、如何面对现实与理想的分界线有着自己的看法，他说：“我们总是主动地去寻找人们未能被满足的需求，这是一个巨大的、未被开发的领域。我们深知其中充满了极度的不安。我们就好像走在未开放的街道上，走在不知名的小径上，一步步接近人们内心最深处的需求。我们走在现实与理想的模糊分界线上，一边是现实世界已经被人们喜爱和拥有的东西，一边是永远不会成真的理想世界（人们还没准备好接受和理解的东西）。在这条分界线上行走艰苦而充满风险。你必须绷紧神经，全身心投入，才能做好每一项工作。我们的任务就是尽可能地接近这条分界线，尽管我们清楚地知道这条分界线模糊不清，要接近这条分界线需要冒着极大的风险，但是，当我们在新项目中接近这条分界线时，那种美妙的感觉无法用语言来描述。业界巨头竭尽所能远离这条分界线，因为他们不想去承担风险，但是，长此以往，他们生产出来的产品就会千篇一律，毫无新意。”

对于如何在投资前挑选合适的项目，阿尔贝托也有一套自己的看法，他将挑选的标准整理出来，形成一套与评分系统类似的“成功公式”，如表 4–8 所示。在决定投资前，利用这套系统对项目进行评估。这套系统由四个维度组成，分别是产品功能（产品的使用价值）、成本及定价、产品语言、内在意义（感受、记忆、想象力）。前两者是所有创新项目包含的固定指标，而后两者则是设计驱动创新所特有的，也是最富有吸引力的。

表 4–8　阿莱西公司的成功公式

评估方程式（成功公式）= 功能 + 价格 + 情感 + 传达			
功 能	价 格	情 感	传 达
a. 是否满足需求 b. 是否明显是否省力	a. 生产成本 b. 未来售价 c. 消费者心理价位	a. 能否愉悦感官 b. 能否令人过目不忘 c. 能否引起情感共鸣	a. 是否符合设计潮流 b. 是否彰显使用者身份

4.3　委外设计项目的评估

4.3.1 委外设计项目

Walton（1996）认为企业引进外部设计资源或委外设计的原因一般有以下几点：企业内人员的缩减；企业设计人力需求成本过高；企业力量跟不上设计技术的快速发展等原因。Kelly（2001）指出迫使企业采用委外设计的模式有下列几点原因：公司内设计资源无法满足公司企图心；公司内部对于设计的进度无法掌控；公司需要核心能力外的某些专业能力；公司追求创新。

4.3.2 委外设计项目评估的内容

应对委外设计的评估加以重视，在审查整个采购作业流程时，企业必须参考配合单位与委外单位的评估记录，评估项目大致可以包括：公司设计策略、文化及运作方式评估；设计契约的评估；设计运作与决策评估；设计沟通、协调与业务配合度评估。一般而言，委外设计项目的评估可以经由评估的目的、评估的对象、评估的内涵等三个要点来评估，如表 4-9 所示。

表 4–9　委外设计评估范围

流程	范围	内容
规划	理清目标、需求； 规划流程； 寻找委外供应商； 初审供应商； 评估供应商的回应； 成立合约管理小组； 协议合约条款	设定并衡量欲达成的目标及达成的可能性； 规划委外设计的步骤与细节； 委外单位的评估与选择； 评估有关供应商的有关资讯； 审查有关供应商回应的资讯； 组成专职合约管理小组并进行相关训练； 制订合约双方的沟通协调机制

续表

流程	范围	内容
组织	服务目标说明书； 选择候选委外厂商； 委外供应商评估； 企划书要求单； 接触委外供应商； 合约管理； 目标达成协议书； 沟通与协调	说明企业所需的成果与方向； 拟订并选择潜在对象的候选名单； 依据客观资讯衡量委外单位资格； 要求委外单位提出企划书； 接触委外供应商以更深入了解未来的合作方式； 合约管理小组参与控制合约与人力相关内容； 明确目标达成度以确定未来的执行程度； 选择委外单位对内的沟通协调渠道
执行与监督	委外供应商的合作； 执行与监督的流程	委外项目的交送转移工作； 包括清楚目标，绩效的衡量，评鉴报告，修改流程及缺失的汇报
评估	衡量外包利益	衡量外包的利益与绩效评估

此外，也可以进一步委外单位设计评估概略区分为：规划、组织、执行、监督及评估五个层面，见表 4-10。

表 4–10 委外设计评估层面

层面	范围	内容
规划	拟订委外设计项目纲要	委外项目的背景资料，项目的范围与特性、市场背景、时间、工作确认、预算等议题
	规划初选名单	委外单位的适合性，工作经验、历史与接案记录、公司规模与项目规模的关系、公司地点等
	邀请顾问提案	提案中应包括回应项目纲要的内容，详尽明确的工作计划，参与项目小组的成员名单，以及酬劳与费用等顾问业务的合作条件等要项
	评估提案	评估的指标可涵盖书面提案的内容、品质及适应性，设计顾问公司以前的工作处理及成功记录；执行小组、委任小组及负责人建立有效率的工作关系，设计顾问公司是否能了解企业时间、财力及技术限制；设计顾问公司的项目管理能力；设计顾问公司与公司文化及管理风格的一致性
组织	组织项目小组	项目委任小组与项目执行小组的组成
	拟订计划	委外项目的计划拟订
	签订合约	合约内容应包括费用、时间表和交件、付款条件、知识产权与专利，项目终止方式等议题
执行	设计概念	设计概念，相关研究的调查及初步概念的形成
	设计发展	最终概念，细部修饰及外观模型
监督	设计实现	产品原型与组立测试，开模及试模，试产与生产前的测试
	设计变更	依据设计测试结果进行设计变更
评估	目标的评估	针对内容或执行结果进行评估
	对象的评估	评估人员因素、过程因素及产品因素
	内涵的评估	项目要项、测量方式及评判标准的界定

案例 4.2 宏碁电脑公司的设计评估

宏碁集团成立于 1976 年，成立之初以生产开发微处理机为主，目前，宏碁为台湾最大的进出口厂商，致力于发展创新技术，以操作简单、价廉物美的产品满足全球消费者的需求。图 4-3 为宏碁曾获得的各种奖项。

图 4-3　宏碁曾获得的奖项

宏碁设计有定期跨功能的领袖会议，对于制造、营销及研发单位的整合度较密切。此外，设计活动的进行也高度配合模型制作单位，以完整呈现产品开发的构想。另一方面，宏碁最主要的工作执行方式是以公司内部设计部门及根据状况配合委托外部设计公司的方式并行。就设计相关决策而言，公司外部参与主要是以模型制作厂的参与程度最高，模具厂与零件供应商对设计相关决策也相当重要。

宏碁在台湾的 IT 厂商中，无论企业规模、设计部门组成及自我品牌营销方面，都有自主能力完成设计。其产品开发模式，若为新技术研发，主要以研发部门为主导，工业设计部门主要负责有关生活形态与消费产品的设计。宏碁设计单位的工作一般包括设计修正、委托设计、全新设计及概念设计等类型，除正常的设计事务外，宏碁设计部门也投入 20% 的设计资源进行概念设计或新产品开发等有未来价值的设计活动。

宏碁目前还没有完整的设计评估机制，但在企业、部门、项目、个人、配合单位、委外单位等六个层级主要以 ISO9001 为主进行设计评估相关活动，其重点着重于设计流程的文件管制以及设计相关文件的落实，保证设计相关活动的掌控与问题的追踪上。

（1）企业层级。

宏碁在企业层级的设计评估中，主要从整体性的角度考量，所重视的是与企业文化相关议题的落实。因此，若进行企业层级的设计评估，其重点应先了解目前企业层级所推动的政策，再由设计的角度切入企业层级的设计相关活动是否考量并落实企业政策。宏碁企业层级的设计评估首先重视企业是否有完整的设计目标、设计策略、产品计划或设计环境的规范等较为宽泛的评估主题。

（2）部门层级。

原则上，宏碁设计部门主要负责公司内部的设计推广，此外，更包含设计相关活动的管理与决策。部门层级的设计评估不论是规划、组织、执行与监督都相当重要，原因在于宏碁的设计部门在公司内部扮演着不仅是上一级的企业层级，还是下层的项目层级、个人层级、配合单位或委外单位的核心角色，因此，部门层级的设计评估对宏碁而言格外重要。

（3）项目层级。

项目层级的组成主要来自于各个设计开发小组，内部的成员可能包含各个不同专业领域的设计团体，目的在于确保项目执行具有完整性的多方面考量。项目执行不但涉及时间、成本和绩效，对宏碁而言设计项目团队的沟通协调也非常重要。项目层级在产品开发过程中的最终目的是生产可提高产品附加值的产品，故执行与监督的落实及事后的评估对项目层级的设计评估有相当的重要性。

（4）个人层级。

设计师是产品设计的关键，因此，个人层级的规划、组织、执行、监督与评估受到相当的重视。

（5）配合单位层级。

目前宏碁设计主要的配合单位有制造单位、研发单位、行销单位、模型制作单位、模具厂及零部件供应商等，配合状况相当频繁。在设计相关决策时，各配合单位的参与程度相当高，也通过这种参与模式提高产品开发的严谨度，以确保产品在未来上市时的品质。

（6）委外单位层级。

宏碁的委外设计项目大多数是由直属设计部门的外包管理部负责，主要角色为公司与委外单位的沟通桥梁，对于项目的执行必须确实掌控公司与委外单位的良性互动整合控制，才不至于影响产品开发的进度，并能形成良好的绩效。此外，对于宏碁而言，委外单位设计评估的重要性与项目层级的设计评估相同重要，执行与监督是委外设计项目最重要的部分。此外，委外设计项目事后的评估更可能影响委外设计单位的选择，所以，委外单位的设计评估也备受重视。

案例 4.3 日本 GK 公司的工业设计评价原则

日本 GK 设计集团 1952 年成立于日本东京，起初专注于工业设计业务，如今涵盖建筑与环境设计、平面设计及互动设计等领域，是日本乃至世界上知名的设计公司，也是规模最大的设计公司。GK 公司对设计有着独到的见解，对设计流程有着缜密的操作，对设计评价更有着十分严格的标准，他们认为：

一、有价值的设计应该具有以下几个特征：

- 最能反映市场趋势，能马上引领市场；
- 最能满足消费者的需求、最让他们满意；
- 设计出的新产品要比现在的功能更强、更容易生产、更便于使用和维修。

二、产品的设计质量最终决定产品的质量（生产质量、使用质量），产品的设计质量包含以下几个方面：

- 要使产品的功能和特征与消费者需求相匹配；

● 尽量通过设计做到用最简单的方法和最经济的成本来满足消费需求；
● 合理的产品开发周期，并能尽量提前；
● 设计工作一旦确定，不要轻易改动。

三、最终的设计结果直接关系到产品在市场上的表现，包括以下三个阶段：
● 功能设计关系产品的性能表现；
● 外观是设计关系产品的直接竞争力；
● 模具设计关系产品的制作工艺和费用。

四、工业设计评价的具体标准见表 4-11。

表 4-11　工业设计评价的具体标准

评价焦点	评价项目 / 相反形象	设计师必备能力
是否符合产品、商品企划部门的要求？ 设计理念是否具体化？	年轻 / 成熟； 轻快 / 厚重； 阳刚 / 柔软； 亲和 / 风格刚烈； 个性化 / 平凡； 脱俗 / 老套； 豪华 / 朴实； 优于竞争对手 / 逊色； 升级创新 / 无； 有品牌特色 / 无	精确转换理念、语言的能力； 绘图表现力； 立体空间概念； 预测消费群嗜好、生活形态； 竞争对手的评估分析； 风俗文化研究
纯造型项目	识别性高 / 低； 有类似设计 / 无； 工艺度高 / 低； 具魅力 / 无魅力； 具体延续性 / 短命 质感佳 / 差； 其他	创新（想象力、现有产品的设计分析、合理性的追求、趋势的研究、对未来的洞察力）； 敏锐的直觉、审美的眼光、构图、造型能力； 将创意具体化的技术、知识、经验（设计、生产、加工方法、材料、成本费用、工艺品质要求等）
是否符合理性追求、使用者利益、社会发展的要求？ 能否完成公司的目标？	考虑安全性 / 无； 操作简易 / 不易； 舒适性佳 / 不佳； 操作性佳 / 不良； 符合环保 / 不符； 可回收 / 不可； 费用合理 / 无； 零部件标准化 / 无； 符合行业法律法规 / 无	对安全性的研究； 将合理想法具象成型的能力； 市场情报、竞争对手的对比； 对环境的关心和用心； 具备人机工学、设计、材料、加工工艺、生产成本、制造等知识及理解能力等

本　章　小　结

执行“评估”工作是企业持续经营与创造利润不可缺少的工作，评估工作的主要目的是针对某项重要的议题进行检视，同时提出建议与矫正意见。“设计评估”具有其独特性，与其他类型的评估有所不同，是对设计活动的系统性独立检查，其主要目的是保证设计活动被组织有效地计划、执行，确保设计输出的正确性。

企业在实际执行设计评估时注意以下几点：简化设计评估的流程；精简设计评估项目；注重设计评估的规范化与正式化；依据企业拟定的策略方针运作设计策略；注

重设计评估的时效性与机动性；建立以设计为导向的设计评估框架。执行设计评估的主要目的是检视设计相关活动的实际执行情况是否确实，并提供设计评估后的建议，因此，设计评估的执行应注重评估的追踪与矫正，以避免设计评估流于形式化操作。

本章习题

（1）名词解释：评估、设计评估、设计评估的目的、设计评估的范围、委外设计评估、设计评估的范围、设计评估的程序。

（2）评估与设计评估的关系如何？

（3）如何理解设计评估在企业中的作用？

（4）如何进行设计项目的评估？

（5）对设计评估的人员素质有何要求？

第5章 设 计 沟 通

教学目标:

①了解沟通在管理中的重要性。

②了解项目沟通的形式。

③了解项目沟通计划的重要性及制订方法。

④了解设计沟通的种类。

⑤掌握设计沟通渠道的种类。

⑥了解现代设计沟通的媒介。

通用电气公司总裁杰克·韦尔奇(Jack Welch)说过:"管理就是沟通、沟通再沟通。"著名管理学家西蒙(H.A.Simon)认为,沟通"可视为一种程序,借此程序,组织中的成员,将其所决定的意见或前提,传送给其他有关成员"。

5.1 管 理 与 沟 通

管理和沟通有着十分紧密的内在联系,纵观管理的各项职能和管理的各项具体活动,其中充满了沟通活动。从管理学的角度,特别是从管理者工作职能特性的要求出发,综合各种沟通的定义把沟通定义为:沟通是信息凭借一定符号载体,在个人或群体间从发送者到接受者进行传递,并获取理解的过程。沟通能促进组织内部各职能和层次间信息交流,增进理解,协调行动,有效地参与管理体系的各项活动,有效的沟通还有利于形成良好的组织文化氛围和构建高效率的团队,统一组织成员的思想和行为,以保证组织目标的实现。良好的沟通还对提升企业效益、提升企业内外部形象有着显著的作用。一般来讲,沟通就是发送者凭借一定渠道(亦称为媒介或通道),将信息发送给既定对象(接受者),并寻求反馈以达到相互理解的过程。沟通是信息的传递和理解,有效沟通并不是沟通双方达成一致的意见,而是准确地理解信息的含义,是一个双向、互动的反馈和理解过程,见图 5-1。

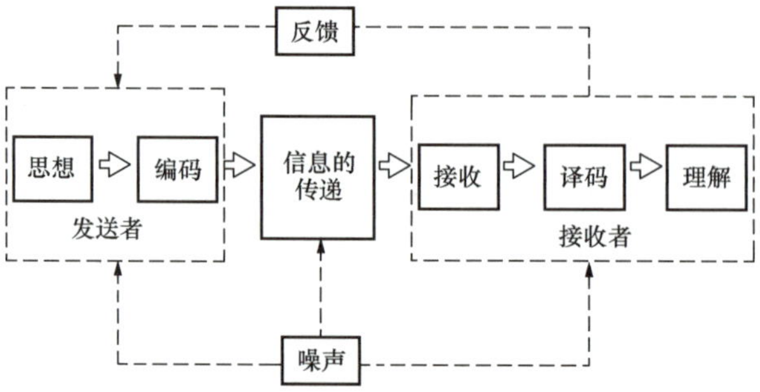

图 5-1 信息沟通过程

现代以提高企业管理沟通效率与绩效为目的的管理创新，就是以加强和加速企业管理沟通为途径。可以说，管理创新的根本目的是提高管理的效能和效率，而管理沟通的效能和效率，也就是企业管理的效能和效率。这是企业创新的重要来源之一。正如美国著名未来学家约翰·奈斯比特（John Naisbitt）指出的那样，“未来竞争是管理的竞争，竞争的焦点在于每个社会组织内部成员之间及其与外部组织的有效沟通上。”

在世界经济日益全球化的今天，沟通的重要性越来越被人们所认识。对企业内部而言，人们越来越强调建立学习型的企业，越来越强调团队合作的精神，因此有效的企业内部沟通是成功的关键；对企业外部而言，为了实现企业之间的强强联合和优势互补，人们则需要掌握谈判与合作等沟通技巧；对企业自身而言，为了在现有政策条件允许下，更好地实现企业的快速发展并服务于社会，也需要处理好企业与政府、企业与公众、企业与媒体等各方面的关系。这些都离不开熟练掌握和应用沟通的原理和技巧。对于个人而言，建立良好的管理沟通意识，逐渐养成在任何沟通场合下都能够有意识地运用沟通的理论和技巧进行有效沟通的习惯，达到事半功倍的效果，显然也是十分重要的。

5.1.1 管理与沟通的关系

管理和沟通的区别在于：管理比较侧重于人和人、人和物等多种企业资源的组合及组合过程，强调的是管理者、管理对象及资源和全部过程；而沟通则比较侧重于管理活动中必不可少的核心信息交流行为过程，是管理活动中最重要的一大部分。如果从现代企业管理角度来看，管理的领域和对象包括了物流、人流、资金流和信息流。而沟通主要还是以信息流的正确处理为主要内容。

追寻管理与沟通的内在联系，可以发现有如下内容：

首先，所有的管理行为过程，绝大部分就是沟通行为过程。沟通是管理的实质和核心内容，也是管理得以实施的主要手段、方法和工具。如管理职能中的计划必须有信息收集、整理、分析作基础，信息收集处理的过程就是沟通的过程。计划制订时需要吸收团队意见，计划制订后需要形成正式文件，并下达给所有与计划执行有关的组织成员，组织领导还需要向组织成员解释计划和计划执行方法与难点，成员对计划必须有反馈，必要时还要在具体执行计划时对计划内容进行一些修正等，所有这些管理功能与活动，无一不是沟通行为过程。

其次，从组织行为学的角度看，大量的沟通行为过程必然与企业或组织的管理相关或重叠，除了一小部分沟通行为与过程是个人性的或反管理性的，大部分沟通行为过程都是管理行为过程。

再者，随着人类社会的发展，信息化程度越来越高，在管理行为中，沟通行为具有了非同寻常的重要性。21世纪，人类进入了信息时代，企业经营管理的资源要素中，劳动力、资本、土地等等传统要素的作用虽然依旧巨大，但科技、知识、信息的作用尤其突出，以信息为载体的知识、技术及信息本身，已经成为推动企业和社会经济发展的第一生产力，信息沟通的效果在很大程度上会决定企业整体经营管理的效果，沟通因此在企业管理中具有了前所未有的重要性。另一方面，经济和市场全球化促使现代企业成为人数、机构、业务众多的大型跨区、跨国、跨洲企业，在这样空前巨大和复杂的企业中，管理沟通的难度在客观上成倍增加，成为许多大企业经营管理的关键和瓶颈，从而更突显了沟通在管理中的地位和作用。

5.1.2 项目沟通

在项目中，沟通更是不可忽视。项目经理最重要的工作之一就是沟通，通常花在这方面的时间应该占到全部工作的 75% ~ 90%。良好的交流才能获取足够的信息、发现潜在的问题、控制好项目的各个方面。

5.1.2.1 项目沟通的形式

项目沟通有不同的形式，如个人交流、会议、演讲、报告和项目文件。交流可以是面对面的，也可以使用媒介，例如：电话、网络邮件、电视会议、网络会议、网络社群或群件系统等。沟通可以是正式的，或是非正式的。个人交流可以是口头的，也可以是书面的。口头交流可以是面对面的，也可以是通过电话进行的。通过口头交流，信息能够以一种更准确、更及时的方式传递。个人书面交流一般通过对内用备忘录、对外用信件的方式进行。这种方式可以用于与群体进行有效交流，但是不能用于日常琐事。书面交流应该清晰、简洁。

项目会议是项目沟通的另一个场所。在开始任何会议之前，必须确定会议的目的以及需要谁参加会议、准备和分发日程表、准备材料、布置会议室。实际会议应该按时开始，而且必须做记录并检查日程。会议领导应推进而不是支配会议。会后，必须印发决策和活动项目。项目经理和项目团队成员常常要做正式讲演，要确定讲演的目的、明确目标听众、列出提纲、准备便条和选定直观教具、印刷发放的材料，并且要多加练习，这些都是很重要的。必须在讲演开始时就告诉听众你要给他们讲什么，然后讲给他们听，最后总结发言，告诉他们你讲了些什么。讲演发言必须清楚、简单、有趣，并在预定的时间内结束。

在整个项目过程中，会产生多种类型的项目文件，如手册和图册，他们可能会因为客户项目团队做出变更而需要做相应的修改。在项目早期，应当就变更如何形成文件并被认可达成一致意见。

聆听是有效沟通的重要组成部分，忽视聆听将导致沟通的失败。

5.1.2.2 项目沟通计划

项目沟通计划是项目整体计划中的一部分，它的作用非常重要，也常常容易被忽视。很多项目中没有完整的沟通计划，导致沟通非常混乱。有的项目沟通也还有效，但完全依靠客户关系或以前的项目经验，或者说完全靠项目经理个人能力的高低。然而，严格说来，一种高效的体系不应该只在大脑中存在，也不应该仅仅依靠口头传授，落实到规范的计划编制中很有必要。因而，在项目初始阶段也应该包含沟通计划。

在编制项目沟通计划时，最重要的是理解组织结构和做好项目涉及人分析。项目经理所在的组织结构通常对沟通需求有较大影响，比如组织要求项目经理定期向项目管理部门做进展分析报告，那么沟通计划中就必须包含这条。项目涉及人的利益要受到项目成败的影响，因此他们的需求必须予以考虑。最典型也最重要的项目涉及人是客户，而项目组成员、项目经理以及他的上司也是较重要的项目涉及人。所有这些人员各自需要什么信息、在每个阶段要求的信息是否不同、信息传递的方式上有什么偏好，都是需要细致分析的。比如有的客户希望每周提交进度报告，有的客户除周报外还希望有电话交流，也有的客户希望定期检查项目成果，种种情形都要考虑到，分析后的结果要在沟通计划中体现并能满足不同人员的信息需求，这样建立起来的沟通体系才会全面、有效。

项目沟通计划是对于项目全过程的沟通工作，包含沟通方法、沟通渠道等各个方面的计划与安排。就大多数项目而言，沟通计划的内容是作为项目初期阶段工作的一个部分。同时，项目沟通计划还需要根据计划实施的结果进行定期检查，必要时还需要加以修订。所以项目沟通计划管理工作是贯穿于项目全过程的一项工作，项目沟通计划是和项目组织计划紧密联系在一起的，因为项目的沟通直接受项目组织结构的影响。项目沟通计划包括四个方面的具体工作，如图5-2所示。

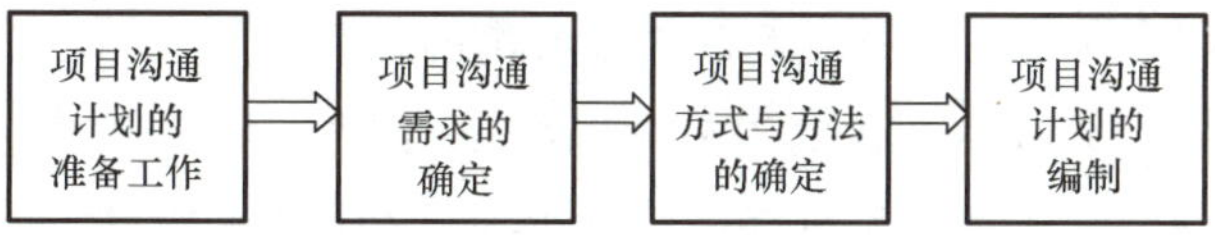

图5-2 项目沟通计划的内容

（1）制订项目沟通计划的准备工作。

● 收集信息：包括沟通内容、沟通手段、沟通时间和频率、信息来源于最终用户方面。

● 所获信息的加工处理：对收集到的沟通计划方面的信息进行加工和处理也是编制项目沟通计划的重要一环，而且只有经过加工处理过的信息，才能作为编制项目沟通计划的有效信息使用。

（2）项目沟通需求的确定。

项目沟通需求的确定是在信息收集的基础上，对项目组织的信息需求做出的全面决策，其内容包括：

● 项目组织管理方面的信息需求；
● 项目内部管理方面的信息需求；
● 项目技术方面的信息需求；
● 项目实施方面的信息需求；
● 项目与公众关系的信息需求。

（3）项目沟通方式与方法的确定。

在项目沟通中，不同信息的沟通需要采取不同的沟通方式和方法，因此在编制项目沟通计划过程中还必须明确各种信息需求的沟通方式和方法。影响项目选择沟通方式方法的因素主要有以下几个方面：

● 沟通需求的紧迫程度；
● 沟通方式方法的有效性；
● 项目相关人员的能力和习惯；
● 项目本身的规模。

（4）项目沟通计划的编制。

项目沟通计划的编制是要根据收集的信息，先确定出项目沟通要实现的目标，然后是根据项目沟通目标和确定项目沟通需求去分解得到项目沟通的任务，进一步根据项目沟通的时间要求去安排这些项目沟通任务，并确定出保障项目沟通计划实施的资源和预算。

项目沟通计划书的内容除了前面给出的目标、任务、时间要求、具体责任、预算与资源保障外，一般还应包括下列特殊内容：

- 信息的收集和归档格式要求；
- 信息发布格式与权限的要求；
- 对所发布信息的描述；
- 更新和修订项目沟通管理计划的方法；
- 约束条件与假设前提。

5.1.2.3 项目管理沟通过程与步骤

项目沟通管理包括为了确保项目信息及时在当地产生、收集、传播、保存和最终配置所必需的过程。项目沟通管理把成功所必需的因素——人、想法和信息之间提供了一个关键的连接。和项目相关的每一个人都必须以项目“语言”发送和接受信息，并且必须理解他们以个人身份怎样去影响整个项目，表 5-1 提供了项目管理沟通的过程与步骤。

表 5-1　项目沟通管理概况

1	沟通计划	（1）输入：沟通要求、沟通技术、制约因素、假设因素。 （2）工具和方法：涉及人员分析。 （3）输出：沟通管理计划
2	信息传播	（1）输入：工作结果、沟通管理计划、项目计划。 （2）工具和方法：沟通技巧、信息检索系统、信息传播系统。 （3）输出：项目记录
3	执行报告	（1）输入：项目计划、工作结果、其他项目记录。 （2）工具和方法：执行审查、差异分析、趋势分析、盈余量分析、信息传播的工具和方法。 （3）输出：执行报告、变更请求
4	管理收尾	（1）输入：执行衡量的文件资料、项目产品的文件资料、其他项目资料。 （2）工具和方法：执行报告的工具和方法。 （3）输出：项目档案、正式接受、经验总结

从表 5-1 可以看出，项目沟通主要包括以下四个步骤：

（1）沟通计划：决定项目涉及人的信息和沟通需求。谁需要什么信息，什么时候需要，怎样获得。

（2）信息传播：使需要的信息及时发送给项目涉及人员。

（3）执行报告：收集和传播执行信息，包括状况报告、进步衡量和预测。

（4）管理收尾：产生、收集和传播信息以形成一个阶段或项目总结。

5.1.2.4 保持畅通的沟通渠道

沟通看似简单，实际很复杂。这种复杂性表现在很多方面，比如说，当沟通的人数增加时，沟通渠道急剧增加，给相互沟通带来困难。典型的问题是“过滤”，也就是信息丢失。产生过滤的原因很多，比如语言、文化、语义、知识、信息内容、道德规范、名誉、权利、组织状态等，经常碰到由于工作背景不同而在沟通过程中对某一问题的理解产生差异。要想最大程度保障沟通顺畅，当信息在媒介中传播时要尽力避免各种各样的干扰，使得信息在传递中保持原始状态。信息发送出去并接收到之后，双方必须对理解情况做检查和反馈，确保沟通的正确性。项目经理在沟通管理计划中应该根据项目的实际情况明确双方认可的沟通渠道，比如与用户之间通过正式的报告沟通，与项目成员之间通过电子邮件沟通；建立沟通反馈机制，任何沟通都要保证到位、没有偏差，并且定期检查项目沟通情况，不断加以调整。这样顺畅、有效的沟通就不再是一个难题。

5.1.2.5 项目经理的沟通技巧

项目经理一定要是一个良好的沟通者，他需要与项目团队以及承包商、客户、公司高层管理人员定期交流沟通。频繁、有效的沟通可以保证项目的顺利进行、及时发现潜在问题、征求改进项目工作的建议、保证客户的满意度，避免发生意外。尤其是在一个项目开始的早期阶段，更需要进行非常充分完善的沟通，与项目团队建立起一个良好的工作关系，并与客户一起对项目目标进行清晰明确的描述和确定。

项目经理可以采用多种渠道进行沟通，分享信息。他们要接触项目团队成员、客户及公司上层管理人员，或者与这些人进行非正式的谈话。他们也向客户以及公司上层管理人员提交书面报告。这些任务都要求项目经理具备良好的口头及书面沟通能力。听比说获益更多。因此，优秀的项目经理应该花费更多的时间倾听客户所表达的期望、要求及团队成员的意见和关注。例如，在团队会议上，项目经理提出一个议题后，他会寻求别人的反应和意见，而不是说完自己的见解后马上进入下一个议题。项目经理要经常走出自己的办公室，主动和项目成员接触。例如，如果对某位项目成员在团队会议上表达的观点，当时未及细问，这时便可以进一步探讨。

项目经理要与服务对象（客户）保持沟通，使客户随时了解情况，并了解客户对项目的期望是否发生变化。为了使客户在项目的整个进程中了解项目进度，充分表达意见，应建立项目经理与客户定期交流的制度。例如，可以在每个周一、周五与客户电话交流，也可以约见。

要想成为高效的设计团队，首先要使成员掌握最新的信息，特别是可能使项目工作范围、预算以及进度计划发生变动的客户反馈信息，其次应该在团队内倡导及时、公开的沟通，善于接纳不同的意见。项目团队内的沟通应该及时、真实和明确。不论是好消息还是坏消息都应当及时共享。有效的沟通能建立起相互的信任，也能为团队和客户提供及时的反馈，这很重要。

5.2 设 计 沟 通

尽管设计师个人的创意和解决问题的能力非常重要，但在现代讲求效率与多元化竞争的环境中，团队合作的方式取代了个人英雄主义的作风。企业进行设计项目的必要做法之一就是以团队的形式进行，既能避免高风险决策，又能在短时间内达成共识，寻求最佳可行方案。团队合作也可以促进成员间互动，提高整体创新能力。影响团队创造力的因素包含创新动力、资源和领导方式，但如果没有完善的沟通平台，团队合作将无法顺利进行。在团队设计开发过程中，设计师必须及时提出自己的意见，遇到歧义应充分表达，尽可能说服他人，借以解决问题达成团体的共同目标。良好的沟通渠道，可以使设计问题不流于程序，并且在互动的过程中，激发团队创造力，因此沟通对设计团队的重要性显而易见。但是，在分秒必争的设计环境中，过多的、不必要的沟通又容易使得议题失去焦点，反复传达意见以及厘清问题常常导致时间的浪费。掌握良好的团队沟通的模式，平衡沟通与创意取向之间的关系，将有助于提升设计团队的创造力。

设计大师雷蒙德·罗维对设计沟通发表过这样的观点："我的看法是，对于单个工业设计师来说，出色的创意设计能力加上适当的公共关系（沟通）能力，就可以获得成功，根本就不需要销售。对于一家设计事务所或一家设计公司来说，只有你的设计水平得到客户的公认，工作才能有效地开展，设计是连接品牌和消费者的一个关键部分。"汉斯格雅品牌的设计总监飞利浦·格罗厄（Philippe Grohe）在2006年米兰国际家具展接受记者采访讲："我的角色是做一名沟通人员，汉斯格雅与设计师合作的历史有35年，我们形成了一种对话式的团队文化。设计师很有远见，但他们并不样样都懂。他们不懂得如何做家具，不懂得如何制造水龙头和洗浴设备。所以，我们必须交流。交流的质量决定了最终的产品和结果。"

由于设计是一种针对问题作反复辩证的活动，是多专业互相交叉的创造性活动，组织成员的构成也是由多背景的专业人员组成，设计管理者要求保证正确的信息在组织成员之间正确地传递，协调好各组织成员之间的关系，使各项设计活动顺利完成，就必须充分发挥设计沟通的重要作用。也唯有通过完整清晰的沟通，方能将一个设计团队中，众人的经验作一个整合进行交流与传递，减少信息传递的误差，进而保证设计项目顺利地进行。设计师本身要不断地积累各方经验，主动地进行多方交流，并且将经验、心得拿出来共享。

沟通包括单个组织内部的沟通和多个组织之间的沟通，这两种沟通方式在设计组织中都存在，但主要是内部沟通为主。

5.2.1 设计沟通的内容

设计沟通是达成设计目标必经的途径，为要求设计项目的成功必须在整个设计过程中使沟通渠道保持直接与频繁的畅通。而身为设计沟通者其主要任务为传达、协调、联络与联结，以了解对方的需求，调适双方认知差距并吻合双方设计的构想与概念。

在设计项目的组织与管理中，尤其是大型复杂的项目中，许多人士包括设计师与非设计师均涉入设计项目，且不论其来自设计部门的内部或外部，沟通的目的在于为设计部门提供渠道以利于彼此沟通，这些部门包括了设计与研发、销售与市场、工程与制造、采购、质管、售后服务、财务及人力资源等。协调来自不同部门的不同专业人士需要一个开放、弹性、正确、有效的沟通渠道。合适的沟通渠道的提供，可以确保必要性的资讯在正确的时效内被传达到正确的对象。

5.2.2 设计沟通的种类

在企业内部设计组织的设计项目运作中，设计将由不同的功能性组织共同完成，因此，设计之间的沟通大多以内部沟通为主。对于企业外部的设计组织，除了组织内成员的沟通，还要与客户等外部人员进行良好的沟通。英国国家标准BS7000根据不同的组织特性，将项目层次的产品设计管理的沟通归纳为三种类型。

（1）内部管理沟通界面：此界面结合在正式的沟通线上，始于产品构想的创造而终于设计活动的完成，涉入此沟通线的人包括构想创造者、项目经理、设计管理相关人员与设计师。

（2）其他内部沟通界面：模具制造、测试、营销、品质管理、成本、标准与法规等专业人士应对设计师提供其特殊技术支援。

（3）外部沟通界面：在设计过程中或许需要外部组织与人员的支援，包括顾客、设计顾问、财务与法律顾问、外协厂、标准化组织、产品评价与核查群体等。

5.2.3 影响设计沟通的因素

设计信息在传递中的障碍可能包括以下四个方面。

（1）传递经过的对象太多，使信息的耗损增多，或掺入更多噪声，如果在设计中设计师不能与客户直接交流，那么每增加一个环节，都可能使有效信息的衰减变大。

（2）空间距离：当设计师与相关对象进行沟通时，面对面的交流可以增加彼此的了解，有利于复杂问题的解决，而当双方空间距离较远时，只有借助各种通信手段进行沟通，不利于复杂问题的解决。

（3）接收者要准确地接收和理解对方发出的信息，也可能存在障碍。由于设计师的知识、经验、角色、地位、需要、观念等不同，可能会对信息做出自己的理解、评价和选择性吸收。

（4）信息的单向传递可能造成向发信者反馈的缺乏，或尽管有反馈，却不充分、不正确，从而使对方无法了解信息被接受的程度，造成沟通效率降低。

5.2.4 设计沟通渠道

沟通渠道是指沟通对象在进行信息交流时所采用的不同沟通路径，对于设计沟通，可以选择轮式沟通、链式沟通、圆式沟通和全方位沟通四种沟通渠道，见图 5-3～图 5-6。

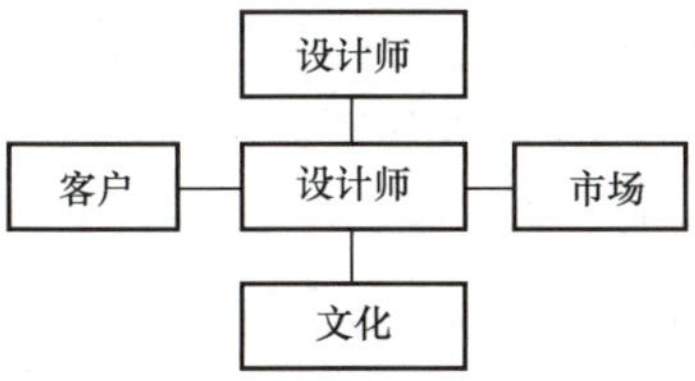

图 5-3 轮式沟通

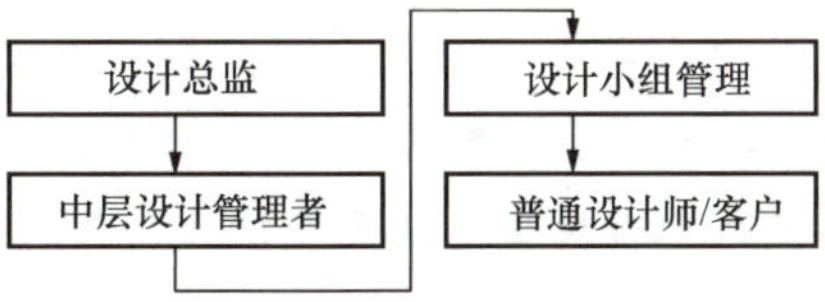

图 5-4 链式沟通

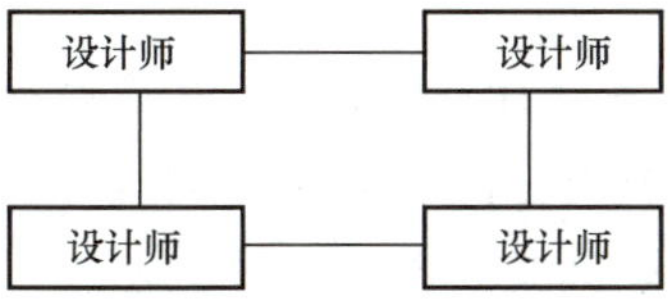

图 5-5 圆式沟通

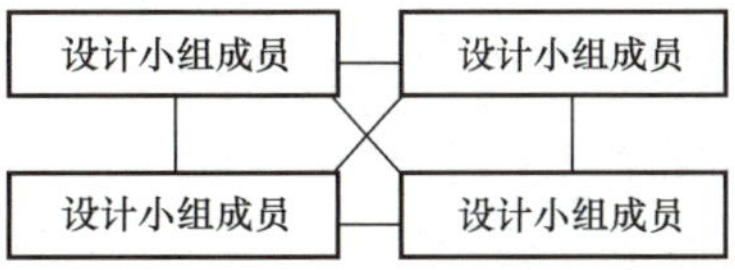

图 5-6 全方位沟通

这四种沟通渠道各适合不同的场合，其中：

● 轮式沟通适合于设计师与客户、市场、文化之间的沟通，具有解决问题快、正确性高的优点，这种沟通渠道便于实现双向沟通。

● 链式沟通多用于不同层次设计师之间的沟通或客户信息的反馈过程，具有解决问题正确性高的优点，但这种沟通多为单向沟通，相对于其他类型的沟通渠道解决问题速度较慢。

● 圆式沟通如果用于设计师之间的交流，有满意度高的优点，但正确性和解决问题的速度不一定高。

● 全方位沟通适合于设计小组之间的沟通，可以很方便地实现双向沟通，解决问题的速度快，而且成员满意度高。

案例 5.1 明基公司的设计沟通

成立于 1984 年的明基电通，产品与技术涵盖数字媒体、计算机系统及周边、网络通信及光储存等 3C 领域。在 BenQ Lifestyle Design Center（数字时尚设计中心，简称 LDC）里有一个特殊团队，他们人数不多，但却发挥了重要功能——在设计师与生产制造部门之间架起了沟通桥梁。这一团队叫作“Project Management Team”，也可以说他们是设计师们的特别助理。通常来说，工业设计师与生产制造部门的工程师，在思维方式上有很大的不同。设计师在设计产品时都想着如何让产品外观更美丽，或者想尽办法设计特殊规格的科技产品；而工程师则不然，如何有效降低成本才是他们首要的考虑。当设计师与制造部门发生无法解决的冲突，甚至影响到产品开发进程时，成立“特助单位”帮助设计师对外沟通可以起到奇妙的作用。这些“特助”也就是一般的 PM（项目经理），身兼两项重要的功能。一是负责对外沟通，避免不必要的冲突。他们每个人手握多项产品设计的计划，同时对口生产制造部门与相应的设计师。由于设计特助们的存在，设计师们得以专心设计，生产力大幅提升。他们的另一项重要功能则是负责管控产品开发进度，减少设计延迟的问题。每星期三下午，在台北明基总部的大会议室里就有一场会议，位于中国台湾、苏州以及德国的全球设计特别助理和设计部门主管，都会通过视频沟通。而明基的设计师，因为有设计特别助理与总部沟通、协商，他们随时可以去听音乐会，参观美术馆，请假去国外旅行，甚至在办公室玩电动游戏，酝酿“设计创作”的能量。因为有这些特助帮忙，明基的产品开发计划，从没出现过延迟的现象。设计部门的项目经理，既要时刻注意设计师的作品是否偏离了消费者的需求，同时也要关注成本方面是否保有竞争力。可以说，设计特助是最基层的整合者，负责协商各个单位之间的需求。他们隐藏在幕后，看似并不起眼，却在负责协商与沟通的过程中，将明基的设计导向市场化的成果。

5.2.5 设计沟通的形式

5.2.5.1 正式沟通和非正式沟通

在设计项目的执行过程中，设计沟通基本上是以正式和非正式的形式交替进行。在设计过程中，如进行设计定位、明确设计任务、展开设计评估等设计会议，由于这些活动参与的人员较广，并且以决策性内容为主，一般都采取正式的沟通形式。

在大多数情况下，设计组织中一般以非正式沟通为主。特别是在设计的发展阶段，在寻求解决问题的最佳方案时，要求所有的设计参与人员不仅能高度发挥自身的创造能力，同时更需要将各自的创造性思想通过相互的碰撞与激发，在达成共识的基础上形成合力。这段时间的非正式沟通并不局限于同一地方。在设计师的图板旁、计算机的屏幕前或是模型加工车间，甚至是用餐时的饭桌旁，都有可能成为讨论问题的地方。在设计过程中经常采用的头脑风暴法就是经常在组织内寻求问题解决方案的有效沟通方法之一。

5.2.5.2 设计群体与非设计群体的沟通

在企业层面上，设计群体与非设计群体之间的沟通问题常出现在设计群体与企业管理层的沟通上。2020 年麦肯锡（Mckiney）对 1700 家公司的调研发现，90% 的公司没有充分利用设计师的才能。造成这种现象的原因包括：设计学科本身是一门尚处于发展进步中的新兴学科，企业内的人很难理解首席设计官 CDO 和设计师们究竟能做些什么；同时，设计师所代表的用户体验不是那么容易被量化或被可视化，这也造成了高层管理者对设计和设计师的作用认识不是特别清晰。另外，设计师群体普遍不善于与管理层开展对话，不擅长跨越与他人之间的“鸿沟”，这也限制了他们自身才能和设计对于企业作用的发挥。因此，英国设计管理专家 Peter Gorb 指出，“设计师需要学习的最重要的事情，就是商业界的语言，只有学会那种语言，你才能很好地为设计辩护。”

在项目层面上，设计群体与非设计群体的沟通主要包括项目内部设计人员与项目内、企业内和外部企业的非设计人员进行沟通三种情况。在一个项目内部，由于设计人员和非设计人员处于同一组织内，私人关系彼此熟悉，并有着相同的工作目标，所以，在沟通方面存在的问题较少。但在与企业内其他部门非设计人员（例如销售人员、质量检验人员、工程师、生产人员或成本核算人员等）或外部企业的非设计人员（例如委托商、材料供应商、模具制造商、代工企业等）沟通时，涉及人员不同的组织背景、不同的专业知识、不同的思维方式和不同的专业用语也容易造成沟通困难。现在，越来越多的企业重视用户体验，将用户直接引入产品研发前期的设计环节，在为企业创新带来机遇的同时也给沟通带来了新的挑战，因此，如何开展与非设计群体的有效沟通是设计管理者面临的一项重要工作。

案例 5.2 参与感——小米公司的设计创新之道

小米科技有限公司在创立之初就提出了“专注、极致、口碑、快”七字口诀，依托快速发展的互联网平台，从最初线上的 MIUI、米聊、小米社区，到后来的线下的小米体验店、小米之家、“米粉”家宴、小米同城会等多种方式，建立了一个庞大的“米粉”群。借助线上线下的沟通平台，实现“米粉”之间的互相交流，刺激沟通的活跃度，见图 5-7 和图 5-8。小米公司的设计团队更是能与“米粉”进行广泛而深入的交流，由此进行产品升级和新产品研发。“橙色星期五”是小米吸引用户参与产品研发过程的创新设计开发模式，通过将消费者引入产品研发的前端，让他们参与到产品研发过程中。具体做法是，每周五小米将尚不够成熟的功能和想法呈献给用户，用户使用后在第二周的周二提交四格体验报告。小米通过四格体验报告的数据，对用户喜欢的和不喜欢的功能进行归纳总结，为下一步技术改进提供依据。“橙色星期五”体验新系统和新功能，成为用户的期待，而且当用户发现小米正式发布的功能是他们亲自参与设计或者是他们提议的，参与感带来了极大的满足感，他们便会非常兴奋和开心。由此，不断推出高设计感、高性价比的产品，真正地满足了用户的需求，见表 5-2、图 5-9 和图 5-10。“参与感”扩散的背后是信任背书，是弱用户关系向更高信任度的强用户关系进化。“参与感”成为企业与用户沟通的落地点和用户重要的品牌体验，同时，又增加了用户与品牌之间的黏性，庞大的“米粉”团队成为产品创新的源泉和品牌口碑营销的巨大力量。小米一系列的动作都在贴近和倾听“米粉”的心声，从而赢得顾客的口碑。随之带来的效果是小米用极低的营销资源获得了大量忠实的用户。他们不仅自己购买小米的产品，还会分享给身边的朋友，某种意义上也成为了小米产品的代言人。小米的“米粉”文化也成为其不断发展中非常重要的力量。近几年来，小米公司更是不断建立和扩展小米生态链，为消费者提供更优质与丰富的产品和服务，小米公司也由此获得快速发展，2019 年，成立不到 9 年的小米公司入选美国《财富》杂志发布的 2019 年世界 500 强排行榜，是世界上最年轻的入榜企业，成为中国企业发展史中一道亮丽的风景线。

图 5-7　小米社区官方论坛

图 5-8　小米之家

表 5–2　小米公司的“橙色星期五”开发方法模式

周一	周二	周三	周四	周五
开发	开发 / 四格体检报告	开发，升级系统	内测	发包

图 5-9　小米公司的产品

图 5-10　小米广告——100 个梦想的赞助商

小米刚刚发布之初，MIUI 的内测用户只有 100 人，这 100 个人成了小米日后发展的“种子用户”，是小米活跃用户群“米粉”的原点。为了向那些曾默默支持小米的用户致敬，小米科技公司拍摄了这部《100 个梦想的赞助商》并在 2013 年“米粉节”推出。

5.2.6 设计沟通媒介

在设计过程，人们常会利用沟通来交换意见，建立彼此默契，当沟通进行时，发话者传达自己的感觉、思想、态度、资讯、知识、意念等给受话者，并通过这些概念的传递过程，帮助他人了解自己的想法，同时也说服别人接受自己的观念，更可进一步了解他人的想法，因此通过团队沟通来解决问题或激发创意，在产品开发过程中已成为不可或缺的要素。设计师经常需要通过不同的沟通技巧，如手绘、文字或肢体语言等，来传达自己的设计概念，以便从其他设计师得到回馈，改善原来的构想，进而精进自己创意开发的能力。在设计沟通中，口头、文字、视觉是三种主要的形式。随着信息技术的快速发展，现代人和企业的沟通方式与沟通媒介也不断进步。

5.2.6.1 口头沟通方式

口头沟通是几乎所有沟通形式中最常见和最普遍运用的，运用口头表达进行信息交流活动，包括谈话、会议、电话联系、讨论、演讲及游说等，这种沟通方式的优点是可以实现信息的快速传递，并且希望立刻得到反馈，适用于不适合书面传递的信息，传递感情和非语言暗示的信息。缺点是信息不容易保存，而且沟通结束后，沟通信息容易被遗忘。在特定的场合，这种口头信息也不具备法律效力。在设计活动中，口头沟通也是最基本的沟通形式。设计组织内部经常通过交谈、会议、电话等方式交流设计思想，讨论设计方案，设计管理者也经常口头了解设计的进程和控制设计品质。

5.2.6.2 文字沟通方式

书面沟通也是设计组织中一种重要的沟通形式。书面沟通的方式包括报告书、备忘录、信件、文件、内部期刊、报告等。它具有持久、有形、可以核实等特点。在设计前期，设计管理人员要通过制订设计规划书、计划书等形式来明确设计的目标、进度和设计要求，在设计评估和制订设计报告过程中要归纳和总结设计评估的建议、结论、经验和教训等。

基本上，个人独立工作与团队合作的明显差异，在于从事团队合作任务时有角色扮演的关系，须依靠沟通对话来完成团队任务，对设计或创意领域而言，沟通通常被视为设计管理相当重要的一项，设计组织内、外经常性且直接的沟通，常是促使产品创新的主因，而设计工作常以专案团队执行设计任务，主要目的便是鼓励团队内或是团队间成员的互动，从而分享个人专业知识来激发创意成果。因此，团队沟通的频率及品质的提升，往往被视为强化设计团队创造力的重要做法之一。

5.2.6.3 视觉沟通方式

设计是以视觉化为特征的，因此，视觉化的沟通形式是设计沟通的突出特点。在设计的各个阶段，设计师必须将他们初期的设计创意到最终成型的设计方案通过草图、效果图、模型、工程图等形式表达出来，从而与设计团队或客户进行沟通。

多媒体技术的发展为设计师表达设计思想和设计创意提供了有力的技术支持。多媒体能够把设计中的观点、设想甚至包括产品内部构造、原理及有关环境等内容更为直观、详细地表达出来，表现力强、信息量大，因此，在许多正式或非正式的设计沟通中，如设计定位、方案交流、设计评估等设计发展中各阶段，现代设计师都倾向于采用这一形式进行沟通，计算机、笔记本电脑、投影仪、幻灯、录像机、电子白板等是常使用的多媒体工具，一些网络互动及媒体也成为企业沟通的重要手段，见表 5-3。

表 5-3　现代沟通方式

类型 / 方法	特征及内容
面对面会议	媒体信息富裕度最高的沟通方式，在设计团队组建阶段，面对面会议非常重要。可以采取口头沟通、视觉媒体沟通等方式
电子邮件	项目团队成员之间的文本文件，音频、视频文件的沟通
部门间的备忘录	提供一个正式的论坛来沟通关键性的政策和工作程序
即时消息	使团队成员可以实时地沟通
电视、电话、网络会议	提供一个身处异地的团队成员参与沟通的媒介
内部网，互联网留言板	与全体成员正式地沟通项目状况、进展和目标
基于 Web 群体	适合于中等规模的群体间的结构化通信，是一种允许双向通信的网站形式
项目工作巡演	给出资人和用户提供反馈信息
实地沟通	使你可以与你的团队和客户面对面地沟通
网络社群	微信群、QQ 群、论坛等。适用于大型的、无关的群体对感兴趣的主题发表评论，属于交互式的互联网技术
微信公众号	一对多传播，信息达到率高。传播有效性更高，极方便地提供精准的信息和服务，媒体内容丰富，便于分享，互动性好

随着现代技术的进步，基于网络技术和数据库技术的沟通管理平台、信息处理系统既便于管理，也便于日后查询和参考，互联网和企业内的局域网为现代设计师之间的沟通提供了方便。如图 5-11 所示，在这样一个基于网络的沟通管理模式中，设计师尽管身处异处，也可以通过网络进行有效地沟通，实现设计效能的最大化。

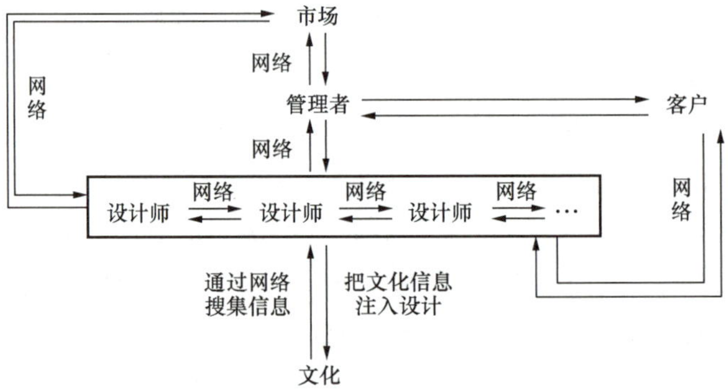

图 5-11　基于网络的沟通管理模型

案例 5.3　IDEO 公司的“布景设计”

IDEO 成立于 1991 年，现在是全球顶尖的设计咨询公司，以产品发展及创新见长，公司目前有员工约 600 人，专注于不同领域，如人因研究、商业咨询、工业设计、交互设计、品牌沟通和结构设计等。IDEO 总经理汤姆·凯利（Tom Kelly）在《The Art of Innovation》（创新的艺术）一书中谈道：IDEO 永远都处于“实验状态”，无论是在项目中、工作空间中，甚至在企业文化中，“我们无时无刻不在尝试新思想”，对 IDEO 而言，“工作就是娱乐，集体讨论就是科学，而最重要的规则就是打破规则，创造并展现创造的过程本身”。在他的另一本《创新的十种角色》中讲到，组织内一些角色诠释了创新文化建造中的关键特征。其中一种是布景设计师，他们搭建

图 5-12 Post-it 是 IDEO 的重要沟通方式

图 5-13 既开放又私密的办公空间

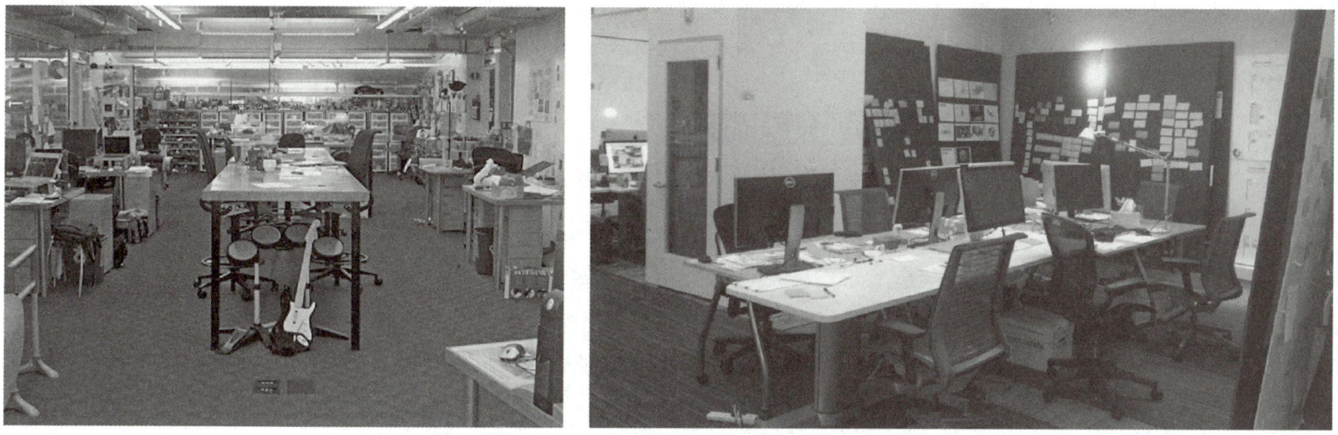

图 5-14 IDEO 开放式的办公空间便于加强沟通

图 5-15 IDEO 设计人员之间的沟通

图 5-16 IDEO 首席执行官 Tim Brown 的办公桌

图 5-17 IDEO 总部模型制作车间

了团队成员可以充分施展的舞台，通过物理环境的变换影响人的行为和态度，把身处的环境变为可以影响他们行为和态度强有力的工具。一些公司如 Pixar（皮克斯动画公司）和 Industrial Light & Magic（工业光魔公司）中都能认识到良好设计的工作环境有利于丰富和发扬一种创造性文化。那些善于发挥布景师才能的公司很快就能发现，业绩的增长要远远高于改善环境的投入。IDEO 始终坚信，一间有意思的办公室就如同一座精心搭建的舞台或摄影棚，会为整场演出添彩。布景师这一角色已经深入 IDEO 团队的骨髓之中。布景师们不断调整着办公室的布局和设计，这不仅是在支持同事的工作，而且也是在维护公司文化。每个星期每个 IDEO 职员都要预定新办公桌空间——这意味着你永远不知道谁将坐在你的旁边。这种变化使从其他部门同事那里获得灵感变得更容易。IDEO 的经验告诉我们，千万不要让办公空间成为事业中的薄弱环节。充分利用布景师的力量，使办公环境和办公室成为用途最广、威力最大的工具。良好的办公环境将提升士气，吸引人才，便于沟通又保持私密，提高工作质量。图 5-12~ 图 5-17 为 IDEO 公司的办公“布景设计”。

5.2.7 设计项目沟通

设计本身是一种探索的过程，凭借的是直觉和高度非理性的洞察见识。在设计过程中，有许多信息与问题需要消化和解决，设计师无法在一次作业中就将所有的任务完成，每个设计程序阶段的产生，是设计流程中与下一个阶段沟通的媒介。只有清晰地拟订每一个阶段的沟通文件，才能增进设计项目的效益。

可将设计项目划分为规划、实施和评估三个阶段，其中实施阶段又可分为可视化阶段和具体化阶段。在这三个阶段中，将委托方的设计项目落实到量产的设计产出的过程中，包含了设计团队内部的沟通、设计者与设计项目团队外部的沟通，通过设计沟通界面将设计、生产、成本等相关信息整合，使委托设计案的决策管理者，能够快速阅读相关信息，做出最佳的决策判断而提高设计项目的效果。

5.2.7.1 设计项目规划阶段的沟通

在设计项目开始之前，应该首先深入了解委托方的公司定位、理念和品牌策略，以便设计产出能够与委托方整体形象相符。通过委托方所提供的资料，设计方在设计团队组成之时，应先就委托方企业内部所定义的公司宗旨、品牌方向及品牌定位先行了解，并通过委托方所提供的资料，进一步咨询委托方对公司品牌的经营策略；在拟定后续项目概要时，设计团队可就委托方品牌形象等议题充分地交换意见，使项目概要能够更贴近委托方所预期的设计产出效果。另外，就设计方所提供的资料，可以将公司的定位与竞争厂商的关系进行分析后向委托方汇报。委托方要向设计方提供企业内部的相关能力与技术，以及所要设计产品的主要消费族群所进行的相关分析，这些信息可以使设计方在确定设计方向时有所参考。

在设计项目分析阶段应先对市场上现有同类型产品的公司进行分析与研究，因为这是将来的设计产出营销到市场上所面临的竞争对手。通过对现有厂商的分析，寻找其优点，再结合委托方现有的技术资源，就可以发展出自己的设计特色。这样做也便于设计师团队进行设计方向的收敛，同时参考竞争对手的优点，将设计产出做差异化分析，也让委托方能够了解市场上的产品区位，以认同乙方未来针对此市场区位所做的设计产出。设计任务陈述书和设计项目规划是设计团队和企业通过沟通达成的共识性文件。

设计趋势的分析基本上是根据现有市场上的产品，寻找未来的设计方向。设计趋势的观察对设计者来说，是日常生活与工作的一部分，但对于管理决策者来说，通常还是一个陌生的领域。因此，设计者要通过对设计趋势的分析，在与管理者作设计概念商讨时作充分的沟通，使管理决策者了解设计思维模式，从而缩小在设计产出时双方对设计沟通的认知差距。

此阶段的另一项重要任务是设计关键词的定义，需要所有参与设计的设计者，在经过竞争厂商分析与产品市场区位分析及参考设计趋势后形成共识。在设计关键词定义拟定后，设计者要将心中对关键词的感受转化为图像。一是可以帮助自己再次确认设计方向，另外则是与其他设计者确认彼此的认知差距。因此关键词图像化地产出文件，不仅是将关键词图像化来表达设计者对关键词的情感体验，还可以在设计者与管理决策者作设计沟通时，协助彼此交换意见，缩小双方认知落差。

模拟、表演和讲故事，是设计师在创新设计概念形成阶段常用的设计方法，在新想法初步显山露水的朦胧期，这些沟通技巧都能帮助设计团队将新想法具体化和合理化。其中讲故事的方法更为设计师群体喜欢，被他们作为表达概念最有效的途径。设计师们常常以故事为载体，为自己的想法提供一个背景框架，并赋予这些想法意义，将特定情节视觉化，以令人信服的方式讲述一个有意义的故事去传达产品的价值。这样做易于使企业负责人理解和支持设计项目，市场上的消费者也会被故事吸引而购买这个产品，故事为创新概念在从组织到市场的艰难旅程中存活下去提供了依据。

5.2.7.2 设计项目实施阶段的沟通

设计项目的实施阶段可分为可视化阶段和具体化阶段。在设计项目的规划阶段，经过充分的调研、思考及设计团队的脑力激荡后，形成概念设计草图。概念设计草图的产生，除了帮助设计者解释其对设计目标的设计看法外，也是设计团队之间沟通的介质，而此沟通介质却不一定适合管理决策层阅读，其主要原因是多数管理决策者并未接受过设计训练，同时未全程参与设计项目的进行，所以该设计产生文件未加转化就呈现给管理决策者，反而会产生误解。因此，在设计草图形成之后，设计团队要进行计算机仿真效果图的制作，将设计项目可视化，这是设计概念对外表达的最佳媒介之一。一般的设计沟通模式是将计算机仿真效果图直接地呈现在管理决策者面前，此时，设计决策者依循自己的美学经验以及与规划阶段设计者沟通时所提供的设计趋势来对设计结果的外观进行判断，但对于其最注重的成本和时间因素还是难以判断。

设计沟通的目的，在于使他人了解设计者本身的设计理念，为了达到此目的，就应该将设计信息编码转化成为管理决策者便于阅读的形式，在此应就价格与成本、开发时效性、工程技术性与生产可行性等作评估分析，再协同计算机效果图，做整合性的传达呈现，以帮助管理决策者依据项目的成本、时间、品质等绩效要素，对设计产出做出最符合企业的决策判断。

设计的具体化阶段，主要是将设计概念做更细化的修正与落实，此阶段的任务包括细节调整、产品印刷图、图标定义、色彩计划与材质研究等。此阶段的工作产出面对的是机构设计、印刷厂、模具厂和涂装厂等，而这许多单位的整合互动，就有赖于彼此之间共同语言符号的建立，因此这个阶段的工作产出，是将设计概念详细定义以交接到后端的结构设计。

5.2.7.3 设计项目评估阶段的沟通

设计项目评估阶段是产品开发设计项目的一个检核点，任何一个项目都需要在项目结束时做一个评估，对整个项目进行检视。在此阶段，设计外观模型的制作可以为设计者与管理决策者或者后续交接单位提供一个良好的沟通介质，此模型也是设计者对设计目标的最佳设计呈现，然而外观模型的呈现时间会随着不同的公司文化而不同，有的是放在设计具体化的产出时间点，有的则是放在设计项目评估阶段以作为一个项目的终结，也有的是将真实的样机作为项目评估阶段的产出。

“没有记录就等于没有发生”。为了避免日后对前期沟通的结果发生质疑，在每一次沟通过程中，应将沟通结果及时记录备案，表 5-4 为给出的客户沟通记录表单示例。

表 5–4　客户沟通记录

<table>
<tr><td colspan="2">项目编号 / 名称</td><td colspan="2"></td><td>沟通方式</td><td colspan="2">□现场会议　□电话 / 邮件</td></tr>
<tr><td colspan="2">客户名称</td><td colspan="2"></td><td>沟通时间</td><td colspan="2"></td></tr>
<tr><td colspan="2">项目沟通阶段</td><td colspan="5">□ 项目启动前
□ 项目外观手板
□ 项目结构手板
□ 其他
□ 项目 ID 效果图
□ 项目 3D 结构设计
□ 项目结构投模前</td></tr>
<tr><td rowspan="3">沟通人员</td><td colspan="2">× × × × 设计公司</td><td colspan="4"></td></tr>
<tr><td colspan="2">客户</td><td colspan="4"></td></tr>
<tr><td colspan="2">合作第三方（方案商、手板厂、模厂等）</td><td colspan="4"></td></tr>
<tr><td colspan="3">沟通问题</td><td colspan="2">沟通结论</td><td>责任人</td><td>完成时间</td></tr>
<tr><td colspan="3"></td><td colspan="2"></td><td></td><td></td></tr>
<tr><td colspan="3"></td><td colspan="2"></td><td></td><td></td></tr>
<tr><td colspan="3">注：根据情况加行列</td><td colspan="2"></td><td></td><td></td></tr>
<tr><td rowspan="2">签署确认</td><td colspan="2">客户方</td><td colspan="2">合作第三方</td><td colspan="2">× × × × 设计公司</td></tr>
<tr><td colspan="2"></td><td colspan="2"></td><td colspan="2"></td></tr>
<tr><td colspan="7">注：本表主要用于项目各阶段与客户方沟通内容的记录。表格需记录沟通过程最重要的信息及沟通结论，并经客户及项目相关负责人签署方能生效。</td></tr>
</table>

总之，在一个跨部门与跨专业领域的产品开发设计团队中，影响设计项目最主要的因素是设计者与管理决策者之间的沟通问题，而设计师须在设计团队之间，积极承担沟通任务。为能达到设计者与管理者的设计沟通的目的，设计师应具备将设计概念表达与分析评估的能力，同时应熟练将设计信息通过沟通媒介转化运用，传达给设计项目团队或管理决策者。在产品设计开发项目的设计进程中为求设计概念的落实，应尽早加入各个专业领域的评估意见。而设计者将遵循与各专业领域的意见整合所形成的设计限制，从中寻求概念的发展以求得设计的最佳化，可免于设计产生与实际限制的落差。产品设计开发项目的沟通形式，因为设计者与管理决策者的考虑点不同，沟通介质所呈现的信息与方式应作调整。因为沟通的责任是在设计者这一方，所以设计沟通的真实意义，是在于让项目团队与管理决策者能够感受到设计者的设计想要传达

的意义。在设计的各个阶段，随着沟通目的与内容的差异，主要的沟通对象将有所不同。

本 章 小 结

设计是由所有和设计相关的不同部门和专业的人共同协作完成的过程和结果，设计管理是由诸多环节构建和组织起来的一个系统，设计沟通贯穿整个设计管理实践的全过程，沟通的质量决定了最终的产品和结果，也影响了设计管理的品质。设计沟通不仅包括企业组织内部沟通，还包括与外部组织的沟通，企业应最大限度地做好与设计师、管理者乃至市场、目标用户等方面的沟通。

沟通能力是一种需要长期投入精力学习和培养的能力。有效沟通方式的建立是实现设计效能最大化的前提，采取有效的沟通手段，建立有效的沟通模式，在设计管理中实现各个对象之间的有效沟通，才能最终充分发挥设计师的作用，设计出符合市场需求的优良产品。

设计师要在沟通中起到“翻译者”“桥梁”“催化者”以及“用户代言人”的作用，因此，设计师要积极学习商业界的语言，并不断提升自身的沟通能力。

本 章 习 题

（1）名词解释：沟通、项目沟通计划、设计沟通。

（2）设计项目沟通有哪几种形式？

（3）如何制订项目沟通计划？

（4）设计沟通的渠道有哪些种类？

（5）现代设计沟通的媒介有哪些？

（6）说明设计沟通与设计管理的关系。

（7）设计师在沟通中起什么作用？你计划如何提升自己的专业沟通能力？

第6章　设计法规管理

教学目标：

①掌握知识产权、专利、设计合同的基本概念。

②了解工业设计知识产权保护的重要性。

③掌握专利的分类、特点和作用。

④了解如何申请外观专利。

⑤了解如何申请实用新型专利。

⑥了解如何进行专利检索和专利规避。

⑦了解如何利用专利手段进行新产品开发。

⑧了解设计合同的基本内容。

6.1　知识产权

设计是知识型产业，设计产品是设计团队智慧和心血的结晶。在我国，工业设计是一个年轻的行业，这样一个年轻的行业要发展壮大需要构建一个健康的社会环境，其中一个重要内容就是对设计师的设计成果予以充分的尊重和保护。工业设计的发展，需要知识产权制度保驾护航。

6.1.1 知识产权的概念

知识产权是指权利人对自己创造型智力活动的成果依法享有的民事（人身和财产）权利，包括著作权（印刷权）、专利权、商标权、发现权、发明权和其他科技成果权。总体可以分为工业产权和著作权两大类。

工业产权，人对其脑力劳动的创造性成果依法享有的权利。《保护工业产权巴黎公约》曾对工业产权做出释义，指出其中“工业”一词泛指工业、农业、商业和交通运输业等，包括专利、商标、服务标记、厂商名称、货源标记或原产地名称等产权，其中最主要的是专利权。在我国，国家知识产权局专利局是代表国家依法确认、批准和授予工业产权及专利权的主管机关。

著作权，作者依法对自己的科学技术、文学艺术的创作成果（作品）所享有的权利，包括作品的署名、发表、出版及获得报酬等的权利，其权利从作品完成时起自然产生，法律保护著作者终身及其死亡后50年享有其著作权（死后由其继承人享有）。著作权的客体（即作品）必须具有独创性，并能以某种形式复制，可分为戏剧、美术、摄影、电影、电视、建筑、音像、工艺美术等方面的作品或制品，还包括各种图表、模型、地图、设计图以及文字和口头等各种形式的作品及制品，如图6-1所示。

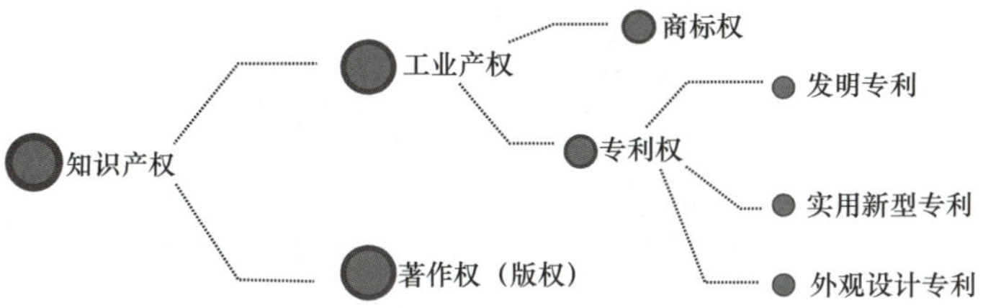

图 6-1 知识产权的构成

6.1.2 知识产权的特征

知识产权的特征概括起来有以下几个方面。

- 无形财产权。
- 确认或授予必须经过国家专门立法直接规定。
- 双重性：既有某种人身权（如签名权）的性质，又包含财产权的内容。但商标权是一个例外，它只保护财产权，不保护人身权。
- 专有性：知识产权为权利主体所专有，权利人以外的任何人，未经权利人的同意或者法律的特别规定，都不能享有或者使用这种权利。
- 地域性：某一国法律所确认和保护的知识产权，只在该国领域内发生法律效力。
- 时间性：法律对知识产权的保护具有一定的保护期限，知识产权在法定期限内有效。

6.1.3 知识产权的作用

工业设计是提升企业竞争力的重要途径，但仅有这一点还是远远不够的，还必须要借助知识产权的有效保护。首先，没有知识产品保护的设计就像空中楼阁，容易被别人仿制，设计团队辛苦付出了很多心血研发往往是为他人作嫁衣裳。知识产权的保护能够使工业设计带给产品附加值（例如，科技附加值、品位附加值、情感附加值、个性附加值、安全附加值等），甚至增值。其次，工业设计可以通过了解别人的知识产权产品，掌握行业发展的现状，制订企业的发展战略，开拓新的设计空间。最后，工业设计可以凭借知识产权守住自己的设计领地和市场份额。在实际操作中，可以利用知识产权的各个具体保护措施对工业设计的成果进行交叉的、多重的保护，而不仅仅局限于专利这种保护形式，如图 6-2 所示。

工业设计是知识产权保护的客体，而知识产权是工业设计的坚强后盾，企业应该将知识产权战略与工业设计紧密结合，使得工业设计开发设计出的新产品具有更好的市场前景；知识产权战略能够为企业带来更有目的和更有效力的指导，将两者紧密结合起来，可以使两者互相促进，相得益彰，形成良性循环关系，如图 6-3 所示。

知识产权是企业重要的无形资产和智力财富，是现代企业最宝贵的资产，是现代企业存在和发展的基础。现代企业以技术、知识密集为特点，其竞争的主要武器是技术。掌握了相对同行业竞争对手的优势技术，就掌握了竞争的优势地位，掌握了获得垄断市场的武器和获得高额利润的源泉。运用好知识产权，对我国工业设计的发展意义重大。在知识经济的背景下的设计管理，需要具有鲜明的知识产权保护意识，在产品专利、品牌标志、商品名称等方面要合乎法律规范。经典的创意和设计具有市场长

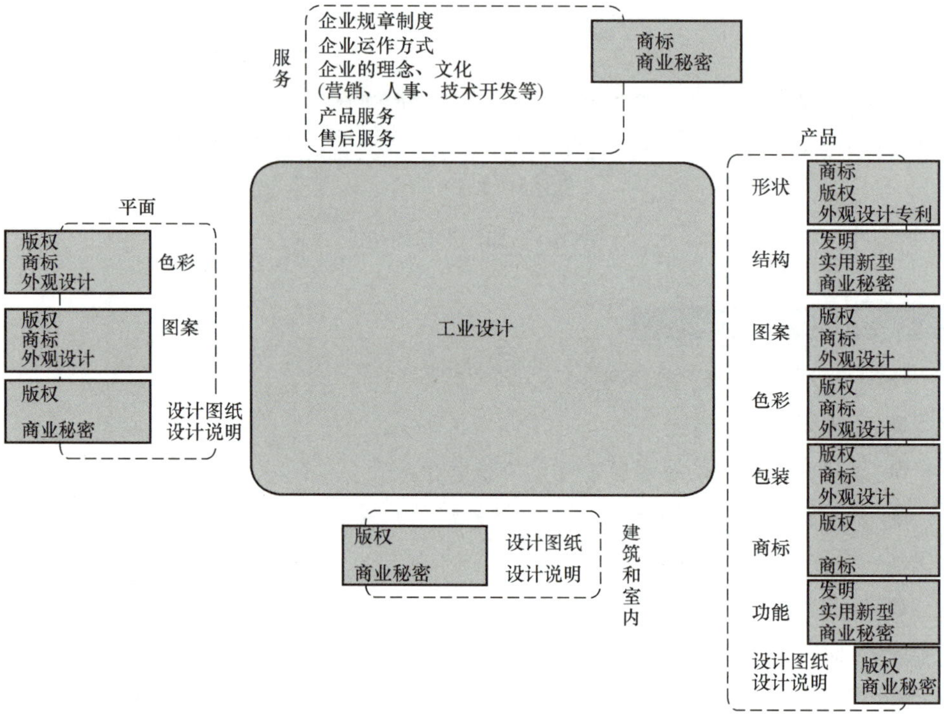

图 6-2　以工业设计为核心的知识产权保护发散图

久的生命力，需要依靠法律的支持和保护才能实现专利的保护。设计管理的内容涉及企业的无形资产和经济利益，是商业竞争中相当重要的一部分。知识经济鼓励创新，好创意带来社会高回报，设计管理更是对“创新”的管理，用科学知识和创意思维推动生产力的发展。我国企业应该在重视产品创新的同时重视对知识产权的保护，一方面不再侵权模仿，另一方面要注意保护自己的知识产权。现在，很多国内知名企业在科研创新和知识产权管理及保护方面已经卓有成效，例如，联想 2000 年成为第一批全国企事业专利工作试点单位，联想集团在成立工业设计中心的同时，也成立了专利信息中心，全面负责公司的专利信息检索、专利申请、维护及侵权案件的分析处理，并在全公司范围内策划实施专利知识的普及培训。

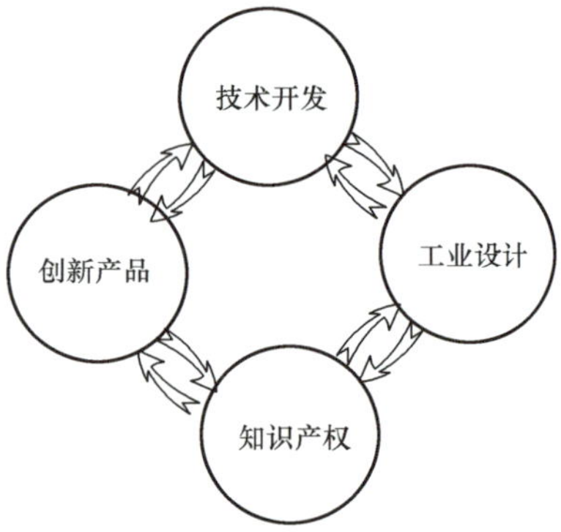

图 6-3　工业设计与知识产权之间的良性循环关系

6.2 专　　利

6.2.1 专利的概念及分类

专利是专利权的简称。它是指一项发明创造（即发明、实用新型或外观设计）向国家专利管理机构提出专利申请，经依法审核合格后，向专利申请人授予在规定的时间内对该发明创造所享有的专利权。

6.2.2 专利的特点

专利属于知识产权的一部分，是一种无形的财产，具有与其他财产不同的特点。

6.2.2.1 专有性

专有性也称独占性，它是指同一发明在一定的区域范围内，其他任何人未经许可都不能对其进行制造、使用和销售等，否则属于侵权行为。

6.2.2.2 地域性

专利权具有极严格的地域性，指一个国家或地区授予的专利权，仅在该国或该地区才有效，在其他国家或地区没有任何法律约束力。因此，一件发明若要在许多国家或地区得到法律保护，必须分别在这些国家或地区申请专利。

6.2.2.3 时间性

时间性是指专利只有在法律规定的期限内才有效。专利权的有效保护期限结束以后，专利权人所享有的专利权便自动丧失，一般不能续展。发明便随着保护期限的结束而成为社会公有的财富，其他人便可以自由地使用该发明来创造产品。

专利受法律保护的期限长短由国家有关的专利法或国际相关公约规定。目前世界各国的专利法对专利的保护期限规定不一。我国《专利法》第四十二条规定："发明专利权的期限为二十年，实用新型专利权和外观设计专利权的期限为十年，均自申请日起计算。"专利权超过法定期限或因故提前失效，任何人可自由使用。目前全世界已公开和批准的专利申请中，已失效或保护期满的专利有 3000 万件，已成为全世界的共同财富，可以被无偿使用。

6.2.2.4 实施性

除美国等少数几个国家外，绝大多数国家都要求专利权人必须在一定期限内，在给予保护的国家内实施其专利权，即利用专利技术制造产品或转让其专利。

因此可以说，专利实际上就是个人或企业与国家签订的一个特殊的合同，个人和企业的代价是公开技术，国家的代价是允许一定时间的垄断经营权利。

6.2.3 我国专利的分类

《中华人民共和国专利法》(2020 年修订版)第一章"总则"第二条指出：专利法所称的发明创造是指发明、实用新型和外观设计。

6.2.3.1 发明专利

《中华人民共和国专利法》(2020 版)总则第二条对发明的定义是："发明是指对产品、方法或者其改进所提出的新的技术方案。"所谓产品是指工业上能够制造的各种新制品，包括有一定形状和结构的固体、液体、气体之类的物品。所谓方法是指对原料进行加工，制成各种产品的方法。发明专利并不要求它是经过实践证明可以直接应用于工业生产的技术成果，它可以是一项解决技术问题的方案或是一种构思，具有在工业上应用的可能性，但这也不能将这种技术方案或构思与单纯地提出课题、设想相混同，因为单纯的课题、设想不具备工业上应用的可能性。

6.2.3.2 实用新型专利

《中华人民共和国专利法》(2020 版)总则第二条对实用新型的定义是："实用新型是指对产品的形状、构造或者其结合所提出的适于实用的新的技术方案。"同发明一样，实用新型保护的也是一个技术方案。但实用新型专利保护的范围较窄，它只保护有一定形状或结构的新产品，不保护方法以及没有固定形状的物质。实用新型的技术方案更注重实用性，其技术水平较发明而言，要低一些，多数国家实用新型专利保护的都是比较简单的、改进型的技术发明，可以称为“小发明”。

6.2.3.3 外观设计专利

《中华人民共和国专利法》（2020 版）总则第二条对外观设计的定义是：“外观设计是指对产品的形状、图案或者其结合以及色彩与形状、图案的结合所作出的富有美感并适于工业应用的新设计。”

外观设计与发明、实用新型有着明显的区别，外观设计注重的是设计人对一项产品的外观所作出的富于艺术性、具有美感的创造，但这种具有艺术性的创造，不是单纯的工艺品，它必须具有能够为产业上所应用的实用性。外观设计专利实质上是保护美术思想的，而发明专利和实用新型专利保护的是技术思想。虽然外观设计和实用新型均与产品的形状有关，但两者的目的却不相同，前者的目的在于使产品形状产生美感，而后者的目的在于使具有形态的产品能够解决某一技术问题。例如，一把雨伞，若它的形状、图案、色彩相当美观，那么应申请外观设计专利，如果雨伞的伞柄、伞骨、伞头结构设计精简合理，可以节省材料又有耐用的功能，那么应申请实用新型专利。

简单地说，外观设计就是产品的式样，强调的是产品的外观，保护的也是产品的外表。形状、图案和色彩是外观设计的三个要素。在许多场合，这三个要素是密不可分的，常见的外观设计就是这三个要素的结合，使人得到感官上的享受。虽然在实际的专利申请中可能申请者要求保护的范围不一样，但总体上来说外观设计可以从以下几个方面理解。

（1）外观设计必须有工业产品的存在，即必须有外观设计的载体。外观设计离不开工业产品，它是对工业产品外表所做的设计。如图案应用于工业产品时可以称为外观设计，但一幅单纯的图案不能申请外观设计，这就是外观设计和纯艺术品的不同，而且外观设计必须能够通过生产过程来大批复制，所以也称为“工业产品外观设计”。

（2）外观设计专利保护的是富于美感的外观，包括对物品外形三维空间的设计，也包括对外形的二维空间的平面设计。后者大多指花布、头巾、床单、壁纸、天花板、地毯等，有别于艺术设计中的视觉传达设计。

（3）外观设计专利保护的产品外表是富于美感的，对这种产品的形状、图案、色彩通过视觉触及就能够引起美感。因此，外观设计应是通过视觉而加以鉴赏的，必须是人肉眼能够看得见的设计，如果产品的外观设计要通过放大镜或显微镜才能看得见，则无论其形状、图案、色彩如何美，也不能被外观专利所保护。

外观设计专利保护的范围是产品的形状、图案或者其结合以及色彩与形状、图案的结合，这些内容用文字是难以表达的，因此，申请外观专利的申请人需依专利法的要求提交专利请求书，或者该外观设计的图片或者照片。在侵权判定中，通常以产品形状（造型）作为比较的重点。对色彩的保护需要申请人特别的说明，并提供黑白、彩色照片各 1 份，没有作特别说明的，不予考虑。

6.2.4 授予专利需要具备的条件

授予专利权的“发明”和“实用新型”，应当具备新颖性、创造性和实用性。新颖性，是指在申请日以前没有同样的发明或者实用新型在国内外出版物上公开发表过、在国内公开使用过或者以其他方式为公众所知，也没有同样的发明或者实用新型由他人向专利局提出过申请，并且记载在申请日以后公布的专利申请文件中。创造性，是指同申请日以前与已有的技术相比，该发明有突出的实质性特点和显著的进步，该实用新型有实质性特点和进步。实用性，是指该发明或者实用新型能够制造或者使用，并且能够产生积极效果。授予专利权的外观设计，应当同申请日以前在国内外出版物上公开发表过或者国内公开使用过的外观设计不相同或者不相近似。

6.2.5 专利的作用

知识产权往往通过企业的技术产品体现出来，在发达国家，企业专利申请量普遍占到一国专利申请总量的绝大部分，成立于1837年的宝洁公司拥有各种专利近3万项，成立于1902年的3M公司拥有各种专利超过10万项，因为这些企业善于运用专利技术，既有效地保护了自己的创新，也为竞争对手设置了壁垒，所以能够历经百年而青春永驻。而自主知识产权正是我国企业的薄弱环节。企业的知识产权意识普遍淡漠，既不重视开发、申请专利技术和运用知识产权利器去赢得市场，也不注意尊重别人的知识产权，最基本的原因是没有正确认识到专利对于现代企业的重要作用。

6.2.5.1 保护作用

根据专利法十一条的规定，专利获得授权后，任何单位或者个人未经专利权人许可，都不得实施其专利，即不得为生产经营目的制造、使用、许诺销售、销售、进口其专利产品，或者使用其专利方法以及使用、许诺销售、销售、进口依照该专利方法直接获得的产品。

6.2.5.2 宣传作用

专利权是对企业技术创新的一个国家级认可，获得专利权后，可以借此向市场宣传本企业的产品和竞争对手的产品在技术上的差异和创新。同时专利权的获得，也是对企业技术人员的一种荣誉激励。

6.2.5.3 资质认定

随着国家对知识产权的重视，在高新企业认定、技术中心认定、多种科研项目申报中，专利的数量已经成为一个重要的因素。

目前，国内企业的专利申请率较低，专利申请的应用率达到86%，其中96%为自己实施。也就是说，专利申请主要是保护自己实施，而专利申请作为技术储备，或者以给竞争对手设置技术壁垒为目的的专利申请非常少，说明我国企业将专利作为竞争工具或资源加以运用的能力比较弱。申请专利的企业中，有42%的企业只有1件申请，拥有50件以上专利申请的企业只有1.7%，这相对美国IBM公司一年申请量为3000件的情况相差太远。数量虽不能完全反映企业的专利实力，但一定程度上可以看出中外企业在创新能力和专利认知方面存在的差异。

6.2.5.4 将专利作为竞争的利器

所谓“专利战略”是从本单位的发展出发，运用专利这一武器，在技术竞争和市场竞争中谋求最佳经济效益并保持自己技术优势的谋略，是为获得与保持市场竞争优势，运用专利制度提供的保护手段及专利情报信息，谋求获得最佳经济效益的总体性谋略。

加入世贸组织以来，我国企业在国内外市场上遭遇知识产权官司迅速增加，外国企业也加快到中国申请专利，在高新技术领域形成了“围堵”态势——人们都说知识产权是市场竞争的利器，但目前的现实是，知识产权却成了我国一部分企业进入国际市场的“拦路虎”。我国加入世贸组织之后，这个问题变得更加尖锐。首先是技术壁垒。典型的例子如飞利浦、索尼、先锋这三大技术开发商联盟组成的“3C 联盟”向我国的 DVD 生产企业发难，后又有由日立、松下、东芝、JVC、三菱电机、时代华纳六大技术开发商组成的专利保护联盟“6C 联盟”施压索要每台 4 美金的专利使用费，致使中国 DVD 利润锐减，产品出口势头受阻。又如，温州出口欧盟的每只 2 欧元以下的打火机，以物美价廉而风靡欧洲市场，结果欧洲国家依照“2 欧元以下的打火机必须加装欧洲开发的专利技术儿童锁机构”的标准，对中国产品进行狙击，使该产品出口欧盟一时受阻。

虽然近些年来我国专利申请量年均递增 22%，但超过 1.5 万家大中型企业和上千万家小企业的专利申请量只占全国专利申请总量的 17%左右；而在国外来华的专利申请中，企业申请比例高达 93%。正因为不少企业忽视知识产权的开发与保护，热衷于低水平的价格战，非法仿造假冒等侵权现象屡禁不止，所以在国内外市场上中国企业遇到的知识产权官司数量大幅度攀升。我国企业在走向国际竞争中，有些产品质量上乘，而且成本低，价格上有优势，就因为在国外没有申请专利而在国际市场大受挤压，往往被迫在狭窄的非专利覆盖区市场谋求生路，处境非常被动。

形势更为严峻的是，我国加入世界贸易组织前夕，外国企业已抢先到我国市场“布阵”。据调查，外国企业计划进军中国市场的前几年，就有计划、有步骤地向中国知识产权管理部门提交相应的专利申请。当他们的产品、技术投放中国市场时，这些专利申请正好对相关产品和技术形成有效保护。如杜邦公司早在 1990 至 1991 年间就向原中国专利局集中申请了 270 多件专利，当其 1996 年大规模在华投资办企业时，这批专利大都获得了在中国的专利授权，正好对其拓展中国市场提供了有效的知识产权保护。

到国际市场竞争要重视知识产权保护，在国内市场同样要加强知识产权保护。因为忽视知识产权保护不仅会伤害外国企业的利益，也会伤害本国企业的利益，阻碍技术进步。入世后，外国企业加快了到我国申请专利的步伐，在高新技术的各个领域已经申请了大量专利，对我国企业形成了强大的技术壁垒。面对自身存在的知识产权薄弱环节，唯一正确的办法就是奋起直追，学会重视知识产权，努力开发原创性、具有自主知识产权的专利技术，并重视知识产权保护，而不能无所作为或怨天尤人。首先，积极迎战，不要回避。其次，提升产业专利谈判诉讼与侵权分析能力，强化产业专利攻防能力。第三，实施高科技产业专利发展战略，建立完整的专利经营策略与管理制度，刺激科技成果专利化，积累有价值的专利，增强产业专利的长期竞争力。

所有企业都希望拥有属于自己的原创技术，但实际上大量的核心技术、顶尖技术已被欧美一些大型跨国公司所垄断，但无论怎样垄断总还会有一些局限。另外，除了抓到核心技术外，还可走“农村包围城市”的路子。假设做刮胡刀，人家做刀口，我们承认那是它的看家本领，但我们可以搞刀柄和包装盒。关键要找到自己的位置。

案例 6.1 苹果公司在华专利情况

作为全球最大的 IT 科技公司，苹果公司非常注重在中国的专利布局。自从 1985 年我国首部《专利法》颁布实施至今（2020 年 3 月），苹果公司累计在中国申请获批各类专利总数达 4454 项，其中发明专利 2724 项，占比 61.2%；实用新型 760 项，占 17%，外观专利 970 项，占 21.8%，见图 6-4。从图示专利申请分布情况可见，苹果公司着力开发其相关领域的核心技术，技术含量最高的发明专利在其专利申请中所占比例最大。其次，产品的外观设计也是其创新的重点之一，占比排列第二。为了避免知识产权受到侵犯，苹果公司对旗下各产品都申请了外观专利，不仅包括已经上市的产品，还包括正在研发的或处于概念阶段的产品，并且尽可能将相关外围产品也申请专利保护，由此建立起较为严密的知识产权保护网络。

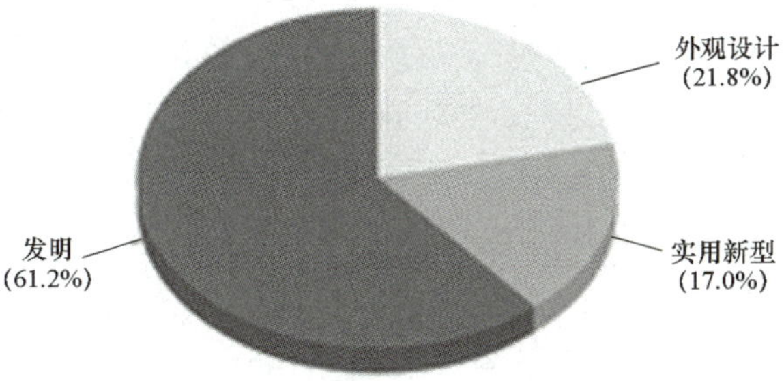

图 6-4 苹果公司在华不同专利占比（截至 2020 年 3 月）

掌握核心技术专利，是赢得市场的关键因素，但在竞争越来越趋于白热化的 IT 领域，外观设计专利的保护也格外重要。苹果不仅注重在华对专利的申请，也注重对专利的维持（注：专利维持是指在专利保护期内，专利权人依法向专利行政部门缴纳规定数量维持费使得专利继续有效的过程。专利维持率是衡量专利申请质量的重要指标。）苹果在华申请的各类专利特别是外观专利失效数量极低，这在业界是非常少见的，反映了苹果公司专利申请的高质量以及对专利的高度重视。图 6-5 所示是 2010 年 10 月 17 日苹果公司在中国提交的 11 项 iPhone 4 外观设计专利，主要涵盖了机身正面、背面、底部、上部、左侧、右侧等处的外观设计，全部的功能按键设计，接口设计，以及黑白两种颜色设计，见图 6-5，这些专利的获得将帮助苹果更有效地抵制“山寨式”模仿的侵袭。

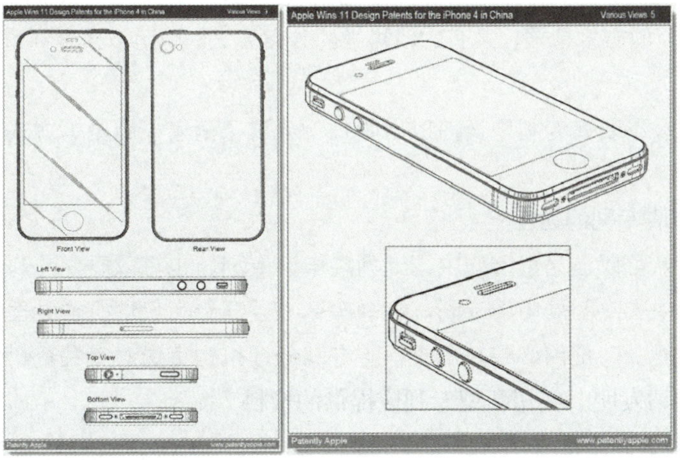

图 6-5 iPhone 4 手机设计外观专利申请（左图为插口，右图为按键）

6.2.6 专利检索与专利规避

专利信息的检索就是有关专利知识的查找。申请专利要先查找专利。一项发明创造被批准专利必须具备新颖性、创造性和实用性。为避免盲目申请专利，为保证能够获得发明创造专利权，为能全面有效地保护自己的发明创造，企业应在申请专利前对准备申请专利的发明创造进行专利新颖性检索。例如：海尔集团设计的“小小神童洗衣机”产品，通过专利检索，不仅申请了专利，而且申请了12项专利，使该产品的全部知识产权得到有效的保护。当企业开发出新产品、准备投放市场时，为避免新产品侵犯别人的专利权，也应进行专利检索，这种检索称为防止侵权检索。

在专利市场中，专利信息一方面是每年大约一百万份公开的专利文献，另一方面主要是指在专利文献的基础上，进行加工的，有利于市场流通并对企业有帮助的信息。专利检索是根据一项或数项特征，从大量的专利文献或专利数据库中挑选出符合某一特定要求的文献或信息的过程。专利制度的特点在于给予权利的同时要公开获得权利的技术内容。工业品外观设计知识产权保护制度实施以来，已经公开了大量的设计。通过这些宝贵资源，既能洞悉某一领域的发展状况，也能获得设计灵感，更能知道哪些是可以自由使用的，哪些是需要避开的，也就是所谓的专利规避。专利规避问题是当今企业研发部门面临的重要的课题之一。专利规避是指企业在产品研发活动中，为避免开发中的产品侵害他人的专利，使企业遭遇侵权诉讼等不利的情况发生，而通过对专利文献中已有的专利技术信息进行检索，并将检索到的文字信息、数据信息、图片信息和企业已有的产品开发的定位相比较，从而利用公知专利或避开已有专利的权利诉求，在产品设计中创造出该专利的改良发明或外围发明，赢得新产品开发中的市场空缺，并始终独享专利成果的活动。

6.2.7 专利的申请

6.2.7.1 申请专利前的准备

学习和熟悉专利法及其实施细则。详细了解什么是专利，谁有权申请并取得专利，如何申请和取得专利。同时，也应了解专利权人的权利和义务，取得专利后如何维持和实施专利等。

充分了解现有技术的状况。申请人至少应当检索一下专利文献，因为专利文献包含了国内外最新的技术情报，又有比较科学的分类方法，也可以请专利事务所人员代为检索。

注意保密。不要在专利申请前以出版物、会议、销售、展览等方式将申请内容公开，以免丧失新颖性。

6.2.7.2 申请专利的途径

专利申请人可以自己直接向中国专利局申请专利，也可以委托专利代理机构（专利事务所）向中国专利局申请专利。专利申请人委托专利代理机构办理申请的，应签署专利代理委托书，提供必要技术资料。专利代理机构负责对有关资料保密。

6.2.7.3 申请发明、实用新型专利应提供的资料

- 发明创造的名称。
- 所属技术领域。
- 背景技术：对现有技术的状况（包括原理、结构、用途等）进行评述，主要指出同类技术中存在的缺陷、问题或不足之处。
- 发明创造的任务或目的：针对现有技术的不足之处提出所要解决的问题。
- 发明创造的内容：描述本发明创造的技术构思，指出其具体的结构组成、连接关系、功能作用等。

- 发明创造的优点和积极效果。
- 附图：结合本技术方案的结构示意图、电路原理图、框图等，图中一般不要出现文字，各部件或构件用数字编号。
- 实施例：描述实现发明创造的具体方式。

6.2.7.4 申请外观设计专利应提供的资料

产品的实物或产品设计的图片、照片。图片或照片应包括主视图、俯视图、仰视图、左视图、右视图、后视图和立体图（使用状态参考图），而且要符合以下要求。

- 照片必须是黑白照片；
- 图片必须用绘图工具绘制；
- 图的尺寸应不小于 3cm×3cm，不大于 19cm×27cm；
- 各图片或照片的比例必须一致；
- 图片或照片不得有商标和文字；
- 要求保护色彩的，还要提供彩色照片。

此外，申请人应提供发明人的姓名、申请人的姓名或名称、通信地址、邮政编码等。

6.2.7.5 专利申报的流程

图 6-6 所示为外观专利申报流程。

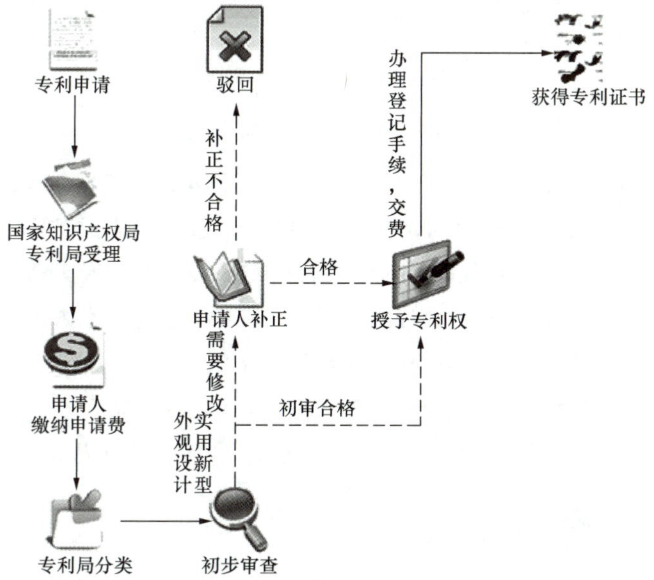

图 6-6 外观专利申报流程

6.2.8 新产品开发与专利手段

新产品开发设计产品的技术、功能、材质、外观等诸多因素，需要整合企业多方面的资源，新产品设计的成果不仅需要受到知识产权和专利制度的保护，知识产权和专利也同样会对新产品开发具有指导和促进作用。因此，企业要将新产品开发及知识产权与专利紧密结合，使二者相互促进，达到良性的互动和循环。

产品的开发过程一般可分为产品规划、概念开发、系统设计、详细设计、测试与提炼、生产启动等 6 个阶段。产品的规划阶段常常被称为零阶段。在此阶段，产品开发所涉及的项目批准和实际产品开发过程还没有正式启动，只是企业对产品开发之前所做出的策略，包括产品开发过程中所涉及的技术开发和相应的市场目标评估。过去在此阶段一般是通过各种手段进行资料搜集，在设计中导入知识产权新思路后，还应该在此阶段对专利情报进行充分的了解，在设计立项时如果没有进行专利检索，可能带来不良的后果：一是可能是导致设计的起点很低，重复已有的开发研究，造成资源的浪费；二是可能落入他人专利保护的范围，造成以后的侵权隐患。相反，在立项时充分利用战略性技术情报，就能避免重复的研究开发，降低创新成本。据世界知识产权组织统计，世界上每年的设计、发明专利，90%~95% 的成果都在专利文献上有记载，95% 左右的新技术可以通过专利文献查到，并可缩短 60% 左右的科研时间，节省 40% 左右的研究、实验经费。在设计中引入知识产权的设计思路与普通设计思路的对比见图 6-7。

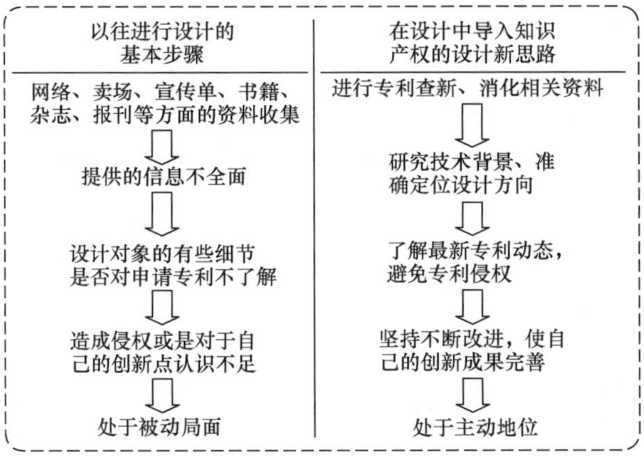

图 6-7　两种设计思路的对比

在避免设计侵权方面，日本的做法值得借鉴。日本的特许厅（国家官方机构，相当于我国的知识产权局）设有科技情报交流中心，该中心负责出售专利使用权和构思。设计人员设计出来的新产品都有可能触犯或侵害他人已经申请到法律保护的构思，为了避免在构思阶段就与别人撞车，或是投产后产品陷入侵权纠纷，设计人员要到科技情报交流中心购买他人的构思，拿到这些图纸、图形后，要参照对比，如果与别人的一样，就不可能申请更高的专利保护。但是如果能将自己的思路和别人的构思，去粗取精，设计出来的新产品就不会出现模仿和侵权的问题。

6.2.9 产品外观设计侵权判断

对于外观设计专利侵权认定，一张图片胜过千言万语。对于外观设计专利而言，图片比文字描述更能表现出设计，如果没有图片，文字描述是无法清楚地表达。因此，不要试图以详细的文字描述来解读外观设计专利权利保护范围。外观设计专利的侵权判定方法概括起来主要有如下几种。

6.2.9.1 直接对比法

直接对比法包括以下两个方面。

（1）将被控侵权产品与专利的图片或照片直接进行比较（如图 6-8 所示），采取这一方法应特别注意作直观的效果较差，特别是用笔画的专利图片，与做成产品后的视觉效果有一定差异，不能把这些图片视觉效果的差异看成是专利与被控侵权产品的差异。

图 6-8　被诉侵权的国产客车（左）与欧洲产“星航线”客车外观对比

（2）将专利权人或被许可人生产的外观设计专利产品直接与被控侵权产品比较，这种比较的效果最佳，也最易作出是否相同或近似的判断，但需注意的是专利权人或被许可人所生产的产品是否与申请专利时的图片或照片完全一样。

许多企业申请专利后，不断完善产品设计，实际生产的产品与申请专利时的产品往往有些变化。因此，用产品作直接比较时，应剔除与专利文件不相同或变化之处，因为外观设计专利保护的范围是以申请批准文件中的图片或照片为准的。

6.2.9.2 交叉对比法

此法一般较适用于与公知公用产品有密切关联的外观设计专利。在现实的生活中，许多产品设计都是在借鉴已有的公知公用产品基础上进行设计的。当几个企业或几个人都参照某个产品进行新的创新设计时，后来设计的产品或多或少总是与以前的公知公用产品有许多相同或相似之处。在这种情况下，判断他人的产品是否构成侵权，应进行交叉比较。具体方法是先将被控侵权产品与已有公知公用产品作一比较，然后再将其与专利产品作比较，如果被控侵权的产品更接近于专利产品则一般构成侵权，更接近于公知公用产品则不构成侵权。通过这种交叉比较来剔除公知公用产品造成的相同，如果不这样，对于被控侵权者是不公平的，很可能将不是专利权人的设计范围给变相扩大到其保护范围。

6.2.9.3 视角对比法

此法是指从不同的视线角度去对比专利与被控侵权产品的异同。外观专利的视图通常有 6 个面，如果对称的另一面相同，可省略其中一面，实际使用时不易见的底部或背部也可省去。因此，有的图片可能只有 4 个或 5 个面。在比较异同时，应首先看主视图，然后比较侧视图或俯视图，对许多产品俯视与仰视的异同一般不是很重要，但对于较小的产品，如玩具手枪，因为其所有视图都属易见部位，往往无主次之分，则应从各个视角综合判断其异同。此外，对一些透明或半透明的产品，还应注意其透明状态下的视觉效果。外观形状相同，但另一产品采用的全透明的设计，其视觉效果可能差异很大，从而使两件形状相同的产品不易混淆，不易区别，此时不能轻易作出相同的判定。对一些在使用中有多种变化状态的产品，亦应注意其不同状态下的视觉对比效果，不能仅凭一种状态下的近似就作出侵权的判断。再者还可以从外观设计的设计要点部分进行比较，设计要点往往是其与众不同的创新点。设计要点相同或相似，而其余部分也无明显区别的，应认定为侵权。

在判断外观设计产品是否侵权时应多从几个方面去观察比较，最后作出是否相同或近似的综合判断。

小结：申请专利是现在最常用的以法律方式保护创新的手段。但在申请专利的过程中，依据法律必须公布某些细节，对于某些领域或是某些产品，这样的做法反而不利于创新的保护，对于这种情况可以采用秘方的方式予以保护，例如可口可乐的配方。

6.3 设 计 合 同

6.3.1 合同

合同也就是协议，是作为平等主体的自然人、法人、其他组织之间设立、变更、终止民事权利义务的约定、合议。《中华人民共和国民法典》（简称《民法典》）里有合同的定义。合同是平等主体的自然人、法人、其他组织之间设立、变更、终止民事权利义务关系的协议。合同作为一种民事法律行为，是当事人协商一致的产物，是两个或两个以上的意思表示相一致的协议。只有当事人所作出的意思表示合法，合同才具有法律约束力。依法成立的合同从成立之日起生效，具有法律约束力。合同作为一种法律概念，有广义与狭义之分，这里所说的合同是指受《民法典》调整的合同，具有如下法律特征。

（1）合同是两个或两个以上法律地位平等的当事人意思表示一致的协议；

（2）合同以产生、变更或终止债权债务关系为目的；

（3）合同是一种民事法律行为。

合同是由订立合同的双方在特定条件下对商定事件的文字形式的纪录，只要是没有违反法律，没有自我矛盾的合同条文，双方自愿订立，没有伤及第三人利益，订立合同的出让方对标的物有处分权，订立合同的一方或双方没有出于欺骗目的，合同就是有效的、受法律保护的。

6.3.2 合同的作用

从法律约束力上来说，合同的作用如下：

- 自成立起，合同当事人都要接受合同的约束。
- 如果情况发生变化，需要变更或解除合同时，应协商解决，任何一方不得擅自变更或解除合同。
- 除不可抗力等法律规定的情况以外，当事人不履行合同义务或履行合同义务不符合约定的，应承担违约责任。
- 合同书是一种法律文书，当事人发生合同纠纷时，合同书就是解决纠纷的根据。

简单地说，合同作用表现在如下三方面。

- 减少预防纠纷：实际情况告诉我们，客观情况不断变化，口头商量好的事情，经过一段时间，或者由于记忆出现错误，或者由于客观情况发生变化，容易产生争议，反而伤了和气。
- 督促合同各方履行合同：督促合同各方依法按照合同约定履行合同。
- 合同受到广泛的保护：合同订立后，若发生争议或纠纷，可以依据合同向司法机关等主张权利。

6.3.3 合同的形式

合同的形式是指缔约当事人所达成的协议的表现形式。合同的形式是由合同及内容决定的。对于比较复杂的合同，法律一般规定采用书面等形式。而对众多的简单的民间合同，一般都由当事人协商选择合同的形式。《民法典》规定："民事法律行为可以采用书面形式、口头形式或者其他形式。法律规定用特定形式的，应当依照法律的规定。"这是我国法律对合同形式的一般规定。

实践中常见的合同形式有以下几种：口头形式、书面形式、公证形式、鉴证形式、批准形式、登记形式。其中，设计合同通常采用口头和书面两种形式。

6.3.3.1 口头形式的设计合同

口头形式是合同当事人直接以对话的形式而订立的合同。口头形式简便易行、迅速直接。口头形式也有很大的缺点，这就是发生纠纷时难以证明，不易分清责任。因而，它比较适合于标的数量不大、内容简单而能即时清结的合同关系。

6.3.3.2 书面形式的设计合同

书面形式是指当事人以文字表达协议的内容的合同形式。书面形式当事人一般写成合同书，当事人之间来往的电报、图表、修改合同的文书，也属于合同的书面形式。例如，一方当事人用电报购货，对方复电同意，即可认为双方有书面合同。书面形式较口头形式复杂，但其权利义务记载明确，不易发生争议，即使发生争议也有据可查，容易解决。在书面形式作为合同成立要件或生效要件的情况下，只有具备了书面形式，合同才能成立。

6.3.4 设计合同

一件产品从市场调研、概念形成到形成一件商品投放市场，需要多方参与和合作，为此，以合同的形式约束各个参与方的行为，对于保证设计进度、减少设计过程中的纠纷、提高设计质量、保护设计知识产权有着巨大的作用。

6.3.4.1 设计合同的含义和形式

设计合同不仅仅是个经济问题，在保护设计权利及创造行为的价值等方面具有重要的意义。设计合同一般有以下形式：

（1）时间制的形式，即按照设计研究实际工作时间计算报酬。

（2）长期合同方式，这是由于企业长期需要委托外部设计公司或自由设计师进行设计的合作方式，一般以一年为时间单位，双方合作顺利可以延长合作时间。

（3）设计专利使用费方式。这是设计被采用，在其生产期间以设计使用费来支付报酬的方式，一般在设计完成时支付实际设计时所支出的费用，以后每年根据采用情况分一两次支付，不采用时由设计人员保存。

（4）预先确定费用方式。委托方与设计方之间先确定时间和费用，然后取得设计制作及其实施权。

6.3.4.2 设计合同的内容

设计合同的内容因具体项目不同而不同，但基本需要包括以下内容：

- 委托设计的项目名称。
- 委托设计的内容和时间期限。

- 合同费用（设计委托书、报酬）。
- 合同不包括的费用。
- 费用支付的时间和方式。
- 成果支付的时间和方法。
- 合同中止的处理。
- 决定设计的方法。
- 有关保密的规定。
- 工业所有权的处理。
- 发表的方法。
- 合同时间及继续方法（长期合同必要项目）。
- 未尽事宜的处理。

设计报酬及各种费用包括：咨询费、委托费、设计费、设计权使用费、委托研究费、保密费及设计报酬之外的各种费用，如模型费、材料费。合同具体内容根据项目有所增减。

6.3.4.3 设计合同的特点

设计合同不同于一般的房地产及商业合同，据日本工业设计家协会的调查，书面合同约为55%，剩下的为口头合同。大约一半以上的合同事后出现问题，矛盾主要在费用及支付方法方面，以及对设计的评价及工业所有权等问题。因为设计是一种创造性行为，对这种行为要进行确切的评价是困难的，同一设计，有人评价高，有人评价低，观念不同，设计报酬的支付也不同。因此，要根据设计合同的特点，首先让委托者充分理解设计工作的重要性和艰巨性，以正确评价设计的价值，同时，设计合同必须以相互信赖为出发点。

6.3.4.4 产品设计合同范例

××产品委托设计合同

委托方（甲方）：　　　　　　　　　　　　　　合同编号：

设计方（乙方）：　　　　　　　　　　　　　　合同签署地：

根据《民法典》及有关规定。经甲乙双方友好协商，就甲方的产品设计事宜达成如下协议：

一、合同的项目内容与实施

（1）项目内容：1. ××产品外观设计、结构设计。

2. 壹套手板样机制作。

（2）××产品设计有限公司全权负责设计项目的完成。

二、时间、费用规划及阶段成果要求

项目完成日期：三个自然月，其中设计完成48个工作日（甲方评审时间不计在内）

项目总费用：1. 设计费用：￥146,000.0元（含普票）合计大写：壹拾肆万陆仟元整。

2. 手板样机费用：制作费用另计。

注：因项目时间较紧，经甲乙双方友好协商，双方派专人进行项目对接，并对对方所提出的项目问题及时回应，以便保证项目在合同签订后三个自然月内完成一套手板样机的制作。

三、流程安排

流程安排见表 6-1。

表 6–1　流程安排

流程	工作内容	工作形式及交接	费用（人民币）
第一阶段：前期准备	双方签订合同； 就时间进度达成共识； 双方在设计意向上达成一致	双方讨论，乙方确认项目要求，甲方进行必要的配合	付合同额的 40% 的款项共计：58,400.00 元； 首付款在合同签订后三日内支付
第二阶段：外观设计	乙方进行外观设计，提出初步三款不同风格的设计方案； 就乙方提出的方案，双方进行讨论，提出修改意见，乙方根据修改意见进行细化设计	乙方进行具体设计工作，甲方负责审核；为使设计工作顺利进行，双方应派专人保持联系	
第三阶段：外观设计完成并进行数据交接	甲方确定外观设计方案； 乙方向甲方以刻录的光盘或者电子邮件的形式提供产品效果图、外观尺寸图及效果图	双方进行外观设计文件交接，签署外观设计确认协议，并封样外观设计确认文件	付合同额的 40% 的款项共计：58,400.00 元； 外观设计完成，甲方付出款项后，双方进行外观设计文件交接，并开始启动结构设计
第四阶段：结构设计	乙方进行具体结构设计，确定结构、工艺及材料实施方案	乙方进行设计工作，甲方技术人员进行必要的配合	
第五阶段：结构设计完成	甲方确定结构设计方案； 乙方启动手板加工	双方进行结构设计文件确认	付合同额 15% 的款项共计：21,900.00 元； 结构设计完成，甲方付出款项后，乙方启动结构手板制作
第六阶段：结构手板完成	乙方负责手板制作及技术支持，保证产品精度及强度，表面处理及丝印处理（制作费用另计，甲方支付）； 乙方向甲方提供效果图、配色方案、工程结构电子文件、材料清单、丝印文件、表面处理工艺及结构手板进行交接	双方进行手板质量确认并交接，封样结构设计确认文件	附合同款 5% 的款项共计：7,300.00 元； 手板完成，甲方付出款项后，双方进行手板最终设计文件交接

四、甲方权责

1. 由甲方提供对各项目的要求。

2. 甲方给乙方提供必要的技术支持、设计所需要的所有元件，设计启动时间以甲方提供完整信息为准。

3. 遵循双方签订的合同及相应的附件，按期向乙方支付约定的费用（按乙方指定账户）。

4. 乙方将每一阶段成果提供给甲方评审，甲方需在三个工作日内给出书面回复（一式两份，双方签字盖章生效），如超过三个工作日，则默认甲方通过乙方该阶段的设计成果。

5. 设计过程中，甲方需通过书面签章的方式来确认文件接收及阶段成果。

五、乙方权责

1. 乙方应按合同中规定的时间完成预定的工作内容。

2. 乙方的工作应遵循甲方在合同中提出的需求进行。

3. 在相应的设计阶段，甲方延迟付款时间五个工作日以上，乙方有权暂停设计。

4. 设计过程中，乙方需要通过书面签章的方式来确认文件接收及阶段成果。

5. 乙方为甲方设计的产品方案，应具唯一性，不得抄袭、复制别人或者其他企业的产品，乙方违反此条款，甲方有权要求乙方退还设计费用并承担相应的法律责任。

六、委托设计的成果归属和分享

1. 履行本合同所完成的委托设计成果（甲方签字确认的设计方案）的知识产权，在甲方付清合同款后即归甲方所有，乙方必须为甲方保守秘密，不得向第三方泄密。

2. 最终选定的设计方案所有权归甲方所有，经甲方许可，乙方可将其成果用于展出、展示、参考、评比等非营利性活动。乙方具有署名权，未选中的方案所有权归乙方所有，但如果甲方未能按支付合同给乙方应获得的款项，则本项目所有乙方设计的知识产权属乙方所有。

七、设计变更

1. 双方中的一方若要修改前一阶段已确认的数据，须有对方书面同意后方可实施。

2. 如果甲方委托乙方承担本合同范围以外的任务，甲方应另行补签委托合同。

八、争议的解决

在本合同履行过程中发生争议，双方应协商解决，如协商不成，交由甲方所在城市仲裁委员年会仲裁。

九、各附件与本合同具有同等法律效力。

十、本合同自付款之日起生效，其他未尽事宜，由双方协商解决。

十一、本合同一式两份，双方各执一份，传真具有同等法律效力。

十二、本合同须双方当事人盖公章和法定代表人签字方能生效，本合同自双方盖章、签字之日起生效。

十三、公司名称：

开户行：

账号：

委托方（甲方）： 设计方（乙方）：

法人或代理人（签字或盖章）： 法人或代理人（签字或盖章）：

年 月 日 年 月 日

本章小结

创新是一个民族发展的灵魂，也是企业持续发展、基业长青的原动力。现在，经济全球化和国际竞争的新特点是，国际竞争优势不再取决于资源禀赋和劳动力成本，科技创新成为国际竞争的决定性因素，自主创新能力成为竞争制胜的核心。我国加入

WTO后，迫切需要企业重视自主研发，重视知识产权和专利的保护，既不能侵犯别人的知识产权，也要及时保护好自己的创新成果。现在的市场条件下，企业竞争犹如一场现代战争，各种法规、合同是其赖以进攻和防卫的有效武器。企业和设计人员不仅要学会保护自己的知识产权，也要善于充分利用专利手段进行设计创新。

本 章 习 题

（1）名词解释：知识产权、专利、发明专利、实用新型专利、外观专利、专利战略、专利检索、专利规避。

（2）如何利用专利手段进行新产品设计？

（3）知识产权和专利各有何特点？

（4）如何申请专利？以自己的某一设计方案为对象练习填写外观设计专利申请书或实用新型专利申请书。

（5）研究一下王老吉和加多宝的知识产权和专利纠纷并写出调研报告。

第 7 章 综 合 案 例

三星电子的设计管理与设计创新

在 1998 年的亚洲金融危机中，韩国三星集团曾负债 170 多亿美元，几近破产。短短十多年间，它成功“浴火重生”：2002 年，股票市值超过了它当时奋力赶超的目标对手索尼；2005 年，以 149 亿美元的品牌价值名列美国《商业周刊》品牌价值排行榜第 20 位；2009 年，实现收入 1178 亿美元，由此超过惠普成为全球销售收入最高的科技公司，净利润超过日本 15 家领先科技公司的总和。通过多年来的努力，三星成为全世界最有价值的公司之一。2017 年三星公司的总营收约为 3300 亿美元，三星电子的总营收约为 2253 亿美元（备注：同年韩国 GDP 总额约为 15078 亿美元）。2018 年，三星公司的总营收为 3100 亿美元，约占韩国当年 GDP 的五分之一。

韩国三星电子是依靠设计崛起的典范。通过不断的设计创新以及强大的设计管理，三星电子由一个以代工为主的企业跻身世界一流品牌行列，设计能力达到世界顶级水平。前董事长李健熙说：“设计创意是一个企业的重要资产，也是 21 世纪决定企业经营最后胜败的关键。”三星电子的成长经历不仅在企业经营领域被作为案例学习，在设计创新和设计管理领域也值得研究和学习。

7.1 三 星 电 子 简 介

三星集团是韩国第一大企业，同时也是一家大型跨国企业集团，由李秉喆创立于 1938 年 3 月。旗下有 79 家子公司，如三星电子、三星重工、三星航空、三星物产、三星精密化学、三星生命、三星人寿保险等，见图 7-1。

图 7-1　韩国三星集团在首尔瑞草区的总部

三星电子（Samsung Electronics）是韩国三星集团旗下一家重要的子公司，成立于 1969 年。早期通过为日本三洋公司代工廉价的黑白电视机赚取微薄利润，20 世纪

80 年代以卖冰箱为主，在西方人心目中的印象是“低价位、低质量、仿制品”。但现在，它是全球最大的消费电子产品及电子组件制造商之一，也是全球营收最高的电子工业公司之一，业务横跨芯片、显示屏、手机、平板、电脑、家电、相机等众多领域，几乎囊括了消费电子的整个产业链。

2019 年 1 月，企业分析机构韩国 CXO 研究所在其研究报告中指出，三星电子 2018 年的销售额连续 17 年位居韩国公司首位。

7.2 三星的设计创新历程

从做 OEM 起家到成为连“苹果”都畏惧三分的全球领袖级企业，三星成功的原因一是具有纵贯上下游、不存在薄弱环节的超高度整合优势，这点无人能出其右；二是一系列的设计革命，而这些设计创新又来自于三星对设计的高度重视和科学管理。

7.2.1 新经营

1993 年对三星电子来说是非常关键的一年。时任三星集团会长，三星电子株式会社长的李健熙在洛杉矶卖场发现，消费者青睐的是通用、夏普、飞利浦和索尼等世界一流的产品，而三星的产品被视为是二流的，灰头土脸地在卖场的角落里备受冷落。1993 年 6 月，李健熙召集三星 1800 名全球高管在德国法兰克福开会，他在会议上的发言稿被整理成三星历史上著名的《法兰克福宣言》。在宣言中，李健熙提出“除了老婆孩子，一切都要变！”的名言，以破釜沉舟的气势吹响了“新经营”的号角。由此，三星战略由“成本节约”转移到“设计独特成本”。

1993 年，为庆祝三星成立 55 周年，对公司 Logo 进行了重新定义，以显示力争成为世界领导者的坚定决心。蓝色体现了事业领域的广泛性，给人一种安定感和信赖感；名称采用英语 SAMSUNG，体现了全球化的决心；圆象征地球，而当圆处于高速运动状态，就会变成椭圆的视觉形象，给人一种跃跃欲试的动感，表达致力于贡献人类社会的愿望；首尾字母 S 与 G 都有开口，突破椭圆的束缚，表示与外界息息相通，显示能够与员工、顾客乃至整个人类社会无障碍地进行沟通，表达其服务社会的愿望，见图 7-2。

图 7-2 三星集团的 LOGO

1994 年，为了吸引更有才华、更加年轻的设计人员，三星将设计中心从僻静的水原迁到了汉城（现名首尔）的一栋离火车站很近的大楼。此举不仅吸引了优秀的设计师，并且方便了对用户趋势的调研，为在工厂和总部之间穿行提供了方便。同年，第一次与美国 IDEO 公司合作开发计算机显示器，成为与众多顶级设计咨询公司合作的发端。

1995 年，三星斥资 1000 万美元在汉城盖了一座八层的现代化大楼，设立了三星创新设计实验室（Innovative Design of Samsung，IDS），这是一所内部学校，从美国聘请到国际顶尖设计师高登·布鲁斯（Gorden Bruce）和詹姆斯·美和（James Miho）主管 IDS。IDS 不隶属于任何产品部门之下，而是与三星电子、家电部门、数字多媒体等处于同等地位，在组织结构上直接由李健熙负责。在这里学习的设计人员既可以师从美国专家学习，也可以被派往埃及、印度、巴黎、法兰克福、纽约和华盛顿等地参观博物馆，造访标志性现代建筑、寻访古迹、了解全球文化、收集设计灵感。IDS帮助三星发挥了创造潜力，建立了令人佩服的设计知名度并最终赢得全球顾客的信任，见图7-3。1999年，IDS终因不敌金融风暴关闭，但它播撒的创新的种子对三星产生了深远的影响。

图7-3　三星创新实验室

7.2.2 两次设计革命

1996年被李健熙定义为“设计变革年”，这是三星历史上第一次明确提出的设计变革。确定了“设计优先”的原则，将“设计”定为战略核心，三星董事会提出将企业品牌由C级提升到A级的改造计划，启动多项设计推动三星的增长。日本设计大师福田民郎受邀为三星的品牌定位、生产过程以及产品进行考察，他指出三星存在的问题：盲目的成本控制和工艺模仿主导了产品的生产过程，好的设计在缺乏创意的生产中早早夭折。他主张将设计视作与生产和营销同等重要的环节，集合各方力量共同研制融外观、质感和功能于一体的产品。他同时指出，三星要赢取全球认同，必须突破国界，将全球性的文化、生活方式和设计偏好融进自身的创意。这些建议很快在李健熙的改革大旗下启动。

李健熙一直主张植根于技术的经营策略思想，即“技术至上”，设计与技术研发相提并论是三星内部很重要的方针。集团高层把重视设计的思想灌输给每一个人，并在研发和设计上投入令人惊讶的巨额资金（每年度总销售额的8%）。2000年后，设计预算以每年20%~30%的速度增长，在全球拥有40余家研发中心。尽管2019年，三星电子的营业收入和营业利润有所下滑，但仍在研发上支出了20.1万亿韩元（约合165亿美元），占当年营收的8.8%。

在建立各种研发和设计机构如三星综合技术院、三星创新设计实验室、三星艺术与设计院外，还有专门激发设计思维、培养未来设计人才的三星时尚学院（Samsung Fashion Institute，SFI）、三星美术设计学院（Samsung Art and Design Institute，SADI）。2001年，三星成立了合作设计中心CDC（Corporate Design Center），CDC直接向最高经营者汇报设计决策，既定设计方案在后续产品开发中不得变更，销售、开发、产品、生产部门要以设计优先的原则开展工作。三星设立了首席设计师一职，为了保证高级管理者重视设计问题，首席设计师每个季度都组织各部门主管一起开会，评议新产品及其设计。从图 7-4 可以看出 CDC 只属于最高行政总监和董事会，任何设计决策的提出都具备战略层面的意义，一经发布，所有的商业单元都要作出相应的反应与协调。除了位于公司总部的 CDC 外，在伦敦、上海、新德里、东京、米兰等地共设立 6 处设计中心，公司设计中心是其他设计中心的协调者。各中心设计师不断探索和尝试符合当地文化、生活方式和产业趋势的设计，如同三星在全球的文化触角，将本地化的设计和生活潮流反馈到总部，从而制造出适应不同市场需求和品位的本地化产品。与此同时，三星的韩国设计师也被派往世界各地的分支机构，与当地员工共同完成为时数周至半年的交流项目。这些设计中心同时也吸引着世界范围内的优秀设计人才，帮助三星理解着不同的产品和文化，为三星带来了不同的价值，从而更好地应对挑战，并给其他设计师带来灵感。

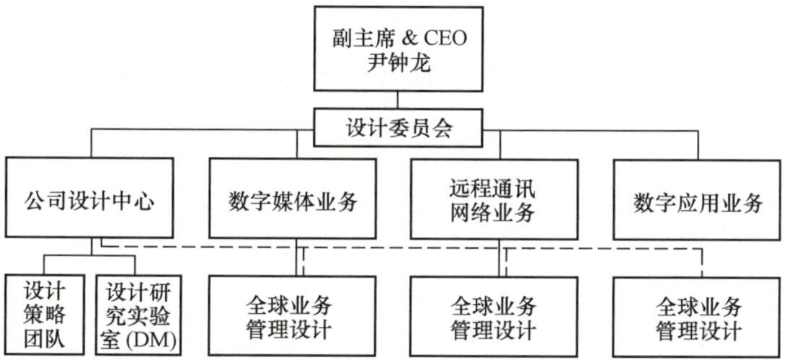

图 7-4　三星 CDC 组织结构

数字技术给三星电子提供了比模拟技术时代更宽广的发展空间，三星发现全球市场存在着一个很大的有实力和兴趣接受数字技术产品的中产阶层，还有一部分伴随互联网成长可能成为中产阶层的人，他们年轻、富有、能够带动时尚潮流，极具号召力和影响力，同时又个性鲜明，需求各异。三星将这部分人定义为目标群体，他们将成为三星电子引领潮流的先锋形象，因此三星将“高科技与时尚相结合”作为产品设计的基本战略，即通过时尚的外观，高技术含量的产品以及精心设计的营销渠道在消费者心目中树立起三星科技、时尚、数码先锋的品牌形象，对设计师们提出的要求是：要从所有的产品中一眼就能认出哪个是三星的产品，要使三星的产品区别于竞争对手的产品，具有独特的风格和强烈的识别特征，让人一看就眼前一亮，想要购买。事实上，三星的设计师也基本做到了这点，三星“科技、时尚、酷炫”的品牌形象也不断强化，见图 7-5 和图 7-6。

李健熙认为“创造力将成为商业竞争的关键，我们必须雇佣最顶尖的人才，一个天才的经济价值可能会超过 10 亿美元”。2002 年，三星重金从 IBM 挖来设计神童汤姆·哈蒂（Tom Hardy）为三星的设计师们授艺，开阔思路，让设计师紧跟世界最高水平。这是三星大规模学习各国顶尖技术和设计理念的开端。设计部的地位已经不亚于管理层，而之前，公司的设计部门被看作是可有可无的。

2002 年，在汉城闹市区开设“可用性实验室”，为产品测试提供一个逼真的生活环境，设计师在看上去像典型的韩国家庭起居室的房间，模拟各种家电产品的使用，多部摄像机从各个角度对整个过程进行拍摄供日后研究。

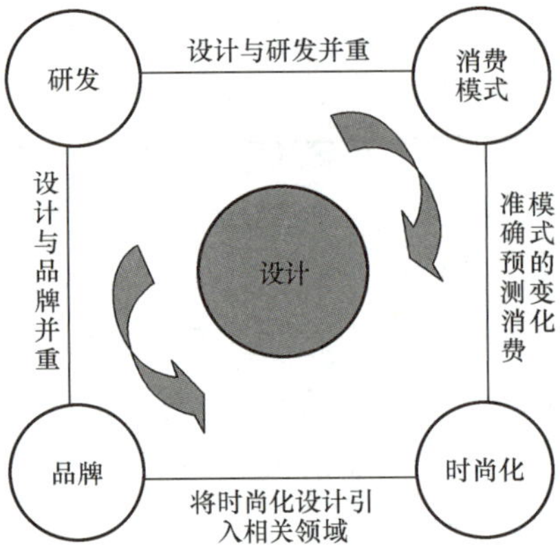

图 7-5　以设计为导向的产品战略

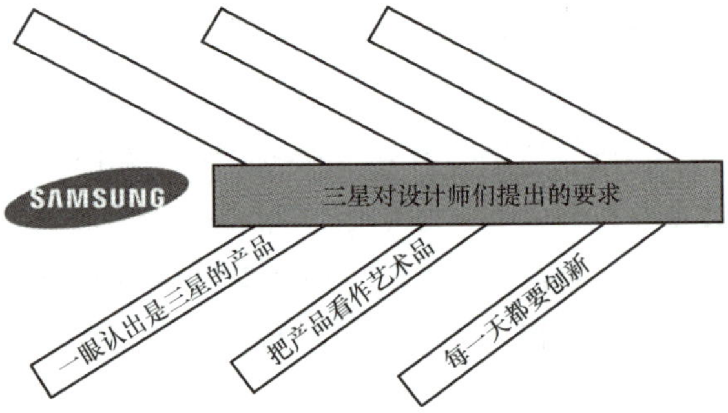

图 7-6　三星对设计师提出的要求

2005 年 4 月，李健熙在米兰设计中心宣布三星“第二次设计革命”，提出的目标是制造惊人的设计并且建立起它的消费者识别（UI）；招聘世界上最优秀的设计师，培养创新的新型公司环境；加强已成形的工业基础。对于形势的准确把控，使得三星首先高度重视设计管理，企业内部各个商业单元、部门对策略都能够高效有序地执行与支持，开设设计管理培训课程，不仅使三星的设计师加强对商业知识的理解，更好地认清自己的地位与作用，同时也使管理者更好地与设计师沟通，从而更好地贯彻“设计优先”的原则。

三星电子从成立至今，其产品开发战略的演变大致经历了“拷版战略”“模仿战略”“紧跟技术领先者战略”“技术领先战略”四个阶段，在此过程中的两次设计革命，将设计推到了企业发展的核心位置，三星真正成为一个设计引领的集团。

7.2.3 产品设计

一个强势的品牌不仅要符合现代用户的心理，具有现代品牌的个性，而且还要更加符合现代的潮流。三星为了在设计上具有独特性，设计从消费者体验的角度出发，确定了“人性化于内，个性化于外”的设计理念。个性化的外观设计，赋予产品“时尚”精神，而其品牌作为“年轻、流行、时尚数字先锋”的形象在消费者心目中也得到了持续加强，见图 7-7。

图 7-7　三星产品

三星产品设计还赋予产品“时尚”的精神，各系产品设计中都努力体现出三星的审美观和价值观。

三星拥有生产显示屏、内存、处理器及其他高科技元器件的能力，使得该公司得以与竞争对手区别开来。三星设计理念之一就是充分利用自身作为工业巨头的超强零部件生产能力，与苹果相比，这是一个优势。例如，生产大量不同尺寸的同款手机，让消费者根据自己的喜好自主选择。

“在模拟的时代，知识和技术的积累以及勤勉才是制胜之道；而在数字时代，最重要的是创新和速度。”被称为“管理疯子”的三星前 CEO 尹钟龙在任时曾提出了“生鱼片理论”：新产品就像生鱼片一样，要趁着新鲜赶快卖出去，不然等它变成“干鱼片”，就难以脱手了。基于此，三星的研发时间不断缩短，一直坚持比同行快 3~6 个月，迅速占领市场。革新性的产品则在上市前 5 年就开始企划，通过大规模的趋势研究和未来预测再进行设计研发。

在三星，不同设计团队对未来的定义各不相同，既有面向短期内的设计，又有面向长期的设计，这样能保证新的创想在公司内部持续地流动。商业上的成功提升了设计师的话语权，前卫设计的价值被公司广为接受，三星在超前性设计项目中投入了大量资金。实际上，三星目前有四种不同周期和时间线的设计项目（见表 7-1）。

表 7–1　三星的短期设计和长期设计

短期设计与长期设计			
业务部门内的设计师	业务部门设计师与企业设计中心		企业设计中心
企业设计中心 未来 12 个月	原型设计 未来 18-24 个月	次世代设计 未来 2-5 年	未来设计 未来 5-10 年
业务部门内部的设计师进行新的设计	在企业设计中心的协助下，业务部门的设计师创建新的产品和原型平台	在部门设计师的帮助下，企业设计中心的设计师会协助公司高管塑造公司在未来短期内的产品	企业设计中心的设计师帮助 C 级管理者具象化公司的长期未来
· 开发新的产品和用户互动界面 · 对新产品和现有产品进行竞争分析	· 对新产品进行规划 · 界面 · 对细节进行调研，例如颜色和材料	· 开发新的业务投资计划 · 建立次世代产品平台的路线图 · 对新技术进行调研	· 开发新的产品概念建立技术路线图 · 对新技术和消费者整体趋势进行探索

案例 7.1 三星“旋影”手机

三星产品设计以市场导向为主，将消费群体锁定在热衷于新功能或新设计的个性人群，在产品设计、功能配置上用心良苦，增加产品的“愉快因子”，提升产品的快乐体验和可亲形象。2004 年 4 月，三星设计师 Nammi Kim 试图找到能够让三星手机屹立于动荡的全球市场的因素，她想到了把手机屏幕从水平位置扭动 90° 到达垂直位置，从而使用户更好地在手机上看电视。创建一个模型之后，她立即向 TN（电信设备和网络）业务部总裁报告。总裁对这个创新的设计理念感到非常高兴，并责令一个专责小组在两个小时内讨论出如何使这个设计实体化。此后核实零件和尝试各种扭屏幕模型用了 3 ~ 4 个月。2004 年 9 月“旋影”手机开始发售，高档的包装有效地提升了品牌形象。这款手机赢得了许多设计奖项，包括 2004 年优秀设计展“总统奖”，见图 7–8。

图 7-8　三星旋影手机

案例 7.2　三星“福韵”显示器

三星电子凭借设计经营的理念致力于产品创新，一直关注于各个地区文化特征研究以及用户需求差异性研究，深入发掘创新元素，开发具有当地市场特性并引导未来生活方式的产品。在中国建设了白电研发中心、通信研究院、上海设计中心等研究机构，对中国消费者的需求和喜好深入挖掘，开发出更具本土特色的产品。2011 年根据中国消费者喜爱红色的特点开发出的“红韵”LED 显示器，问世一年后销量突破 100 万台。2012 年推出的第二款“中国风”显示器“福韵”，正面采用红黑亚克力材质，背部采用雕刻与印章镶嵌的形式用“福”字组成特殊的肌理效果，左下方红色福字印章画龙点睛，把“福文化”融入到产品设计中，受到了中国消费者的喜爱，见图 7–9。

图 7-9　三星“福韵”电脑显示器（型号：S22B360HW）

案例 7.3　超大曲面屏显示器

2017 年初发布的三星 CHG90 超大曲面屏显示器被三星自称为“游戏专用的 IMAX 级体验”，它不仅是电竞神器，也是办公利器。首先，49 英寸 32：9 的超宽曲面屏和量子点逼真色彩画质，塑造强大的游戏沉浸感，为游戏平稳流畅运行提供强力保证。其次，超长的屏幕可以显示更多的内容，对于金融行业或者经常审理财务报表的从业者，可以减少鼠标拖动次数，极大提高工作效率。内置的 Easy Setting Box 软件提供了多种分屏操作方式，最多能够将屏幕分成 12 块区域，实现一屏多用，消除多个显示器拼接形成的黑边，在美观方便的同时节省大量桌面空间。该款产品获得 2018 年 CES 创新大奖（见图 7-10）。

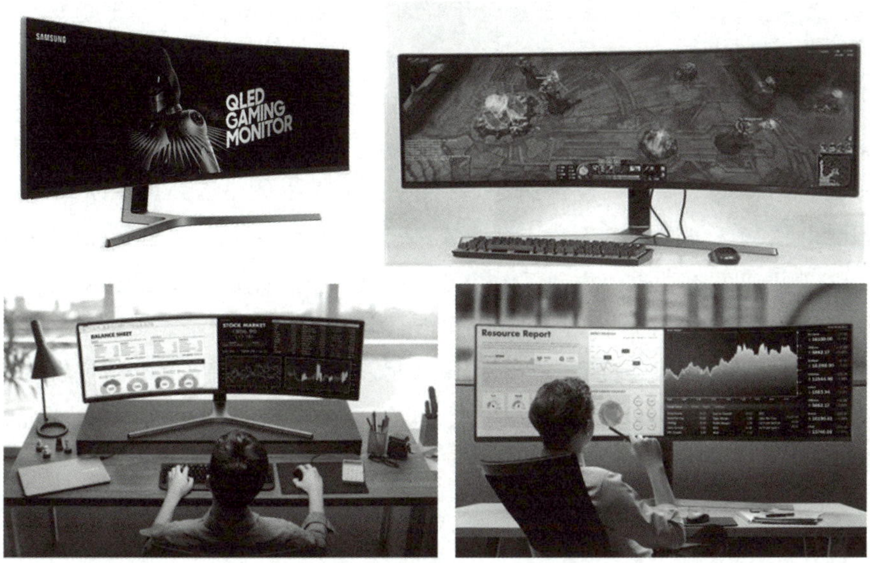

图 7-10　三星 CHG90 显示器

7.2.4 设计团队

1971 年，三星仅雇佣两名工业设计人员，他们根据日本的电视和其他先进的模型来进行设计开发，而今三星已建起世界一流的创新团队和网络，设计人员增至 1000 多名。

早期三星的设计一塌糊涂，最主要的问题来自不同部门组织的管理人。他们没有“高设计”的经验，却掌控着产品从生产到销售的整个过程，容易扼杀产品设计改良创新的机会。韩国文化深受中国孔孟文化的影响，倡导人人都要服从上级（尽管上级不懂设计），循规蹈矩，不能质疑，不敢创新。此外，韩国式的竞争意识使团队缺乏良好的沟通，创新成果共享不便，产品连贯性差从而导致顾客对产品的信任感缺失，而信任感对品牌来说是最重要的。管理层对本土设计师不信任，尽管聘请有名气的国际设计顾问公司，但大部分的国外公司不愿花时间和金钱去了解韩国文化，只是生搬硬套适用于他们本土的一套思路，从而让问题更加严重。没有管理，没有质量，没有连贯性，即使请了最好的顾问来设计，顾客对三星的产品依旧不感兴趣。

从设计变革年开始，三星电子采取了一系列措施加强对设计部门的变革和管理。除了对设计师的教育，解放被禁锢的思维，启发设计灵感外，CDC 的成立起到了非常关键的作用，它使三星可以采取更具整体性的设计方式。目前，设计中心负责了三星的中长期设计战略和方向。作为一个跨部门团队，设计中心在主导及协调不同部门设计理念的过程中扮演了重要角色，并通过分析当前文化趋势来预测未来的产品设计，从而领先于当前的产品开发。三星的每个团队扮演相应的角色，承担相关职责，但针对特定项目，不同团队也会公开竞争。三星内部也有一些小规模的创新组织，专门负责这样的竞争。

1997 年，设立“总裁创新奖”，获得首奖的设计师不仅可以拿到比总年薪还要高的奖金，职位也晋升一级。在李健熙授予的最高奖励——“三星人”奖中，设计部门作为单独的领域设置奖项及受奖人。三星高层对设计的支持和重视，还表现在优秀设计人才垂直流动方面。在三星，高层管理者以年长者为主，但 2011 年两位 38 岁的设计师晋升到高级管理级别，成为三星最年轻的高级管理人员，这足以证明设计力量在三星显著的重要性。

三星在设计团队建设上有四方面建树：第一，运营“设计银行”（Design Bank），共享知识。已经产业化的设计和未被采纳的创意，都能在“设计银行”中找到。第二，多看、多感觉，培养“设计达人”。为设计师提供体验海外各国生活和文化访问的机会。第三，为了培养未来人才与高校合作建立“Samsung Design Membership（SDM）”制度来发掘学生中的创新人才（并不仅限于设计专业），并利用三星的资源将其培养为优秀的设计师，该活动 2006 年登录中国，2008 年正式被纳入三星集团优才投资计划。另外，其运营的“三星设计学校”也是一个培养具备全球视野高级设计人才的体系。第四，通过与世界各国顶尖设计专家和设计公司的合作努力使三星的设计持续发展。

7.2.5 品牌提升

“三星是利用设计提高品牌价值和市场份额的典范。”——伊利诺斯工学院设计学院主任帕特里克·惠特尼。

20 世纪 90 年代初期，李健熙就认识到中国制造商很快就会生产出比韩国更便宜的电子产品，为摆脱“生产别人设计出来的东西的模仿者”形象，发动设计革命，率领三星向高档产品方向发展。作为转型策略的一部分，要想彻底脱胎换骨，就要加大品牌打造的投入。对三星电子这样一个成长于大规模制造的企业来说，转向品牌产品的一个最大的问题是如何在其他成功品牌的夹缝中建立自己的用户群。为了树立一个高档的品牌形象，三星锁定日本索尼为目标，通过在技术上虚心向日本学习，三星成为了世界顶尖级技术创新公司。此外，无论是产品设计，还是广告宣传和销售渠道，都力争定位在高端市场，三星对于在全球市场占据领导地位的美国市场尤其重视，投入大量资金，采用多种方式让美国消费者了解三星，见图 7-11。

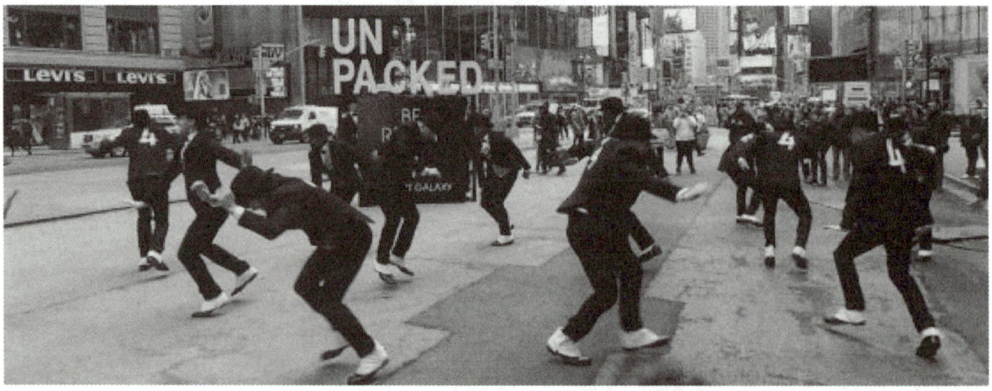

图 7-11　2013 年三星在纽约时代广场为推广 Galaxy S4 做的“人肉”广告

Interbrand 全球首席执行官 Jez Frampton 指出，品牌正发挥着日益重要的作用，企业必须掌握全球市场的文化与价值潮流，通过能反映潮流的品牌沟通活动，在市场中建立代表品牌的象征形象。三星从 1997 年立志成为世界超级品牌以来，给品牌赋予

“数字技术的领先者、高价值和时尚”等新的元素，提出设计“功能先进，外观时尚”的产品。在国际化品牌推广中，进入更加高端的销售渠道，运用奥运营销和文化营销，快速提升了三星品牌形象和品牌价值。自从 2000 年以来，三星公司在美国、欧洲和亚洲的各项顶级设计大赛中共荣获超过 100 项的大奖，只有苹果公司才能和它匹敌。

许多世界大品牌的产品，例如 IBM，苹果，索尼等都有统一的特色，让人一眼就能辨认出它们，三星将对人的关怀，成为人们的好伙伴作为自己的统一特色，并通过手机等“形象产品”来体现产品和品牌内涵之间的联系，见图 7-12。利用其全球设计连接，三星与奢侈品牌生产商和设计师密切地合作，如乔治·阿玛尼、安娜苏、B&O 等，这些合作提高了三星生产高情感产品的能力和三星设计师在时尚、工艺方面的设计能力，这些又在后续的三星产品设计中体现出来，见图 7-13。随着这些举措，三星的品牌好感度不断积累和提升，作为“年轻、流行、时尚数字先锋”的形象在消费者心目中进一步加强，成为全球品牌价值提升最快的公司。

图 7-12 三星 Galaxy S 系列手机

图 7-13 三星与乔治·阿玛尼合作推出的手机

从左至右依次为 SGH-p528（2008 年）、M7500（2009 年）、B7620（2010 年）

7.2.6 专利之惑

与 20 世纪的索尼和 20 世纪的苹果这些光芒四射的创新型公司相比，提及创新，人们通常会将三星排除之外，因为三星走的不是通过推出标志性产品来开拓新兴市场的艰难道路，而是更多地在走一条“快速执行”路线：通过对市场风向的灵敏把控，一旦了解竞争对手的动向和消费者潜在需求，就迅速推出自己的模仿产品打入市场，然后渐进式地创新。三星见风使舵的研发方式尽管与创新理念背道而驰，但这种对市场的窥探能力、在原有产品基础上的开拓也不是所有模仿者都能做到的，例如它的智能手机并不仅仅是把 iPhone 的屏幕扩张那么简单。当然，三星也从来不以伟大的创新者自居。有批评人士表示“三星就像是一个优秀的肥皂制造商，他们的产品能使你感受到干净，充满肥皂泡。然而，他们并不知道如何制造香水，这个行业利润率更高。香水是一种体验，它意味着诱惑，令人充满魅力，自我感觉良好。你热爱自己的香水，同时喜欢自己的肥皂”。的确，要想成为真正的创新公司，三星还需要在艺术和科学方面进行探索。

在苹果得以崛起的移动市场，三星是最大的竞争对手，也是极少数能给苹果带来压力的对手之一。但三星手机仍然无法超越苹果的品牌，三星在创新方面一直让业界感到亮点不足。苹果的产品出自乔布斯对品位的追求，而品位是在人文与科学的交汇处萌生起来的，作为竞争对手的三星也为此折服，三星高层曾表示“我们做得太差，我们在努力向苹果趋近，我们也希望做到‘美好初创’，而不仅仅是跟随”。三星和苹果一边进行着深度合作，一边较量不断。从乔布斯时代起，苹果就掀起了与三星的诉讼大战，试图通过系列专利诉讼阻止三星新品上市，双方几乎在全球所有重要市场（例如美国、韩国、欧洲、澳大利亚等）都开展过诉讼，官司互有输赢。苹果从未掩盖对三星的嘲讽和不屑，但却不能遏制三星智能手机的扩张势头。苹果 iPhone 一枝独秀时，三星便迅速学习借鉴，数款产品都带有苹果的影子；3.5 寸屏主宰市场时，三星敢于推出 5 寸屏的 Note 系列，拿下了千万的市场销量；三星 Galaxy S 系列销量突破 1 亿部，S3 更是凭借超过 4000 万部的疯狂销量，把 iPhone 4S 挤下了销量冠军的宝座。在前些年中国智能手机尚未崛起，苹果如日中天之际，只有三星是它唯一的对手。

2011 年 4 月，苹果率先对三星发难，指控三星抄袭 iPad 和 iPhone。苹果称，三星的最新产品从外观（如圆滑的边角、黑色的边框）到用户界面（如图标排列方式以及双击放大等），乃至外包装，都与 iPhone 和 iPad 十分相似，见图 7-14。苹果的诉讼请求除了要求侵权的经济赔偿外，也希望停止三星产品的销售。次年，三星承认侵犯了苹果专利，然而也发起了反控诉，指控苹果亦对三星的无线电通信专利造成侵权。之后，两家公司先后在多个国家相互发起诉讼，指控对方侵犯专利。2012 年 8 月，美国法院认定三星败诉，必须向苹果赔付 10.5 亿美元的罚金，同时认定苹果产品没有侵犯三星的专利，无需对三星支付其所要求的 4.22 亿美元的赔偿。尽管 10.5 亿的赔偿金额与苹果要求的 27.5 亿美元有较大差距，但是作为与设计有关的诉讼，可谓是天价的标的。三星对赔付金额高度异议，不断提起上诉，导致这场专利拉锯大战来回反复，先后持续 7 年之久，令无数科技界看客、果粉、星粉和普通大众耐心耗尽，身心俱疲。直到 2018 年 5 月美国最高法陪审团重新裁定，三星赔付苹果 5.39 亿美金，三星的股价随即下跌超过 7 个百分点，市值缩水达 120 亿美元。三星对相关判决仍旧不满和上诉。最终，双方在 2018 年 6 月 26 日达成和解，不过两者对和解内容

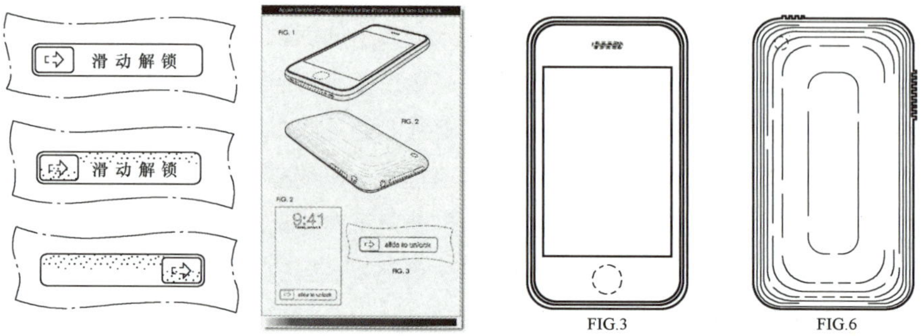

图 7-14　苹果圆角矩形专利文件

均保持缄默。这场标的高昂的官司可谓专利界的“世纪诉讼”，它表明，在商业竞争中，设计已经完全具备了与技术发明专利相同的核心价值。

7.2.7 设计新时代

三星电子前 CEO 尹钟龙说“好的设计是将我们与竞争对手区分开的最重要方法。没人能否认，三星已经在企业基因中努力注入了设计的重要性，在一个竞争十分激烈的时代，设计是能建立持久优势的必需要素。”的确，十多年设计战略的努力，让三星终于形成世界领先的工业设计能力，其年轻、时尚、流行、酷炫的形象也确立起来，并被消费者认可。

在产品设计理念上，三星从将技术适用于商品的“模拟时代”（2000 年以前）进入了重视用户体验、以文化和服务为中心的“新纪元时代”。2013 年，三星提出了新的设计概念“Make it Meaningful”（让产品有意义），这是三星工业设计新纪元的新口号。它包含了三个元素：Smart、Harmony 和 Nature，也就是“智能、和谐和自然”，“智能”就是让技术不断进行智能升级；“和谐”就是能够让技术和人之间形成一种和谐的关系；“自然”就是应该从自然当中选取所需要的东西，制造出保护环境的产品，这是三星产品设计非常重要的核心理念。具有这些特点的产品让人们使用起来，使用很长时间也不会有厌倦，生产这样的产品是三星今后的主要方向。三星将其作为自己新的设计哲学，围绕人们的生活方式，开发出有意义的体验，当前的发展趋势是不再仅仅针对某款产品进行设计，而是继续在多种三星产品中加强独特的外观和设计语言，采取更统一的方式和统一的设计原则，提供持续的综合性的用户体验，更好地提升品牌价值。2016 年，三星举办了首次公司范围的设计管理能力回顾，这些信息将用于公司的结构重组。

未来，市场竞争将更加残酷，尽管三星一直在创新和设计之路上不断探索，但它所面临的挑战依然艰巨。三星作为业内公认的全球智能手机中最齐备和强大的供应链，从 AMOLED 屏幕到处理器、内存、闪存、GPU、镜头模组等零部件，都能实现自产自销，但是在目前数字化技术喷涌发展的今天，技术环境不断变迁，商业环境被彻底改变，软件的重要性逐渐赶超硬件，三星也需要抓紧推进研发自己的手机操作系统以及医疗、运输、支付等各种软件服务平台，需要对先前以硬件产品为主的设计方法和设计流程进行大幅调整和改进。三星的设计团队已经在用户互动软件设计中尝试敏捷开发方法，不断缩短设计周期，加快迭代。随着产品功能的不断融合，他们也开始尝试通过不同形式的跨部门协作拓展设计思维的边界，为三星勾画出更加具有突破性的未来图景。当苹果智能手机的长方形倒圆角的形态几乎难以超越地成为智能手机造型的共性时，三星在 2019 年末和 2020 年初推出的两款折叠屏手机给用户带来了惊艳和惊喜的体验，见图 7-15 三星 Galaxy Fold 和图 7-16 GalaxyZ Flip。这两款折叠手机都使用三星研发的 Infinity Flex 显示屏，三星声称这种显示器可以确保手机屏幕能够折叠 20 万次而不损坏。（大约相当于普通手机 5 年内打开和关闭手机的次数）。对三星而言，依然要直面由苹果、谷歌等欧美厂商和亚洲的索尼、华为、小米等咄咄逼人的竞争对手形成的上下夹击之势，要想保持竞争力和领先地位，它就必须继续寻找新的方向保持消费者对它的黏性，三星设计革命还远远没有结束。

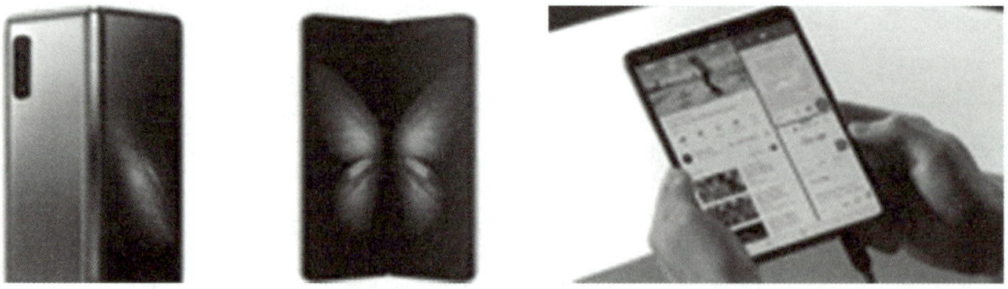

图 7-15　三星折叠屏手机 Galaxy Fold，2019 年

图 7-16　三星折叠屏手机 Galaxy Z Flip，2020 年

7.2.8 对我国的启示

目前，我国庞大的制造业仍以代工为主，缺乏自主品牌和创新的设计，不仅处在整个制造链利润最低的位置，还容易在世界性危机爆发时受到严重的冲击，加速发展设计和品牌是我国制造业必须面对和解决的问题。尹钟龙说："中国企业今天遭遇的，三星昨天都遇到过。"对苦苦思索如何从"微笑曲线"底端向上攀爬的以 OEM 为主要生产方式的中国企业而言，三星之路又无疑提供了值得借鉴的现实路径。三星的设计创新之路，可能将是中国同类企业未来将要面对和要走的路。近几年，中国很多家电公司把三星作为学习和模仿的榜样，更有一些企业制订出了超越三星的时间表。富士康这样的 OEM "巨无霸"已经开始了自主品牌的艰难转型。

企业创新首先必须变革企业家的思想，企业管理者要善于从设计思维中获得优势不断改进公司的设计流程、企业文化、决策机制、沟通机制和公司战略。只有企业高层高度重视设计，企业开展科学的设计管理，将产学研更好地结合，设计团队加强消费者研究，不断开阔视野，多挖掘本民族和其他民族的文化，不断积累设计智慧，我国的设计才会让世界瞩目，我国的制造业也会出现质变，实现二次腾飞。

参 考 文 献

[1] 罗杰．商业设计：通过设计思维构建公司持续性竞争优势[M]．李志刚，于晓蓓，译．北京：机械工业出版社，2015.

[2] 凯斯．设计是门好生意：创意天分与商业智慧的平衡之道[M]．杨楠，译．北京：化学工业出版社，2018.

[3] 朱迪切，爱尔兰．创意型领袖：从CEO到DEO [M]．王沛，译．北京：人民邮电出版社，2015.

[4] 罗伯特，斯图尔特，拉斯．伟大的设计:通向完美用户体验的门户[M]．林敏，谢国际，译．北京：机械工业出版社，2017.

[5] 汤姆．创新的10个面孔:打造企业创新力的十种人[M]．刘金海，刘爽，周惟菁，译．北京：知识产权出版社，2007.

[6] 托马斯．知识管理即时化．商业评论[J]，2003.

[7] 李光斗．大国寡品[M]．北京：电子工业出版社，2018.

[8] 周三多．管理学．4版．[M]．北京：高等教育出版社，2017.

[9] 冈崎茂生．中国品牌全球化[M]．赵新利，译．北京：中国传媒大学出版社，2016.

[10] 刘爽．英国设计委员会政策影响力初探[D]．北京：中央美术学院设计学院，2008.

[11] 何人可．新机遇下的工业设计[J]．设计，2018，12.

[12] 王晓红，于炜，张立群．工业设计蓝皮书：中国工业设计发展报告（2014）[M]．北京：社会科学文献出版社，2014.

[13] 邹韬.工业设计新概念的解读[J]．智能制造，2015，11.

[14] 姚善良.提升设计竞争力：设计管理中文化力的整合[M]．成都：电子科技大学出版社，2014.

[15] 雷蕾.设计管理促进机构研究——以美国设计管理协会（DMI）为例[D]．南京：南京艺术学院，2013.

[16] 金宣我．美学经济力:欧洲设计师谈设计管理与品牌经营[M]．博硕文化,译．北京：电子工业出版社，2011.

[17] 罗伯托．第三种创新:设计驱动式创新如何缔造新的竞争法则[M]．戴莎,译．北京：中国人民大学出版社，2014.

[18] 李妍珠．脱俗的设计经营:开发设计与时尚的新思维．博硕文化，译．北京:电子工业出版社，2011.

[19] 玛格丽特，约翰．用设计再造企业[M]．宋光兴，杨萍芳，译．北京:中国市场出版社，2007.

[20] 胡泳．海尔的高度：中国领袖企业海尔的最新变革实践[M]．杭州：浙江人民出版社，2008.

[21] 靳埭强．设计心法100+1：设计大师经验谈[M] 北京：北京大学出版社，2013.

[22] 丹尼尔．未来在等待的人才[M]．台北：大块文化出版公司，2006.

[23] 徐平华.中国式设计管理[M].北京：中国社会科学出版社，2014.

[24] 蒂姆. 品牌：让相遇难以忘怀——如何创建品牌与消费者之间强大的亲密型关系[M]. 唐文龙，译. 北京：经济管理出版社，2017.

[25] 赵伟军.创意产业中的创意团队：以虚拟设计团队评价体系研究[J]. 艺术百家，2008.03.

[26] 黎万强. 参与感：小米口碑营销内部手册[M]. 北京：中信出版社，2014.

[27] 柳英镇，金庚默. 从仿制品生产商到顶尖科技公司，三星能有今天多亏了“设计革命”[J]. 哈佛商业评论，2015.09.

[28] 王晓红，于炜，张立群. 设计产业蓝皮书：中国创新设计发展报告（2017）[M]. 北京：人民出版社，2018.

[29] 雅各布，马克. 服务设计思维：基本知识方法案例[M]. 郑军荣，译. 南昌：江西美术出版社，2015.

[30] 林媛媛，张立群. 基于学习理论的设计思维研究——以社会设计工作坊为案例[J]. 创意设计源，2017，02.

[31] 刘吉昆. 设计管理及其提出的背景与价值[J]. 装饰，2014，04.

[32] 张立巍. 企业内设计管方法之形态探究[J]. 现代艺术研究，2014，06.

[33] 张立群.设计管理的体系方法[J]. 装饰，2014，01.

[34] Thomas L. 设计思维:整合创新、用户体验与品牌价值[M]. 李翠荣，李永春，译. 北京：电子工业出版社，2012.

[35] Martin L. 品牌洗脑——世界著名品牌只说不做的营销秘密[M]. 赵萌萌,译. 北京：中信出版社，2013.

[36] 赵江洪. 设计艺术的含义[M]. 长沙：湖南大学出版社，2005.

[37] 刘新. 好设计好商品——工业设计评价[M]. 北京：中国建筑工业出版社，2011.

[38] 邓俊. 设计风险研究[M]. 武汉：武汉大学出版社，2012.

[39] 蔡军. 设计管理，创新竞争优势[J]. 清华管理研究，2012.

[40] 陆岣屹. 英国高等院校设计管理专业教育现状研究[D]. 南京：南京艺术学院，2011.

[41] 张建设. 三星设计智慧[J]. 中国电子报，中国电子信息产业网，2011.

[42] 夏翔. 设计与策略的成功案例——三星电子发展全是成功的设计管理[J]. 南京艺术学院学报，2011，4.

[43] 程能林. 工业设计手册[M]. 北京：化学工业出版社，2007.

[44] 刘国余. 设计管理[M]. 上海：上海交通大学出版社，2007.

[45] 边守仁. 产品创新设计[M]. 北京：北京理工大学出版社，2002.

[46] 许亚军，杨君顺. 新产品开发中的设计专案管理[J]. 机械研究与应用，2008，2.

[47] 蔡军. 设计战略研究[J]. 装饰，2002，4.

[48] 刘和山，李普红，周意华. 设计管理[M]. 北京：国防出版社，2008.

[49] 沈法，谢质彬，郑堤，等. 基于企业品牌形象的产品形象构建方法研究[J]. 包装工程，2007，5.

[50] 张立巍，福田民郎．论企业内的设计管理[J]. 装饰，2007，1.

[51] 张福昌，张寒凝．工业设计系统工程[J]. 江南大学学报（自然科学版），2002年第1卷．

[52] 汪鉴，葛庆．工业设计团队项目绩效管理[J]. 艺术与设计，2005（4）：59-64.

[53] 赵伟军．创意产业中的创意团队[J]. 艺术百家，2008，2.

[54] 姚弦．台湾设计企业稽核之研究[D]. 台湾:台湾云林科技大学工业设计研究所．

[55] 杨君顺，杜鹤民．基于设计管理的有效沟通方式的建立[J]. 包装工程，2007，2.

[56] 范沁红．工业设计与知识产权的关系[J].艺术与设计，2005，2.

[57] 王华杰，江建民．浅谈外观设计专利对工业设计的影响[J]. 江南大学学报（人文版），2003，6.

[58] 凯瑟琳．美国设计管理高级教程[M]. 李琦，刘樱，官力，译．上海：上海人民美术出版社，2008.

[59] 邓成连．设计管理课程与教学探索[J]. 设计艺术，2003，1：75-76.

[60] 张立巍，福田民部．谈我国设计管理教育的发展方向——美国和日本设计管理教育的概括和启示[J]. 装饰，2007，4.

[61] 创意也需要管理，设计人才急需商业培训[J]. 美国商业周刊．

[62] 李艳．试论设计创新与设计创新风险管理[J]. 企业活力，2009，6.

[63] 王希俊，张永年．浅谈企业设计战略[J]. 设计纵横，总第108期．

[64] 刘艺琴，余磊．论商标设计和品牌形象[J]. 武汉大学学报，2005，5.

[65] 杨磊，陈满儒．产品形象设计的分析与探讨[J]. 包装工程，2008，7.

[66] 周海海．产品识别设计策略[D]. 长沙：湖南大学．

[67] 杨君顺，王伟伟，杨晓燕．基于设计管理理论的产品管理体系的架构[J]. 包装工程，2007，7.

[68] 刘红．简论设计项目管理[D]. 武汉：武汉理工大学，2003.

[69] 刘佳娣，杨君顺．基于设计项目管理的新产品开发研究．包装工程[J]. 2008，6.

[70] 王效杰，金海．设计管理[D]. 北京：中国轻工业出版社，2008，3.

[71] 陈静波．产品设计的项目评估[J]. 安徽工业大学学报，2005，4.

[72] 宋亮．企业战略下工业设计项目管理评估[M]. 南京:南京理工大学，2007，7.

[73] 袁俊．专利战略设计没你不行[J]. 中国发明与专利，2007，8.

[74] 范沁红，郝玉峰．基于工业设计案例的知识产权保护运用[J]. 研究与探索，2007，8.

[75] 刘和山，李普红，范志军．设计管理新产品开发中的应用[J]. 包装工程，2005，3.

[76] 李志榕，王希俊．创新设计与风险控制[J]. 求索，2007，7.

[77] 陈江，杜学美．知识管理在工业设计公司中的应用[J]. 同济大学学报（社会科学版），2004，15.

[78] 孙大平，杜毅平，张福昌．德国大众汽车造型特征演变初探[J]. 艺术与设

计（理论），2007，5.

[79] 王天健. 基于海尔管理模式的产品创新设计研究[D]. 武汉：武汉理工大学，2008，7.

[80] 莫柔塔. 设计管理:运用设计建立品牌价值与企业创新[M]. 范乐明，汪颖，金城，等译. 北京：北京理工大学出版社，2011.

[81] 吴翰中，吴琍璇. 美学CEO：用设计思考，用美学管理[M]. 台湾：缪思出版有限公司，2010.

[82] 杰克，约翰. 设计冲刺:谷歌风投如何5天完成产品迭代[M]. 魏瑞莉，涂岩珺，译. 杭州：浙江大学出版社，2016.

作 者 简 介

李艳，山东建筑大学工业设计专业副教授，硕士生导师，主要研究方向为设计管理、产品创新设计、品牌管理、服务设计。中国工业设计协会会员，山东省工业设计协会理事、专家组成员，山东省企业技术进步促进会理事，山东省科学技术厅专家库成员，山东省经济和信息化厅专家库成员，山东开云品牌管理公司设计总监。出版著作包括《用设计，做品牌》（2014 年，2016 年以及台湾地区繁体字两版）《品牌崛起——成功品牌的顶层设计》《商业传奇背后的首席设计师》《大品牌的设计思考术》《设计管理与设计创新——理论及应用案例》，出版教材包括《设计管理》《工业设计概论》等。发表论文 50 余篇，承担和参与国家及省部级项目 6 项，获得各种科研教学奖励 30 余项，获得国家专利 8 项。常年为规模企业提供设计管理与品牌设计咨询服务。

荣获“2022 中国品牌专家 500 强”和“山东省设计业十大杰出青年”称号。多次担任省、市级工业设计大赛评委。